JOSEPH LOTTE

TYPOGRAPHIE FIRMIN-DIDOT ET Cie. — PARIS.

Un compagnon de Péguy

JOSEPH LOTTE

(1875 — 1914)

Pages choisies et Notice biographique

PAR

Pierre PACARY

PRÉFACE

PAR

Mgr Pierre BATIFFOL

DEUXIÈME ÉDITION

PARIS

LIBRAIRIE VICTOR LECOFFRE

J. GABALDA, Éditeur

RUE BONAPARTE, 90

1917

PRÉFACE

Ces deux vers, qui sont parmi les plus beaux que Corneille ait écrits, pourraient servir d'épigraphe à la biographie que Pierre Pacary a écrite de Joseph Lotte, son ami, par laquelle s'ouvre et s'éclaire ce recueil de pages choisies de lui. Le cher Lotte se serait reconnu dans cette humble profession de foi : *Je dis ton serviteur, car enfin je le suis.* Il était un converti, en effet, qui était revenu de très loin à Dieu et à l'Église, et qui sentait la joie de son retour jusqu'à vouloir la dire à tous. C'est de cette joie communicative que sera faite la beauté de ce livre, et sa vertu.

Lotte avait dix-neuf ans, en 1894, lorsque,

ses études secondaires une fois finies au lycée de Cherbourg, il nous arriva à Sainte-Barbe, pour se préparer au concours d'entrée à l'École normale supérieure. Sainte-Barbe avait une section préparatoire à l'École, une « cagne », qui remontait à un demi-siècle, et qui dans ce passé ne comptait plus ses « gloires »! Je ne passe jamais devant la porte d'une certaine « IIIe Étude » du Collège, sans songer aux Normaliens qui sont sortis de là, et en particulier à Jaurès, à Jaurès arrivant là de son collège de Castres, le 1er octobre 1876, à Jaurès alors catholique pratiquant.

En 1892-1895 cette « IIIe Étude » connut ses derniers grands jours : Péguy et Tharaud en étaient. Autour d'eux je revois leurs principaux camarades, Deshairs qui s'est voué depuis à l'histoire de l'art français, Paul Acker qui fut journaliste et vient de mourir soldat, Henri Roy que le destin a fait député radical socialiste, Baillet qui allait être bénédictin, de Peslouän qui tourna vers l'École polytechnique... Venu un peu après eux, Lotte fut adopté par *le groupe*, si bien que, en ces dernières années, quand Péguy évoquait le temps de Sainte-Barbe, s'il disait « Nous », Lotte en était.

Péguy était entré à Sainte-Barbe en octobre 1893, après son année de service militaire. « Sorti de la caserne, m'écrit Charles de Pesloüan, il venait s'enfermer dans un collège : étrange contrainte, qui me faisait voir en lui un être tout différent de nous. Pendant un an, je crois avoir été celui de nous tous qui a le plus vécu *dans* et *de* sa société. Voisinage d'étude, promenades en rond autour de la cour, ensemble quelquefois une sortie dans Paris. Pendant tout un an j'ai pris mes repas en face de lui... Vous vous rappelez s'il était alors gai, plutôt encore allègre, comique, d'un comique à fond de bonté. Il disait que tout autre comique n'en était pas... Vous savez aussi à quel point il était l'homme des décisions... Pas un de ses actes n'était proprement l'effet d'une impulsion : entre l'impulsion et l'acte, une décision, et une décision formulée, intervenait. Il commençait à Sainte-Barbe son existence d'homme : il en décidait ainsi... Il a voulu très tôt que les amitiés qui se formaient dans cette année 94 fussent celles qui accompagneraient sa vie. Barrès (je crois) a écrit qu'il avait une sorte de génie de l'amitié... »

Lotte connut Péguy durant l'année scolaire

1894-1895, où Péguy normalien revenait à Sainte-Barbe revoir ses amis.

Il s'en fallait que ces jeunes gens fussent tous croyants; mais, inscrits comme catholiques, ils étaient conduits d'office aux exercices du culte catholique, la messe du dimanche et le cours de religion; ils témoignaient d'ailleurs à leur aumônier une confiance et une affection, dont celui-ci a gardé un souvenir inoubliable. Cette ardente jeunesse savait être si généreuse! Baillet, qui était d'une piété profonde, faisait passer sur elle un souffle de christianisme. Il était un fervent « catholique social », et quel entraîneur! Il voulait ce qu'il voulait avec autant de candeur que de ténacité. Il n'eut de cesse, une année, que quand je lui eus promis de faire trois mois de mon cours sur l'encyclique *Rerum novarum* et la question sociale!

C'est lui qui avait imaginé de conduire ses camarades à l'œuvre de « la mie de pain » de M. Enfert, pour tremper et servir des soupes les soirs d'hiver aux pauvres des fortifs. Ah! ces randonnées dans la bise, la pluie, la neige! Péguy en était, Lotte aussi en fut. Un jour que « l'œuvre » n'avait plus ni pain, ni légumes, nous appelâmes à l'aide le *Journal des*

Débats, où un émouvant article d'André Hallays nous apporta dix mille francs, ce qu'il fallait pour finir l'hiver. Mais nos « cagneux » avaient eu une idée moins bourgeoise : ils étaient allés quêter des pommes de terre aux Halles, et les avaient portées ensuite rue Bobillot, dans une voiture à bras louée par eux et tirée par eux !

Ce fut Baillet encore qui, président d'une conférence de saint Vincent de Paul de lycéens, persuada aux membres de sa conférence qu'ils devaient prendre Péguy, alors normalien, pour président. Péguy se récusa, alléguant qu'il ne pouvait, n'étant pas croyant, faire la prière que le président a charge de faire à haute voix à chaque séance. Baillet tenait à son idée : la conférence décida que Péguy serait président, mais qu'il n'entrerait en séance qu'après que la prière aurait été faite par le vice-président. Le règlement serait respecté et Péguy en règle avec sa conscience. Péguy accepta ce stratagème ingénu avec bonne humeur, avec gravité.

Quelques mois plus tard, en 1895, Péguy se décida à fonder une conférence qui serait davantage à son image et à sa ressemblance, une conférence de saint Vincent de Paul sans

a.

saint Vincent de Paul : on visiterait des pauvres pour l'amour de l'humanité. Le premier qu'il sollicita pour son entreprise fut M. Ollé-Laprune, et je vois encore M. Ollé, un peu déconcerté de cette ouverture, venant me demander ce qu'il devait en penser. Je lui dis d'avoir foi en Péguy, sinon en son idée, et je crois qu'il suivit mon conseil. Car j'avais foi en Péguy, comme avait foi en Augustin cet évêque à qui sainte Monique confiait ses angoisses et qu'elle conjurait de discuter avec son indocile fils. A quoi l'évêque répondait : « Non, laisse-le, prie seulement le Seigneur pour lui : il découvrira bien quelle erreur est la sienne, et quelle impiété : *Sine illum ibi, tantum roga pro eo Dominum...* » Mais Péguy mit ma foi en lui à une épreuve grande, quand, un matin de 1897, il vint m'annoncer qu'il allait se marier, et qu'il ne se marierait pas à l'Église, sa fiancée n'étant point baptisée, et lui-même étant en définitive un incroyant résolu. Il s'excusait de la peine qu'il me faisait, mais toute instance serait vaine : sa décision était prise, les conséquences en étaient acceptées, elle était irrévocable, — et il ne savait pas dire si vrai !

On découvre aisément chez Lotte le retentissement de la rupture de Péguy avec toute croyance définie. Moins complexe que Péguy, Lotte y met des façons plus tranchantes. « A vingt ans, écrira un jour Lotte, nous étions socialistes libertaires. » Il a écrit ailleurs : « Nous voyions toute proche la Grande Révolution que Jaurès et Guesde nous promettaient tous les matins. » En ce temps-là Péguy socialiste publiait son *Premier dialogue de la cité harmonieuse* (1898). Le socialisme de Péguy était une mystique, si l'on entend par ce mot au moins un idéalisme pénétré d'émotion et coloré de poésie. Et déjà Péguy sacrifiait sa carrière normalienne à la volonté de publier un « drame en trois pièces », la *Jeanne d'Arc* de 1897. Lotte n'en était pas là : « Nous nous affirmions matérialistes et athées, pour mieux marquer l'abîme qui nous séparait du catholicisme. »

Lotte est ainsi, par conformité et aussi par contraste, un témoin de Péguy, il est le compagnon de sa route, il est, si j'ose dire, comme ce bon frère Léon qui, dans le « chapitre de la joie parfaite », accompagne saint François certain jour d'hiver de Pérouse à Sainte-Marie-des-Anges, et que François instruit chemin faisant. Mais c'était un bien autre chemin qu'allaient faire Lotte et Péguy!

Lotte est le témoin de Péguy, en effet, pour une nouvelle étape de leur commune route, l'étape qu'a éclairée la philosophie de M. Bergson. Car on oublie trop que Péguy était à l'École normale de la section de philosophie, donc un élève de M. Bergson, et qu'il fut jusqu'à la fin un auditeur assidu de M. Bergson au Collège de France, et que M. Bergson eut toujours pour lui une affection qui se nuançait tout ensemble d'étonnement et d'admiration, et qu'un des derniers *Cahiers* de Péguy fut une *Note sur M. Bergson et la philosophie bergsonienne* (avril 1914). Péguy disait à Lotte en 1912 : « C'est moi le premier qui ai mis le nom de Bergson à côté du nom de Platon et de Descartes. » Et dans la *Note sur M. Bergson* il écrira : « Je ne veux point dans cette simple note entrer dans le fond du débat bergsonien. Si je puis le faire un jour, je parlerai en chrétien et en catholique. Je parlerai sans autorité, mais je ne parlerai pas sans entente et sans entendement. Que la bataille qui s'est livrée autour de Bergson soit à ce point furieuse, c'est dans l'ordre. Mais qu'elle soit à ce point livrée à l'envers, c'est une véritable gageure. »

Lotte fut retiré du matérialisme par la

philosophie bergsonienne dont Péguy fit de lui un néophyte enthousiaste. Cette libération de Lotte est attestée par une étude publiée par lui en 1907, et qui est un exposé succinct du Bergsonisme à propos de l'*Évolution créatrice*. Cette étude, que nous avons eu scrupule de reproduire dans le présent recueil, marque une date décisive dans l'évolution de Lotte : « C'était, a-t-il pu dire plus tard, une évasion hors du déterminisme ».

Les théologiens, les plus avertis et les plus plus sûrs parmi les plus récents, accordent que « les penseurs et les savants qui ont fait triompher ce qu'on est convenu d'appeler la *philosophie nouvelle*, ont montré quelle part d'imagination et d'arbitraire viciait le système rigide du monisme matérialiste.., et ont ainsi restitué à *la nature,* c'est-à-dire à l'image ordonnée que nous nous faisons du monde sensible, une indétermination, une souplesse, qui laisse aux libertés spirituelles toute possibilité d'intervention ». La philosophie nouvelle, celle de Bergson, de Boutroux, de James, d'Eucken, de Henri Poincaré, de Duhem, est, aux yeux des théologiens, d'abord une victoire sur l'épais déterminisme du scientisme, je cite les propres termes du

jugement que porte sur elle le P. Léonce de
Grandmaison.

Il ajoute, il est vrai, aussitôt, qu'en souli-
gnant cette victoire il ne prétend pas approu-
ver pour autant « la partie constructive, di-
verse d'ailleurs, selon les auteurs, de la
philosophie nouvelle ». Des théologiens ne
peuvent pas, en effet, ne pas s'alarmer d'une
théorie de l'intuition qui implique une critique
radicale de la raison discursive, de la connaissance intellectuelle. Si l'intelligence ne
nous apporte de la vie qu'une « traduction en
termes d'inertie », la dogmatique n'est-elle
pas du coup discréditée, éconduite ? **Mais, en**
1907, Lotte ne considérait la philosophie **nou-**
velle que comme l'antithèse du scientisme : **par**
elle, il était libéré d'une tyrannie qui avait
jusque-là opprimé sa pensée.

Dans une autre étude, écrite alors qu'il
venait à peine de redevenir chrétien, **Lotte**
revient sur ce qu'il nomme « une philosophie
de la vie », mais cette fois il la dépasse, **pour**
faire de cette vie une vie spirituelle. Il écrit :
« Amour, abnégation, dévouement, charité,
foi, voilà le flot montant de la vie : à la limite
est l'éternité vivante de Dieu... La vie s'offre
à nous comme une marche lente, pénible, mais

héroïque vers Dieu. Nous avons à refaire
pour notre part le même effort de libération
que la vie a réussi en nous créant ». Ces
maximes sont d'un Bergsonisme dépassé qui
affirme Dieu et le droit de l'homme à trouver
Dieu. Il s'en faut qu'elles soient d'ailleurs
d'une exactitude théologique irréprochable,
nous ne les donnons que pour marquer une
nouvelle date dans l'évolution de Lotte, et
aussi comme un indice de l'orientation philosophique de Péguy.

Il serait intéressant tout autant de noter la
corrélation qui se révèle dans le militarisme
ou le nationalisme de Péguy et de Lotte. Péguy n'était pas homme à faire violence à personne et n'exigeait pas de ses amis cette
« adhésion parfaite » que lui reproche douce-
ment André Suarès. Lotte cependant réglait
son pas sur celui de Péguy. Sa conduite révèle
la « direction » qu'il reçoit. Si cette vue est
juste, on pressent l'intérêt qu'elle peut présenter dans ce qui a été la conversion de
Lotte au catholicisme.

On verra dans les pages de Pierre Pacary
les épreuves que Lotte traversa : la mort de
sa fille Monique en 1907, la mort de sa femme
Henriette en 1908. On devra compléter ces

pages (1) par celles que M. Émile Baumann a publiées sur Lotte dans la *Revue pratique d'apologétique* (février-mars 1915) : on y trouvera une lettre de Lotte (il était alors au lycée de Brest) racontant les derniers jours de sa femme, lettre déchirante. Madame Lotte avait en pleine connaissance demandé un prêtre, elle avait dit à son mari : « Je suis rentrée au bercail pour toujours désormais », et elle était morte en priant. Lotte achevait sa lettre par ces mots de tendresse et de larmes : « Voilà, mon pauvre ami. La vie ne nous avait guère été clémente, mais on s'aimait bien, et c'est du bonheur de souffrir ensemble. Maintenant, c'est le grand vide de l'absence éternelle. » Pas une pensée de foi dans sa douleur.

Au mois de septembre, il vint voir Péguy. Il a fait lui-même dans son *Bulletin* (23 mai 1911) le récit de sa visite :

« Chaque année, j'allais le voir en septembre : une rapide visite à Orsay ou à Lozère, un repas familial au milieu de ses enfants, une grande course sur les admirables coteaux voisins.

1. Voir aussi dans les *Études*, 5 mars 1916, l'article signé J. R. et intitulé « E. Joseph Lotte, souvenirs d'un ami ».

« En 1908, je le trouvai couché, épuisé, malade. Le médecin diagnostiquait une maladie de foie. C'était toute l'énorme fatigue, soutenue douze ans sans défaillance, qui l'écrasait enfin. D'immenses malheurs m'avaient frappé moi-même. Il me dit sa détresse, sa lassitude, sa soif de repos : une petite classe de philosophie, dans quelque lycée lointain, près de moi, en pleine province ; il pourrait, enfin, sans heurts, sans traverses, sans angoisses, produire tout ce qu'il portait en lui... A un moment, il se dressa sur le coude, et les yeux remplis de larmes :

« — Je ne t'ai pas tout dit... J'ai retrouvé la foi... Je suis catholique... »

« Ce fut soudain comme une grande émotion d'amour ; mon cœur se fondit, et, pleurant à chaudes larmes, la tête dans les mains, je lui dis, presque malgré moi :

« — Ah! pauvre vieux, nous en sommes tous là ».

« *Nous en sommes tous là!* D'où me venait ce mot, puisque l'instant d'avant, j'étais encore incroyant? De quel travail, de quel lent, obscur et profond travail révélait-il l'action? A cette minute, je sentis que j'étais chrétien ».

Deux ans plus tard, septembre 1910, je reçus à Paris la visite de Lotte que je n'avais pas revu depuis qu'il avait quitté Sainte-Barbe. Il me raconta par quels chemins il avait passé depuis le temps lointain où il était mon élève ; il me rappela comment, après son échec à l'École normale, je lui avais procuré les moyens de se préparer à l'examen de licence ès lettres, avant de partir pour le régiment : il m'attribuait ce succès qui avait décidé de sa carrière, il m'en était reconnaissant avec ce cœur ardent et droit que traduisait si bien son regard. Il me dit sa vie, les erreurs et les peines qui l'avaient traversée. Je n'oublierai jamais ce récit, brusqué, ému, ni surtout le récit de l'heure décisive, où, se découvrant catholique, il s'était dit à lui-même, avec cette familiarité qui lui était coutumière : « Mon vieux, tu crois, donc il faut aller à confesse, et faire tes Pâques ». C'étaient les Pâques de 1910.

Entre la mort de sa femme Henriette et son retour à la sainte table deux ans s'étaient écoulés. La grâce du retour avait travaillé silencieusement, lentement, dans son cœur meurtri. Puis, l'exemple de Péguy !

En 1912 (10 novembre), dans une lettre à

la *Revue de la jeunesse,* il trace ce portrait
ému et fidèle de son ami.

« Vous demandez quels hommes semblent
exercer le plus d'attrait sur la jeunesse... J'en
connais un qui a exercé sur nous une influence
vraiment souveraine, c'est Charles Péguy.
Avant son retour à la foi, il était déjà pour
nous le guide et le soutien ; mais, depuis que,
par un approfondissement de plus en plus
sévère de son être religieux, Péguy a retrouvé
la foi de son enfance, depuis qu'à la façon des
artisans du moyen âge il consacre tout ce
qu'il a à la représentation de Jeanne d'Arc, ou
de sainte Geneviève, ou de Notre-Dame,
depuis lors, vraiment, c'est notre nourriture
spirituelle que nous allons chercher chez lui.

« Ce qu'il y a d'unique en lui, c'est une
simplicité évangélique, par laquelle les vérités
de notre foi apparaissent toutes allantes, toutes
bien venantes, évidentes comme la clarté du
jour, fraîches comme la rosée, nourricières
comme le bon pain. C'est aussi la tendresse,
la douce et pure et infinie tendresse d'une
âme toute chrétienne, plus particulièrement
d'une âme chrétienne toute vouée à Marie ».

Dès avant son retour à la foi, Péguy a donc
été le guide et le soutien de son ami. Il a été

mieux encore après qu'il a eu « retrouvé la foi de son enfance ». Il n'a pas été terrassé sur quelque chemin de Damas ; il est revenu à la foi par « un approfondissement de plus en plus sévère de son être religieux » ; et de cet approfondissement intérieur il a révélé le terme, comme il aurait fait d'une décision enfin prise.

Le catholicisme de Péguy est surtout d'un méditatif. On pourrait lui appliquer ce que, en 1906, il écrivait de Renan, et qui était bien plus vrai de lui-même que de Renan : « La *méditation* était son état naturel, et en outre son état de prédilection : elle faisait le fond de sa nature, de *sa vie mentale et sentimentale* ». Péguy suppose que Renan était au fond resté d'Église et qu'il protestait que « les méditations de la vie intérieure ne lui étaient point devenues insoupçonnées ». Renan avait voulu ne pas se séparer de ce que Péguy appelait « *sa famille mentale et sentimentale* ». Quoi qu'il en soit de Renan, Péguy nous révèle, ce disant, sa propre expérience : la méditation est devenue son état de prédilection, le centre de sa vie mentale et sentimentale, et cette vie l'a rendu à sa véritable famille mentale et sentimentale, le catholicisme.

La différence essentielle que nous entre-
voyons entre sa *Jeanne d'Arc* de l'École normale (1897) et *le Mystère de la charité de
Jeanne d'Arc* de 1910, c'est que le *Mystère*
est ce que le drame n'est pas, le *Mystère* est
une contemplation, et une contemplation
non plus de la vie de la bonne Lorraine,
mais de la passion du Christ et du salut des
hommes. Sans doute cette contemplation est
prêtée à Madame Gervaise, et l'on dira que
c'est une fiction littéraire, et que la manière
populaire et archaïque dont s'exprime Madame
Gervaise est un artifice, et que tout ce *Mystère* est une image peinte par un artiste
d'une sensibilité tout à la fois subtile et
paysanne. C'est vrai, mais ce qui est vrai
aussi, c'est que ce *Mystère* n'est pas l'œuvre
d'un pur lettré : au jaillissement des mots, à
la vision des choses, se mêle un sentiment
plus profond que la poésie.

Un jour viendra où Madame Gervaise se
taira enfin, où le poète parlera seul et en son
nom personnel : ce jour-là il écrira cette *Présentation de la Beauce à Notre-Dame de Chartres*, qui est bien son œuvre la plus achevée,
la plus lyrique, la plus contemplative. Et ici
Lotte est témoin de Péguy encore et plus à

fond que jamais, car le commentaire de la *Présentation* est dans l'*Entretien* de Lotte et de Péguy du 28 septembre 1912 que nous avons la joie de publier plus loin, dans ce récit que Péguy fait à son ami de son pèlerinage à Chartres, récit d'un sentiment si vrai et si extraordinaire : « J'obéis aux indications, il ne faut jamais résister... J'ai fait un pèlerinage à Chartres. Je suis Beauceron. Chartres est ma cathédrale. Je n'avais aucun entraînement. J'ai fait 144 kilomètres à pied en trois jours... Mourir dans un fossé, ce n'est rien ; vraiment j'ai senti que ça n'était rien... » Et qu'on ne dise pas que ce pèlerinage est de la littérature, ce pèlerinage à pied d'un père dont le petit garçon est pris à la gorge par la diphtérie, et qui s'en va demander à Notre-Dame de Chartres de le lui conserver.

Ce même *Entretien* du 28 septembre 1912 révèle, dans une confidence qui est comme une confession, la contradiction intime de la vie catholique de Péguy : « Je vis sans sacrements. C'est une gageure. Mais j'ai des trésors de grâce, une surabondance de grâce inconcevable. Je n'ai pas une vie ordinaire. Nul n'est prophète en son pays. Mes petits ne sont pas baptisés... Je les ai donnés tous trois à Notre-

Dame... A la sainte Vierge de s'en occuper...
Je suis un pécheur... » Bien d'autres que Lotte
ont recueilli de Péguy le même aveu. Un de
ses amis m'écrit (3 mars 1916) : « La situation de Péguy était fort singulière; il s'en
rendait bien compte. Il me l'avoua un jour,
je crois me souvenir que c'était dans l'été de
1912 : il m'en parut alors vivement préoccupé.
Je lui fis observer que son cas n'était peut-être
pas aussi insoluble qu'il le croyait. Il me ré-
pondit d'un air effrayé : « Tu ne sais pas! »
Et je vis qu'il pensait à sa femme, dont les
idées n'avaient pas changé comme les siennes.
J'ai cru qu'il comptait sur le temps, sur la
grâce, pour arranger des choses dont il n'es-
pérait pas trouver lui-même la solution. »

Marié civilement et sa femme n'ayant pas
reçu le baptême, il fallait à Péguy, pour que
son mariage pût être validé, la dispense dite
de « disparité de culte » : or l'Église n'accorde
cette dispense qu'à la condition que les époux
prennent l'engagement que leurs enfants seront
baptisés et élevés dans la religion catholique.
Péguy s'était enquis des conditions auxquelles
son mariage pourrait être validé : quand il
les connut, il se rendit compte que sa femme
ne souscrirait pas à l'engagement que l'Église

réclamait, et qu'il ne pouvait pas l'exiger d'elle.
Il n'est pas au monde de conflit plus cruel,
peut-être, que ce conflit de la mère selon la
chair et de la mère selon l'Esprit ! Et c'est ce
conflit qui a voué Péguy à la « gageure » de sa
vie, d'un mot, à vivre sans sacrements alors
que converti il en avait faim et soif.

« Notre-Dame m'a sauvé du désespoir »,
dira Péguy dans l'*Entretien* du 27 septembre
1913. « C'était le plus grand danger. Des gens
comme nous ont toujours autant de foi et autant de charité qu'il faut, mais c'est l'espoir qui
peut manquer. J'en suis sorti en écrivant mon
Porche. Figure-toi que pendant dix-huit mois
je n'ai pu dire mon Notre Père... » Cette crise
intérieure, j'imagine, suit de près la publication
du *Mystère de la charité de Jeanne d'Arc*
(janvier 1910) et est résolue au moment où
paraît le *Porche du mystère de la deuxième
vertu* (octobre 1911). Que l'on veuille bien
relire le *Porche*, à la lumière de l'indication :
« J'en suis sorti en écrivant mon *Porche* »,
on y trouvera d'insistantes allusions à l'état
d'âme de l'auteur. Celle-ci, par exemple (p. 30) :
« Pour espérer, il faut être bien heureux, il
faut avoir obtenu, reçu une grande grâce.
C'est la foi qui est facile,... c'est la charité

qui est facile,... mais c'est d'espérer qui est difficile. Et le facile et la pente est de désespérer, et c'est la grande tentation ». Celle-ci encore (p. 48) : « Et le baptême est le sacrement des petits... Et le baptême est tout ce qu'il y a de beau et de grand, s'il n'y avait pas le sacrifice et la consommation du corps de Notre Seigneur. » Et toute l'admirable page (58-63) qui commence par ces mots : « Il pense à ses enfants qu'il a mis particulièrement sous la protection de la sainte Vierge, un jour qu'ils étaient malades... » Et la suite : « Comme il s'applaudissait d'avoir eu le courage de faire ce coup-là ! Tout le monde n'aurait pas osé. Il était heureux, il s'en félicitait en riant et en tremblant. (Il n'en avait pas parlé à sa femme. Il n'avait pas osé... Il vaut mieux ne pas se faire d'affaires dans son ménage. Et avoir la paix. Il avait arrangé ça tout seul. C'est plus sûr. Et on est plus tranquille.) Depuis ce temps-là tout marchait bien,... puisque c'était la sainte Vierge qui s'en mêlait, qui s'en était chargée. Elle sait mieux que nous. »

Péguy a cherché la paix de son âme dans son *Porche* de l'espérance : il a arrangé ça tout seul, oui, mais ce n'est pas le plus sûr !

Ne s'est-il même pas à la fin complu dans
la singularité de sa position religieuse? Nous
le craignons. Il eut, et c'était grave, l'illusion tenace que Dieu le dispensait de la
voie commune. Un théologien, dans une
étude sur le catholicisme de Péguy, a observé
que les conditions positives de la grâce y
sont toujours passées sous silence, et il
écrit ces quelques lignes d'une extrême clairvoyance : « Dans son système, la nature
serait attirée par la grâce, engagée dans le
divin, sinon par elle, du moins sans autre
condition que la complaisance de Dieu pour
l'excellence et l'utilité de cette même nature.
C'est oublier que, pour nous chrétiens, l'ordre
positif du salut est inévitablement sacramentel
et ecclésiastique... Or Péguy ne parle pas de
ça, si ce n'est qu'il a souvent exprimé sa
crainte de voir la pratique rituelle, ecclésiastique, la profession, tourner à la politique et
dévorer la mystique même ». Dans un de ses
Entretiens avec Lotte, celui du 1er avril 1910,
Péguy ne dit-il pas formellement que le clergé,
qui administre les sacrements, laisse croire
qu'il n'y a que les sacrements? Voilà qui est
d'un catholicisme un peu Quaker.

Les sacrements sont confiés par Dieu à son

Église, elle les administre avec prudence, elle
pose les conditions que lui inspire le souci de
leur dignité, de leur efficacité, et, en dernière
analyse, du salut et de la sainteté des âmes :
elle n'ignore pas pour autant que la grâce
sacramentelle n'épuise pas la richesse de la
grâce divine, et que, cette grâce divine, Dieu
même l'administre en dehors des sacrements
et en dehors de l'Église. « Je connais des
Juifs qui ont des grâces étonnantes », dit
quelque part Péguy, et nous serions tentés
de sourire qu'il en soit tellement assuré, néanmoins nous nous garderons bien de dire que
l'hypothèse soit niable en soi : la liberté de
Dieu est souveraine. Mais l'Église visible est
de Dieu, comme la grâce invisible est de Dieu,
et l'Église n'est point une police extérieure
dont Dieu dispenserait les mystiques.

Péguy, dans un de ses *Entretiens* encore,
raconte que je lui avais un jour conseillé de lire
saint Augustin... S'il avait suivi mon conseil, il
aurait trouvé en saint Augustin mieux qu'un
« disciple de Cicéron », comme il dit dédai-
gneusement et au fond sans savoir : il aurait
trouvé un converti, qui était un penseur, qui
était un mystique aussi, et qui a parlé mieux
que pas un du devoir de se soumettre à l'auto-

rité de la *Catholica*, de se blottir dans son sein
maternel. Augustin à maintes reprises est revenu sur le cas du centurion Corneille, le centurion de Césarée, pour montrer en lui un
homme qui priait et qui faisait l'aumône, et à
qui en récompense Dieu fit la grâce que le
saint Esprit descendit sur lui et sur les siens
avant que le baptême leur eût été admi-
nistré : cependant Dieu voulut qu'il s'adressât
à l'apôtre Pierre pour être catéchisé et pour
être baptisé. Augustin a vu là une belle expression de la nécessité du ministère visible, lui,
le docteur de la grâce !

Augustin aurait donné à Péguy un autre
bon exemple, en lui enseignant que nul ne se
soumet à l'autorité divine sans l'avoir au
préalable connue divine par des raisons véri-
fiables de croire, et que nul, après s'être soumis aux dogmes de cette autorité, ne renonce,
s'il croit à l'intelligence, à donner à ces dogmes
un sens qui soit leur sens authentique et qui
soit en même temps pensable. Augustin a
pour maxime : « *Intellectum valde ama* »,
entendant par intelligence la foi réfléchie et
analytique. Cette intelligence peut être poussée
loin, trop loin, et dégénérer à la limite en une
sophistique, mais les mystiques ne sont pas

autorisés par là à nier la valeur de l'intelligence augustinienne ou de l'intellectualisme de
saint Thomas, et à nous limiter à une connaissance confuse ou à une intuition inexprimable,
sous couleur de mieux étreindre la réalité.

Lorsque Péguy disait à Lotte : « Une parole
de saint Louis ou de Jeanne d'Arc met tout
saint Augustin par terre », il n'y a là qu'une
boutade, j'espère. Si c'était en rigueur que
Péguy l'eût dit, holà ! Il disait encore à Lotte :
« Mon *Mystère des Innocents* est à base de
liturgie ». Et il ajoute : « Tu comprends, je suis
de ces catholiques qui donneraient tout saint
Thomas pour le *Stabat*, le *Magnificat*, l'*Ave
Maria*, et le *Salve Regina* » (1912). Ce qui
revient à dire que, pour Péguy, le catholicisme
est aimé de préférence comme un cantique,
comme une émotion, comme une piété. Quant
à le construire, comme faisait saint Thomas,
Péguy s'y refuse ; mais comme il n'est pas de
ces simples à qui est pratiquable la seule
foi des simples, ou de ces « charnels » que
saint Paul consentait à ne nourrir que de
« lait », on s'inquiétera légitimement de l'exclusive que Péguy prononce contre l'intelligence, et qui s'inspire moins peut-être de la
simplicité de Jeanne d'Arc que de la philo-

sophie bergsonienne, remontant « la pente du tout fait » !

Les réserves que nous exprimons là sur le mysticisme de Péguy et sur son anti-intellectualisme, on pourrait les multiplier, en notant plus d'un autre parti pris de Péguy. Toutes nos réserves cependant ne nous feraient pas conclure que Péguy était simplement un dilettante, et que son catholicisme ne voulait pas être le catholicisme du catéchisme. André Suarès, qui est israélite, assure que Péguy était « né hérétique », et qu'il a été « l'hérétique de toutes ses religions », et qu'il a été « hérétique même de l'Église », puisque enfin « il avait sa façon propre d'être chrétien, et qu'on dispute encore si ce grand catholique était vraiment catholique ou ne l'était point ». Nous espérons que les *Entretiens* de Péguy et de Lotte permettront de ne plus disputer si Péguy était ou n'était pas catholique, et d'affirmer qu'il l'était de bonne foi. Il a été un converti dont la conversion fut traversée par le cas de conscience que nous avons dit, et dominée par un mysticisme, qui, comme tous les mysticismes, est exposé à la tentation d'être « libertaire » et « agnostique ». Mais rien ne permet de dire, jusqu'ici, que Péguy ait sacrifié à cette tentation. Je ne souscrirais pleinement qu'à ce jugement de Suarès : « Il avait un immense orgueil. »

Péguy n'a eu le temps ni d'achever, ni même de dessiner en pleine clarté, l'œuvre qu'il rêvait de faire, quand il disait à Lotte : « J'ai un office, j'ai des responsabilités énormes : au fond, c'est une renaissance catholique qui se fait par moi (1912)... Il faut produire, il ne faut pas démontrer, ni expliquer. Pascal raisonne trop... Moi, je crée : il faut créer. Tiens, je couvrirai dans le chrétien la même surface que Goethe dans le païen. Tu ne t'imagines pas tout ce que j'ai à écrire encore. Il ne faut pas je meure... Il n'y a que Corneille qui ait travaillé comme ça. Corneille est plus fort que moi. Jamais je n'atteindrai *Polyeucte* (1913)...» Les *Entretiens*, on le verra, contiennent bien d'autres expressions de cet immense et tranquille orgueil : nous ne les avons pas supprimées, parce qu'elles sont révélatrices de la candeur de Péguy et du ressort de son action : il se croyait une mission, et il s'abandonnait à elle. Un orgueil vulgaire aurait été bien autrement attentif à ne se pas découvrir.

Moins encore aurions-nous voulu suppri-

mer les aveux de la détresse matérielle qui
se font jour çà et là dans les *Entretiens*, nous
avons dû pourtant en supprimer quelques-uns,
comme celui-ci que j'écourte : « Depuis vingt
ans... Ah là là, on a vu de la misère! Ce qui
est épatant, c'est qu'on n'est pas encore cla-
qué » (1912)! Comprend-on alors de quel prix
Péguy a payé son indépendance sociale et littéraire ?

C'est de tout cela, — foi, orgueil, pauvreté,
et grandeur cachée, — que Lotte est le témoin.
Il a pour Péguy une admiration comme religieuse. Il s'applique à le comprendre, à le faire
comprendre : ses articles sur les *Mystères*
sont le commentaire le plus sûr qu'on puisse
souhaiter de l'œuvre de Péguy, et l'article
sur *Ève* est plus qu'un commentaire, car il est
une sorte de préface de l'auteur en personne.
Lotte n'a pas été sans connaître à fond la foi
de Péguy et la contradiction de sa conversion
et de sa vie : tel des *Entretiens* est comme la
réponse que ferait Péguy aux instances de son
ami le pressant de l'accompagner à la sainte
table. Les dernières paroles du dernier entretien (27 septembre 1913) sont saisissantes :
« Les prières à Marie sont des prières de
réserve. C'est ça, des prières de réserve. Il

n'y en a pas une dans toute la liturgie, pas une,
— pas une, tu entends, — pas une, que le plus
lamentable pécheur ne puisse dire vraiment.
Dans le mécanisme du salut, l'*Ave Maria* est
le dernier secours. Avec lui, on ne peut être
perdu. » On devine aussi que Lotte fait appel
à l'autorité de l'ami lointain, de l'ami exilé,
Dom Baillet. Lotte est allé le voir en septembre
1913, il raconte à Péguy sa visite à Oster-
hout, et Péguy réplique :

« Alors, tu as vu Baillet? Il mourra à la fin
de l'hiver? Quelle perte je vais faire! Baillet
est un saint, je l'ai toujours su. J'ai pour lui
une tendresse que je n'ai eue pour personne.
Lui aussi m'aime. Mais il se méfie de moi. Il
a peur que je fasse un hérétique. C'est fou.
Les moines ne comprennent pas ce que c'est
que la vie. Ils ne la connaissent pas. Ils sont
comme les jeunes Saint-Cyriens qui n'ont pas
fait la guerre et qui veulent en remontrer à
un vieux grognard. Moi, je suis un vieux grognard. Voilà vingt ans que je suis en campagne. Je suis couvert de boue, mais je me
bats bien. Ils ne peuvent pas comprendre ma
vie, toi non plus, tu es trop innocent. Je suis
un pécheur. Mais je prie tant, et j'ai tant de
grâces! »

Péguy est mis, en quelque sorte, au pied du mur par ses deux vieux camarades, et il se débat dans son impasse : Baillet est moine et Lotte trop innocent, ils ne peuvent pas comprendre la vie de Péguy, qui est d'un pécheur, mais d'un pécheur qui prie, et qui se croit dans l'amitié de Dieu! Et, en vérité, ils comprenaient bien, mais ils n'admettaient pas cette assurance : ils tremblaient pour Péguy, sans cesser de l'aimer.

J'ai retrouvé la dernière lettre que m'ait écrite Dom Louis Baillet, elle est du 18 octobre 1913 : le cher et saint religieux est à Luxembourg, deux fois exilé, puisqu'il a dû quitter son monastère pour venir dans la clinique du Fischmarket où il va mourir. Il m'écrit : « *Paix et courage,* vous avez bien raison de me les souhaiter. Me voilà loin de mon monastère et de sa vie liturgique et spirituelle, loin de mon édition critique de sainte Hildegarde, réduit presque à rien. Je ne dis plus la messe. — Mais *Paix et joie,* ajoutez-vous : vous parlez comme saint Benoit... Eh bien! oui, je demande à Dieu cette grâce, et, comme ma demande s'appuie sur les prières d'amis tels que vous, elle ne reste pas sans effet. — A la *joie* s'ajoutent parfois quelques *joies.* Ce

furent en août et septembre les visites de mon
frère,... puis celle de l'abbé Brunhes,... puis
celle de Lotte : un fougueux, qui a pris la résolution d'étudier ; quel bon cœur ! — Lotte
vous garde une bien profonde reconnaissance.
— Ce serait le couronnement de toutes ces
joies si vous pouviez venir m'embrasser un
jour entre deux trains, ou mieux, venir em-
baumer ma solitude pendant de longues jour-
nées... Je tâcherai alors de pouvoir parler
un peu. En attendant, Père, j'aime à me redire, avec toute ma respectueuse tendresse,
votre Fr. Louis Baillet, m. b. » Je ne l'ai pas
revu, hélas ! non plus que je n'ai revu Lotte.

Le touchant récit de Pierre Pacary dira
ce que furent les années chrétiennes de Lotte.
Il s'était remarié : deux petits enfants, Anne-
Marie et Michel, égayaient maintenant avec
André le foyer réconcilié avec le bonheur.
La guerre survint.

Pierre Pacary a recueilli ici des pages choisies de Lotte, de Lotte converti, de Lotte universitaire et catholique, de Lotte admirateur et
confident de Péguy. Les abonnés et les amis
de son *Bulletin* retrouveront Lotte tel qu'ils
l'ont connu en ces dernières années, fougueux
et candide, ardent à rapprocher les uns des

autres ceux de ses collègues qui partageaient sa foi, à leur faire connaître ce qu'il considérait comme le renouveau de la littérature catholique et dont l'âme était pour lui Péguy, à les initier encore à des travaux plus méthodiques et à des pensées plus incontestées, mais aussi à les porter ensemble à une vie chrétienne plus pleine, plus rapprochée du cœur de l'Église, et, d'un mot, à la communion fréquente.

Combien l'Université de France, dans l'enseignement secondaire des garçons et des jeunes filles, un enseignement que je crois connaître un peu, compte de maîtres, d'une compétence éprouvée, d'une honorabilité parfaite, sans autre ambition que de remplir leur tâche professionnelle avec scrupule, et tout de même soucieux de s'entretenir perpétuellement au-dessus de la tâche de tous les jours? Et combien qui, la grâce de Dieu aidant, ont trouvé dans leur culture même et dans leur expérience le secret de la vie intérieure et de la foi? A eux tous nous dédions les pages de leur collègue du lycée de Coutances « mort au champ d'honneur ».

Pierre BATIFFOL.

Paris, 19 mars 1916.

JOSEPH LOTTE

Notre ami Joseph Lotte, professeur au Lycée de Coutances, fondateur et gérant du *Bulletin des professeurs catholiques de l'Université*, est tombé à l'ennemi, sous Arras, le 27 décembre 1914, frappé d'une balle au front.

Les lecteurs du *Bulletin* ont souhaité la publication des meilleures pages de son œuvre, qui prolongeraient son apostolat. Nous avons préparé cette publication avec une piété fraternelle. Dans ce curieux témoignage sur soi-même et sur son temps qu'il intitulait : *Victor-Marie, comte Hugo*, Péguy reproche au grand poète de n'avoir pas eu d'ami : on n'a même pas donné de ses œuvres une édition exacte. Pour nous, dans le deuil de nos amis tombés au service de la France, nous ne nous pardonnerons de n'avoir pu mourir auprès d'eux qu'en travaillant à les faire durer.

Né à Rochefort en 1875, élève au lycée de Cherbourg où son père, officier mécanicien en chef de la marine, terminait sa carrière, Joseph Lotte acheva ses études à Paris, au collège Sainte-Barbe. Il essaya sans succès d'entrer à l'École normale supérieure, et après son année de service militaire, accepta une place de répétiteur au lycée de Nantes. Il passe ensuite une année d'études à l'Université de Rennes. Professeur successivement au collège de Loudun, au lycée de la Roche-sur-Yon en 1905, puis au lycée de Brest en 1907, sur sa demande et pour des raisons de famille il vient en 1910 à Coutances où il devait fonder le *Bulletin*. C'est là que l'atteignit l'ordre de mobilisation.

Cette vie toute plane, sans réussite temporelle, si elle nous intéresse, c'est par l'histoire d'une âme et par une mort héroïque.

I

LA JEUNESSE.

Les registres de la paroisse Saint-Louis de Rochefort nous apprennent que « l'an du Seigneur mil huit cent soixante-quinze, et le vingt février, fut baptisé en ladite église Émile Joseph Lotte, fils de René Yves et de Joséphine Durel ». Nous ne transcrivons pas seulement cet acte pour

que les lecteurs du *Bulletin* y trouvent la clef de
la signature que Lotte affectionnait davantage.
Comme il l'a dit avec un sens pénétrant des réalités chrétiennes, à dater de ce jour toute la
« communion » travailla pour lui. Toute la communion, mais spécialement deux âmes saintes de
sa famille, ses deux tantes paternelles, sœur
Sainte-Aloysia et sœur Marie-Thérèse, religieuses
au couvent de l'Adoration perpétuelle à Quimper.
Dans l'élan de Lotte converti, peu soucieux de
controverse et d'érudition, et qui se jette en
pleine vie chrétienne, nous retrouverons la
flamme mystique des religieuses de Quimper
pendant leurs longues heures de contemplation
face au Saint-Sacrement. Et les lettres que Lotte
avant de mourir écrivait des tranchées, ne font-
elles pas écho à la dernière parole de sa tante
Renée, sœur Sainte-Aloysia, expirant dans les
bras de sa sœur Marie-Thérèse : « Heureux jour,
voir Dieu ! »

Le père de Lotte, lui, donnait à la République
l'ardeur religieuse de sa race. Son fils écrivait
plus tard : « Nous sommes les fils des fondateurs
de la troisième République ; toute notre prime
enfance s'est passée dans l'exaltation de la lutte
que menaient nos pères contre la réaction et dans
l'ivresse des victoires démocratiques : les 363, le
grand ministère, les lois scolaires, l'article 7,
Gambetta, Paul Bert, Ferry, ces mots, ces noms

remuent en moi les plus lointains souvenirs. Dans mon imagination d'enfant, la République était tout ce que j'aimais en mon père, le courage, la franchise, la générosité. En face d'elle se dressait l'Église, effroyable puissance de mensonge, de haine et d'oppression. Le même mouvement qui nous faisait républicains, nous faisait anticléricaux et antiromains ».

Tandis que l'esprit de l'enfant s'imprégnait d'idées hostiles au catholicisme, son tempérament moral restait chrétien. Après sa seconde communion, sous l'influence du dominicain qui avait prêché la retraite, il devint même d'une piété ardente. Au lendemain de sa mort, sa mère me racontait : « Tous les soirs, avec ceux qui étaient présents de nos douze enfants, je faisais la prière ; après la prière, dans son lit, mon pauvre Joseph prenait son livre préféré, l'*Imitation*. De longs mois, chaque matin, je retrouvai le livre sous son oreiller, il s'était endormi la veille en le lisant ».

En ces sortes de conflits latents entre l'intelligence et le cœur, l'équilibre ne subsiste jamais longtemps, car l'intelligence mène les hommes. La piété de Lotte, que ne soutenait pas une connaissance suffisante de la religion, s'alanguit, sa foi s'ébranla. La crise morale de l'adolescence, l'influence d'un professeur de philosophie aux allures sympathiques, sceptique déterminé, qui prouvait avec une égale désinvolture que Dieu

existe et qu'il n'existe pas, achevèrent de la rui-
ner. En arrivant à Sainte-Barbe, il continuait
d'assister aux offices, il suivait les cours d'instruction religieuse de l'aumônier, mais, s'il gardait encore un reste de foi, c'était une foi inerte,
sans influence sur sa vie : il ne communiait plus.

Trop sincère pour ne pas conformer son attitude à ses sentiments intimes, Lotte se débarrassa
bientôt de pratiques extérieures qui se dessé-
chaient en un formalisme mort. Toute croyance,
toute vie chrétienne parurent s'évanouir en lui,
et d'autant plus complètement qu'il s'imagina les
remplacer. Le socialisme offrit un but aux élans
généreux de sa vingtième année : à l'inquiétude
du salut éternel se substitua en son cœur « la
préoccupation du salut temporel des masses
plongées dans l'enfer des misères économiques ».
Vint « l'Affaire » où s'exaspérèrent des ardeurs
qu'aucune doctrine, aucune autorité ne discipli-
nait. A Lotte comme à plusieurs autres la conviction passionnée de se dévouer pour un idéal de
justice tint lieu de religion. Sans doute, même
dans l'excitation de la lutte, il ne voua pas une
haine de sectaire au christianisme et à l'Église :
il jugeait la violence périmée et au surplus inutile. Certain que ces institutions du passé étaient
condamnées à disparaître, il professait à leur
égard une indifférence dédaigneuse où entraient,
à des degrés divers, les préjugés paternels, une

certaine dose d'orgueil intellectuel, de la confiance naïve dans les destinées de la science,
enfin et surtout le rêve anarchique d'un nouveau
paradis terrestre promis à l'humanité. Plusieurs
années s'écoulèrent alors où, tranquille en ses
négations, Lotte crut le ciel vide, l'Église à l'a-
gonie, et se dit athée avec candeur.

II

LA RENCONTRE DE PÉGUY.

A Sainte-Barbe, Lotte avait fait la rencontre,
qui devait être pour lui décisive, de Charles Péguy. Lotte dans le *Bulletin*, Péguy dans les
Cahiers, ont évoqué ces années de leur fraîche
jeunesse et le souvenir de leur amitié naissante.

« Je nous revois encore, mon cher Lotte, je
revois notre jeunesse commune, je revois nos
communes études. Nous affrontions alors la même
grande guerre, qui était la guerre de l'entrée à
l'ancienne École normale supérieure... Quand
viendra l'âge des confessions, nous essaierons de
représenter ces deux ou trois merveilleuses
années de notre jeunesse, les ardentes années.
Tout était pur alors. Tout était jeune. Un socialisme jeune, un socialisme nouveau, un socialisme grave, un peu enfant (mais c'est ce qu'il
faut pour être jeune), un socialisme jeune homme

venait de naître... C'est une grande joie, mon cher Lotte, que de n'avoir pas eu une seule fissure dans cette amitié, dans cette fidélité de vingt ans ».

Et Lotte écrivait : « J'ai connu Péguy à Sainte-Barbe en 1894-1895. Récent normalien, il y venait souvent le midi voir ses amis restés *cagneux* (1). La première fois que je le vis, il détruisit du coup le concept de l'élégance normalienne qu'en ma province j'avais complaisamment formé. C'était un homme petit, carré d'épaules, serré dans un veston étriqué, d'énormes souliers ferrés aux pieds, un étroit chapeau mou sur la tête, une face claire de paysan où brillaient deux yeux aigus... Il me faut de l'argent, disait Péguy, pour la grève de... Il y avait toujours une grève quelque part, et il fallait toujours de l'argent à Péguy. Il allait de groupe en groupe, chacun épuisait son flasque gousset de potache, et Péguy partait d'un pas rapide, toujours soucieux, toujours sérieux. Il était impossible de refuser de l'argent à Péguy, on n'en avait même pas l'idée. Il n'avait qu'à tendre la main pour qu'aussitôt l'on vidât ses poches. C'était automatique ».

Disons tout de suite que chez Lotte, qui pourtant vécut pauvre, ce fut toujours un geste automatique de vider ses poches devant une

_____

(1) *Cagneux* est le sobriquet des candidats à l'École normale comme *taupins* celui des candidats à l'École polytechnique.

main tendue, que ce fût ou non celle de
Péguy.

« En ce temps-là, le jeu aux courses était en
grande faveur à Barbe. Un jour qu'un élégant
Roumain avait devant moi clamé qu'il tenait un
tuyau « épatant », Péguy vint justement nous
demander de l'argent. Il lui en fallait beaucoup.
Je lui vantai le « tuyau » de mon Roumain : son
cheval devait faire du dix contre un ; il pourrait
bien risquer cent sous. « On ne joue pas aux
courses », dit simplement Péguy : et je me trouvai soudain désemparé, honteux de moi, confus
de cette basse et ridicule proposition. « On ne
joue pas aux courses ». Je l'avais entendu mille
fois ce précepte. Ce jour-là, dit sans éclat, dou-
cement, fermement, il me bouleversa. Je n'ai
jamais depuis entendu parler courses et paris
sans un secret mépris, sans une secrète répulsion.
Je cite ce trait, pour faire comprendre le mystérieux empire qu'exerçait Péguy sur ses camarades par sa seule présence. Cette autorité invo-
lontaire, mais souveraine, je l'ai compris depuis,
c'était celle qu'emporte avec soi toute vie spirituelle plus profonde. Un précepte n'a jamais par
lui-même qu'une valeur de connaissance ; il n'acquiert une valeur de vie que quand certaines
bouches le prononcent. Un saint n'a qu'à parler ;
on ne raisonne pas, on ne discute pas, on croit
et l'on suit. Il y avait déjà dans Péguy, dans sa

simplicité, dans sa douceur, dans sa bonté, dans sa force, des parties de sainteté ».

Ce mutuel témoignage des deux amis, un de leurs condisciples d'alors, Jérôme Tharaud, le confirme dans une lettre qu'il adressait naguère (3 décembre 1915) à leur ancien aumônier de Sainte-Barbe, et qu'il faut citer :

Vous me demandez de rassembler mes souvenirs autour de notre cher Joseph Lotte, mes souvenirs d'il y a plus de vingt ans, alors que nous étions ensemble élèves de rhétorique et de philosophie à Louis-le-Grand et pensionnaires du vieux collège Sainte-Barbe. Ce qui surgit d'abord dans ma mémoire, c'est le rire et la gaieté de mon ami.

Quelle allégresse, quelle joie de vivre! Il avait tout un lot de chansons bretonnes, des chansons de matelots, qu'il nous chantait à ravir. Dans la cour des Grands nous faisions cercle pour l'entendre. Dans ce groupe, je vois surtout les chers visages disparus de Louis Baillet et de Péguy. Baillet, qui pensait déjà à entrer dans les ordres, avec son visage et sa pensée toujours recueillis, était bien en apparence l'être le plus différent de Lotte qu'on pût imaginer. Mais quand je pense à leur vie et à leur mort, à tous les deux, je me dis qu'ils étaient au fond tout pareils et que les oppositions entre eux étaient bien superficielles : c'étaient l'un et l'autre des êtres de sacrifice.

Seulement l'un était né aux bords de la Loire, dans le doux, le paisible Orléanais, d'une vieille famille sédentaire; Lotte nous apportait la joyeuse ardeur des marins qui prennent le large pour l'aventure aux colonies ou les randonnées à Terre-Neuve et en Islande. Les profonds sentiments catholiques qui, plus tard, devaient dominer Lotte tout entier ne semblaient pas encore très apparents. Ils sommeillaient au fond de son cœur, où, j'en suis sûr,

1.

Baillet, qui avait en lui du visionnaire, les avait très certainement découverts. Et le cher Baillet n'était pas le dernier à rire des plaisanteries et des chansons du Breton !

Mais au fait, j'y songe, mon cher aumônier, vous aussi les avez entendues, ces joyeuses chansons d'appareillage, lorsque par les nuits d'hiver vous nous accompagniez chez M. Enfert, dans ce lointain quartier de la Glacière où nous allions servir des soupes aux indigents du quartier. Ces heures-là sont parmi les plus brillantes de ma jeunesse. Que nous étions pleins d'humanité et d'enthousiasme social ! Nous revenions par la nuit froide le long de rues inachevées, bordées de planches et de chantiers de démolition, qui laissaient voir à certains endroits la sinistre Bièvre et son affreuse vallée. Nous réformions hardiment la société. Lotte, Péguy et moi, dans ce concert, nous faisions les voix socialistes, voire anarchistes. Vous, comme toujours, vous étiez le pur bon sens, spirituel et souriant. Baillet nous écoutait distraitement : je crois qu'insensible à nos raisonnements, il n'écoutait que le chant pur de son âme. Si Péguy prenait la parole, Lotte arrêtait aussitôt sa chanson à la nuit. Bien qu'ils fussent à peu près du même âge (Péguy de quelques années plus vieux), Lotte avait pour son ami les sentiments d'un disciple pour son maître. A vrai dire, ce sentiment, tous les camarades de Péguy l'éprouvaient à son égard.

On ne pouvait se trouver devant ce puissant esprit sans être aussitôt dominé. L'autorité, une autorité qui avait sa source dans l'intelligence et la bonté, se dégageait de tout son être, de tous ses gestes, de ses yeux, de sa voix. Mais ce sentiment de disciples que nous inspirait Péguy, se nuançait chez Lotte du dévouement parfait, absolu, de l'écuyer à son chevalier. Dès ce temps-là Lotte s'était déclaré l'homme-lige de Péguy. Et il le demeura toute sa vie, jusqu'à la mort; car vous savez, n'est-ce pas? que c'est pour venger son ami que Lotte passa du régiment de territoriale, où son âge le rangeait, dans un régiment de réserve, et qu'il y trouva son destin.

Après nos années de Sainte-Barbe, la vie nous dispersa.
Louis Baillet se fit bénédictin ; il mourut dans son cloître
sur une terre étrangère, loin de ses parents, loin de ses
amis. Que n'étais-je à ce moment près de lui ! Il me semble que, tout près de sa fin, il m'aurait communiqué je ne
sais quel mystère, quelles lumières surnaturelles. Souvent
j'étais allé le voir dans son monastère d'Appuldurcombe,
de l'île de Wight. Le premier sujet de notre causerie,
c'était toujours Lotte et Péguy. Leur retour au catholicisme lui paraissait la chose la plus simple et la plus at-
tendue. Il devait, si j'ai bien compris sa pensée, considérer
ces conversions comme une grâce que Dieu lui avait faite,
à lui personnellement. Et que la conversion de Péguy
s'accompagnât de celle de Lotte, cela l'étonnait moins
encore, car il savait que même séparés, ces deux êtres
pensaient, sentaient ensemble.

Voilà, mon cher aumônier, quelques-uns des souvenirs
qui me viennent à la mémoire, d'un temps déjà lointain,
que cette rude guerre a reculé plus encore dans le passé.
Péguy, Lotte, Baillet, voilà les trois miroirs les plus purs
de ma jeunesse. Quelle tristesse de penser que bon ou
mauvais, selon les jours, mon visage ne s'y reflétera jamais
plus ! En vérité, c'étaient plus que des amis, des inspira-
teurs, des soutiens. Auprès d'eux on ne ressentait rien
que de noble : ils chassaient tous les brouillards.

L'autorité souveraine dont parle Tharaud
après Lotte lui-même, Péguy la garda sur son
ami jusqu'au jour où celui-ci redevenu chretien
connut d'autres sources de vie spirituelle. Jusqu'alors il avait orienté sa vie dans le sillage
de Péguy. Dans la crise de l'affaire Dreyfus,
quand il apprend que Péguy se jette dans la mê-
lée, Lotte comprend qu'il faut marcher. En 1902,
à ce point de discernement où les Dreyfusistes

aux mains nettes se séparent des profiteurs, quand paraît ce vingt et unième cahier de la troisième série, ce III-21, fameux dans l'histoire des *Cahiers de la quinzaine,* Lotte suit résolument Péguy. Il adopte avec enthousiasme sa distinction entre les politiques et les mystiques ; il condamne la politique des Dreyfusistes victorieux, la politique sectaire du Combisme, au nom de cette justice absolue pour laquelle les « Dreyfusistes mystiques », ils le croyaient du moins, avaient toujours combattu et voulaient continuer de combattre.

L'orientation donnée aux *Cahiers,* cette déclaration de guerre à toutes les politiques, achevaient d'isoler Péguy. L'isolement se traduisait par la gêne. Confident des amertumes de son ami, Lotte en souffrait comme d'une injustice. Il soutenait les *Cahiers* de ses maigres ressources. Il s'efforçait de multiplier les abonnements. Quand il créa le *Bulletin,* il en fit, on ne saurait le nier, un instrument de publicité pour les *Cahiers* et pour Péguy. Cette attitude avait le don d'agacer certains lecteurs. Lotte s'en souciait peu. Il se constituait l'écuyer fidèle de ce dernier chevalier servant de Jeanne d'Arc. Son affection enthousiaste lui suggérait des habiletés touchantes : « J'ai eu il y a quelques jours une idée de génie. Comme Péguy dans ses lettres me disait que les *Jeanne d'Arc* ne se vendaient pas, j'en ai fait venir 90 et j'ai écrit personnellement à 128 abonnés. Les vingt-cinq dernières lettres sont parties hier et j'ai déjà vendu cinquante-huit volumes. C'est évidemment un record. » Et Péguy lui écrit : « Bien reçu ton mandat. Mon vieux, tu m'as étrenné. C'est la première fois que je gagne de l'argent avec ma plume. Je t'embrasse pour tout ce que tu fais pour les *Mystères.* »

Péguy continue de lui confier ses sentiments les plus intimes, surtout dans sa crise religieuse. Les deux amis se rencontrent régulièrement chaque année durant les vacances et quelquefois plus souvent. « J'ai passé mon après-midi avec Péguy. Tout à fait fraternel. Promenade sur les coteaux. Il m'a vidé son cœur comme d'habitude. C'est la plus belle âme que je connaisse. » La correspondance prolonge cette intimité. Péguy insiste sur son caractère de confidence. « Ne mets pas ça dans ton papier » (le *Bulletin*), revient souvent dans ses lettres et, quand il voit Lotte, dans l'entretien. Il écrit le 30 mai 1912 : « Cher vieux, je suis très opposé à ce que tu cites de mes lettres dans ton article, inspire-toi autant que tu voudras du contenu, prends si tu veux les formes elles-mêmes, mais il faut absolument, quand je t'écris, que je puisse t'écrire sans arrière-pensée. Or, je ne puis plus t'écrire sans arrière-pensée si je n'ai pas la certitude absolue qu'une lettre de moi est limitée à toi. Je me suis mis avec toi dans un ordre de confidence et de confession qui est en de-

hors de l'ordre public. » Une telle lettre, ce nous
paraît, confère autorité au témoignage que Lotte
portera sur Péguy.

III

LE RETOUR.

L'attitude nouvelle qu'il adoptait à la suite de
Péguy, dans les conflits entre l'État et l'Église, ne
sembla pas tout d'abord orienter Lotte vers la
croyance. Par une espèce de point d'honneur,
tandis qu'il condamnait les procédés violents, il
tenait à se défendre des influences religieuses et
autour de lui à les combattre. Il s'était marié en
1898 ; il avait consenti, par complaisance, au baptême de sa fille Monique. En 1905 il refuse de
laisser baptiser son fils André. Vers cette époque,
il écrit à un ami : « Il y a méprise, mon vieux,
quand tu m'accuses d'avoir répudié mon anticléricalisme de naguère. Je suis plus que jamais anticlérical ; je trouve seulement que les congréga-
nistes, tout comme jadis Dreyfus, ont droit à ce
qu'on respecte envers eux la légalité. Les anticléricaux feraient mieux de lutter comme nous dans
la famille, en faveur de la femme et des enfants,
plutôt que de charger le gouvernement et les gendarmes de taper sur les adversaires ».

Et encore : « La renommée aux cent bouches m'a rapporté que tu rencontrais pas mal de difficultés auprès des tiens à mettre ta prochaine progéniture à l'abri de toute aspersion baptismale. On est pour les vieux usages. Au fond, ça n'a pas une énorme importance, mais c'est un acheminement à la première communion et voilà ce qui est dangereux. »

Un intime de Lotte à qui je montrais ces lignes me disait : « Vous ne publierez pas cette lettre. » Il faut au contraire la publier. Une enquête sur les convertis vaut dans la mesure qu'elle est sincère. Trop de choses nous échappent dans la conversion, et comment pourrions-nous atteindre l'intime conversation d'une âme avec Dieu? Marquons du moins les démarches extrêmes des âmes ; quand même nous ne saurions fixer exactement quel chemin elles ont suivi, nous mesurerons du moins la distance parcourue. Et puis, de plus loin reviennent les convertis, plus leur retour nous invite à l'espérance, en nous attestant la miséricorde.

Je viens d'employer ce mot de converti. La mode exige qu'on parle plutôt de développement ou, comme disait Péguy, d'approfondissement. Ces termes, d'un certain point de vue, s'expliquent ou même s'imposent. Quand il se retourne vers ses compagnons de la veille, incapables par hypothèse d'admettre dans l'événement le jeu d'influences surnaturelles, le converti a le droit, et sans doute le devoir de justifier son geste, d'établir la continuité de sa pensée, la logique interne de son évolution. Mais chrétiens, nous ne saurions nous arrêter à une vue si incomplète. Que toute conversion implique un développement, qui songerait à le nier? La grâce ne crée pas le chrétien de toutes pièces dans le cœur de l'homme, et le dogme, avant de réclamer de l'intelligence qu'elle s'incline, lui propose ses lettres de crédit. Et il est vrai encore que dans le baptisé, dans le fils d'une race croyante, l'hérédité et la grâce du sacrement conspirent à préserver une foi latente sous la couche d'incrédulité superficielle. Mais que ces germes se développent par l'étude, la réflexion ou la leçon des faits, ce n'est là jamais qu'une préparation de la conversion et non la conversion elle-même, ce retournement de tout l'être, cet élan total de l'âme où le converti se détache de soi, reconnaît Dieu, s'attache et s'abandonne à lui. Au cours du développement, l'esprit humain se sent libre, ne sait encore où il s'arrêtera ni s'il s'arrêtera quelque part; la conversion le fixe. Le développement, c'est surtout l'œuvre de l'homme, la conversion, surtout l'œuvre de Dieu. Le développement prépare cette heure, Dieu seul et sa grâce la déterminent: tantôt il la précipite, et son Église s'étonne, selon la parole du Prophète,

d'accueillir des fils qu'elle n'avait pas enfantés ;
tantôt il la diffère, et le monde s'étonne davantage de voir hésiter longtemps au seuil du
sanctuaire ceux qui semblaient sur le point d'y
entrer.

Lotte devait se plaire un jour à noter dans sa
vie cette conversion, ce point de rebroussement :
à l'époque dont nous parlons (1905), il ne se
doutait pas qu'une telle heure dût jamais sonner
pour lui. Les lettres que nous avons citées en
témoignent. Au même confident de toutes ses
pensées qui lui demande son sentiment sur l'*Étape* de Bourget, il répond : « Explique-moi en
quoi la thèse de l'*Étape* a pu te donner à réfléchir sur l'éducation sans Dieu. J'avais parcouru ce roman, il y a quatre ans. Il m'avait
paru superficiel et faux. » Il faut vraiment que
Lotte se soit contenté de parcourir le livre. Sa
propre expérience ne lui avait-elle donc pas appris combien avait raison le romancier psychologue quand il dénonçait chez les Monneron
l'impuissance d'une philosophie d'où Dieu est
absent à soutenir l'idéal moral ? Mais plus peut-
être que de se faire l'apologiste de la foi chrétienne Lotte reprochait à Bourget sa doctrine
sociale. Jusqu'alors il n'avait aperçu que le côté
séduisant de l'erreur démocratique. A Loudun,
il avait partagé les rêveries de son ami Brenn,
l'auteur de ce livre singulier, utopique et sincère,

Yves Madec. Avec lui, il avait voulu fonder une de ces universités populaires destinées à de si complets échecs : en vertu même de leur origine, en effet, et malgré la générosité de leurs promoteurs, elles demeuraient des créations artificielles où des universitaires, des instituteurs et des ouvriers étaient condamnés à discuter d'idées pures. De telles rencontres qui peuvent devenir fécondes, quand elles se produisent dans des cadres réguliers, la profession, l'église, l'armée, en dehors de ces cadres seront presque toujours anarchiques. Mais alors l'anarchie et toutes les nuées égalitaires séduisaient Lotte.

Observons, pour demeurer justes, que ces erreurs, parce qu'elles étaient généreuses et sincères, ont aidé peut-être au retour de Lotte plus qu'elles n'y firent obstacle. Au fondement invariable de ses variations, on discerne le principe fameux que Péguy aimait à rappeler : « La révolution sociale sera morale ou elle ne sera pas ». Cette révolution morale n'est plus à faire; elle dure dans le monde depuis dix-neuf siècles, depuis l'Évangile, et l'Église, quoi qu'on en ait dit, n'entend pas mettre de sourdine aux versets du *Magnificat*. Le Christianisme laisse subsister l'inégalité entre les hommes, car l'inégalité est loi de nature, mais il travaille à supprimer ce qui rend cette inégalité insupportable, l'envie chez les petits et l'impatience d'être pauvre, le luxe

insolent des grands, chez tous l'orgueil et une
ambition sans frein. Les vraies paroles de fraternité et de justice, les seules qui soient réalisa-
bles, le christianisme les prononce. Lotte devait
le comprendre un jour, et ce jour-là toute son
âme profonde, tous ses élans le porteront vers
la foi.

Il gardait déjà — chose rare en son milieu d'a-
lors, et qui le différenciait — le culte de la patrie
et de l'armée. Nous en avons un curieux témoignage. En 1905, il prononce au Lycée de la
Roche-sur-Yon le discours de distribution des
prix. Cette même année, les *Cahiers de la
Quinzaine* avaient publié *la Vie et les Prophé-
ties du Comte de Gobineau*. Soit que cette figure,
d'une originalité d'ailleurs équivoque, l'eût réellement séduit, soit pour faire connaître la revue
de son cher Péguy, Lotte étudie devant ses
jeunes auditeurs, un peu étonnés sans doute,
l'auteur de l'*Essai sur l'inégalité des races humaines*. On perçoit dans ce discours un écho des
idées chimériques qui s'agitent en son esprit :
il salue, toujours d'après les *Cahiers*, « la Cité
harmonieuse qui sera bientôt construite si chaque homme de cœur y apporte sa pierre » ; il se
laisse aller aux métaphores grandiloquentes
mieux à leur place dans les journaux du parti ; il
parle du ferment qui fera lever la pâte démocratique. Mais voici qu'une idée de Gobineau sus-

cite le souvenir de son temps de service, et
aussitôt le ton change, devient vif, direct, personnel. Gobineau divise les hommes en quatre
classes : les brutes innombrables, les drôles qui
en profitent, les imbéciles qui les mènent, et à
l'écart l'élite, les Fils de Roi. Et Lotte évoque
avec émotion cette année de caserne, où « fier
d'un savoir tout jeune et d'une culture toute for-
melle », mis en contact avec ceux que Gobineau
englobe sous le vocable méprisant de Brutes, il
connut que surgissaient parmi eux des Fils de Roi :
« Il y avait dans mon peloton un groupe de cinq
amis, de cinq « *poteaux* » comme l'on dit là-bas,
de poteaux fermes et droits comme des hêtres. Je
compris par eux cette idée gobinienne que l'élite
est tout, la masse rien, et que la masse ne vaut
que par l'élite qui l'anime. Combien de fois, à la
fin de longues marches, en manœuvres, lorsque
les dos s'arrondissaient sous la tension du havre-
sac, que les jambes molles s'allongeaient sans
énergie sur la route et que dans toutes les têtes
alourdies une seule image subsistait encore,
celle de la grange hospitalière et des bottes de
paille luisantes où on allait bientôt s'étendre,
combien de fois une voix jeune, claironnante,
vibrante de vie et d'entrain a balayé, comme un
coup de vent frais, la fatigue appesantie sur les
membres? Certes ce n'était pas la chanson qui
produisait ce miracle : la chanson était générale-

ment stupide; mais pourquoi les pieds écorchés
frappaient-ils fermement le sol? D'où venait
cette force qui levait les têtes pendantes et
cambrait les reins harassés? Elle venait de la
voix claire des Fils de Roi épars dans la section.
C'était leur force à eux qui rayonnait, leur énergie surabondante qui s'infusait dans les muscles
épuisés des « Brutes », c'était leur âme joyeuse,
altière, indomptable, qui nous versait le bon
cordial, l'âme du charron Le Gouillec, du serru-
rier Yaouang, de l'électricien Rabatel (que nous
nommions Rabat-Joie parce qu'il était la gaieté
même), et surtout du noble et grand Pétour,
maraîcher de Roscoff, caporal de la huitième
escouade, le plus puissant Fils de Roi que j'aie
jamais admiré. »

Une saine allégresse est répandue dans ce
petit morceau; on sent que Lotte, lassé des idéo-
logies creuses, étreint avec joie une réalité vivante,
et qu'il l'aime. Au lendemain de la mobilisation,
il ne parlera pas avec plus d'ardente sympathie des
Normands ses compagnons d'armes. Ici sa générosité native, son esprit de sacrifice, et les tradi-
tions de famille — ses cinq frères servaient
comme officiers — ont défendu Lotte de blasphémer la patrie, et l'armée qui en est le symbole
efficace.

Reconnaître cette réalité permanente, la patrie, juger les choses de ce point de vue, c'est se

préparer à comprendre cette autre institution immortelle, l'Église, et à recevoir dans sa vie le point de vue de l'éternité. Cette logique intérieure, Lotte en ressentit le bienfait. Nous avons vu avec quelle ardeur désintéressée il s'était jeté dans la douloureuse « affaire » qui divisa le pays. Il luttait contre l'injustice de la raison d'État qui empêchait seule, pensait-il, de proclamer l'innocence du condamné. Selon l'énergique expression de Péguy, il ne voulait pas que la France, en endossant cette injustice, fût constituée en état de péché mortel. Ainsi, comme il l'a dit plus tard, croyait-il combattre pour la France autant que pour la justice. Quelle désillusion l'événement lui apporta! Dans leur triomphe les chefs qu'il avait suivis se retournaient contre la justice et contre la France elle-même. C'était une faillite, mais qui comportait une leçon. Ces hommes qui combattaient l'armée et la patrie, qui érigeaient en système de gouvernement d'intolérables pratiques, c'étaient aussi les ennemis déclarés de l'idée chrétienne. Une telle constatation influe sur l'attitude religieuse de Lotte : du jour où l'Église lui paraît victime d'une injustice, où il prend parti contre ceux qui veulent l'opprimer par la violence, en vain prétend-il lui-même demeurer son adversaire, secrètement il commence de s'en rapprocher.

Ses controverses avec Émile Baumann, qu'il

connut au Lycée de la Roche-sur-Yon, entretin-
rent chez lui l'intérêt renaissant pour les choses
religieuses. Non pas que le christianisme de Baumann, un peu âpre et perpétuellement tendu, ait
jamais inspiré à Lotte une sympathie spéciale. Il
devait s'en expliquer plus tard dans des articles
consacrés à son ami. Mais Baumann lui présentait
une personnalité que la croyance avait pétrie,
une existence dont la foi marquait le rythme vital.
A l'heure où Lotte constatait que dans le pays
l'affaiblissement des énergies nationales allait de
pair avec la guerre au catholicisme, il n'était pas
indifférent qu'il rencontrât sur son chemin un chrétien net, presque brutal dans ses affirmations,
et qui trouvait dans son mysticisme la sève d'un
talent vigoureux. Sans que peut-être il s'en soit
rendu compte, ses entretiens avec Baumann firent
rentrer le christianisme dans la vie morale de
Lotte. Devant cet exemple, être chrétien redevint
pour lui une possibilité qu'on ne pouvait repousser a priori; il apprit en même temps que le
christianisme, pour valoir la peine d'être vécu, ne
devait pas se reléguer dans un compartiment de
l'existence, mais la pénétrer tout entière.

Vers le temps qu'il recevait ces leçons de l'expérience, Lotte connut, par les *Cahiers*, Georges
Sorel. Ce métaphysicien du socialisme, par une
rencontre assez singulière, mêle à l'utopie, relé-
guée par lui dans un avenir lointain, un sens

clair des réalités. Lotte lui dut de se dégager
des formules : Sorel, par sa théorie réfléchie sur
le rôle de la force et de la violence dans le
monde, l'arracha aux rêveries humanitaires. Ainsi
faisait-il un pas de plus vers l'Église : quiconque
veut bien s'affranchir d'un optimisme de convention et reconnaître quels ferments mauvais travaillent le cœur de l'homme se rapproche d'une
doctrine dont le péché originel est un dogme fondamental.

Une influence plus profonde fut exercée par la
lecture des livres de Bergson. Sur le coup, Lotte
parla de son œuvre avec enthousiasme, toujours
plus tard avec reconnaissance. Certains lui en
savaient mauvais gré. Pour nous, nous n'éprouvons aucun embarras à enregistrer ce témoignage. Des chrétiens se réjouissent si Dieu permet que par beaucoup de chemins les hommes
reviennent à lui ; ils se souviennent seulement que
sur ces routes inattendues par où les convertis
rentrèrent à la maison du Père de Famille, des
esprits aventureux courraient risque de s'égarer.
Au demeurant, que Bergson à certains de ses
disciples ait servi de pédagogue vers la foi, les
critiques catholiques les plus justement prévenus
contre la philosophie nouvelle ne sauraient s'en
étonner. Avant de devenir un système à la mode,
le bergsonisme se présenta, auprès de nos con-
temporains, comme une critique, une critique de

l'intellectualisme, de tout intellectualisme ou-
trancier. Mais l'intellectualisme que Bergson
trouvait en possession chez ses auditeurs, chez
les lecteurs de ses livres, ce n'était pas l'intellectualisme traditionnel, celui de la philosophie
catholique, trop dédaigné par ceux qui l'ignorent,
et qui fait d'ailleurs, quand on le comprend bien,
une part si large à l'intuition; c'était cet intellectualisme étroit, issu, dévié, si l'on veut, du positivisme, ce scientisme mis en honneur par Taine,
qui ne prétend reléguer la vieille métaphysique
dans le domaine du rêve que pour s'ériger soi-même
en une métaphysique intransigeante, et exclusive
de Dieu. Ce scientisme, la lecture de Bergson
l'exorcisait dans l'esprit de Lotte; elle faisait
craquer les cadres étroits, les formules rigides du
matérialisme. C'était une libération. Ainsi s'explique l'enthousiasme presque naïf d'un article
sur l'*Évolution créatrice*, écrit par Lotte en 1907,
et qui manifeste bien son état d'âme à cette
époque.

Dans cet article le nom de Dieu n'est pas
prononcé, mais on devine, aux dernières lignes
surtout, que Lotte encore incertain de sa pensée
se retient pour ne pas l'écrire. On comprend
qu'il ait dit plus tard, projetant peut-être dans
ses souvenirs des acquisitions plus récentes : « Je
sentais Dieu à chaque page de ce livre. » Si on
lit l'article qu'en 1910 il consacrait à la Philoso-

phie nouvelle, l'impression s'accentue que dans le bergsonisme il cherche avant tout la liberté intellectuelle de redevenir chrétien; le reste lui importe peu. La grâce a de ces jeux et sait orienter tous les moyens au but qu'en secret elle poursuit. Lotte aurait volontiers appliqué à Bergson le mot que saint Augustin prononce d'un philosophe païen : En le lisant, mon Dieu, je me levai pour retourner vers Vous, *surgere cœperam ut ad Te redirem*. Mais sans doute il eût ajouté avec le fils de sainte Monique : « Une seule chose dans mon enthousiasme me désenchantait : je n'avais pas rencontré dans ce livre le nom de Jésus-Christ. Ce nom béni de votre Fils, mon Dieu, par un mystère de votre miséricorde, je l'avais sucé en même temps que le lait de ma mère, il avait imprégné mon cœur, et je ne le savais pas, et pourtant rien sans lui ne me pouvait pleinement rassasier. »

Ce Maître unique vers qui Lotte soupirait sans le connaître, la douleur acheva de le lui révéler. Sa femme Henriette lui avait donné deux enfants, Monique et André. Une maladie foudroyante et inexplicable en l'espace d'une nuit enleva Monique. Lotte ne se sentit pas ébranlé. Toutefois peu de temps après, Henriette, en convalescence d'une fièvre typhoïde qui avait failli l'emporter, décidait qu'André serait baptisé, et Lotte y consentit. Ceci se passait à la Roche-sur-Yon, au printemps de

1907. Vers le milieu de mars 1908, à Brest, la fièvre saisit de nouveau Henriette. Pendant trente jours de souffrances atroces et d'agonie sans espoir, Lotte s'obstina contre la mort et voulut lui arracher celle qu'il aimait. Il faut lire la relation de cette effroyable lutte, dans une lettre adressée à Baumann et que celui-ci a publiée en la commentant de cette juste réflexion : « C'est une des plus accablantes constatations qu'un homme ait jamais faites de son impuissance devant la Mort, fille du Péché. » En face de sa femme morte, Lotte se raidit, parla d'absence éternelle, et ne sut pas prier. Mais il l'avait vue mourir réconciliée et apaisée : Dieu, par ces douloureux cheminements, avançait en son âme.

L'année suivante, il s'improvisait garde-malade d'une de ses sœurs qui se mourait. Avec son habituel dévouement, chaque mercredi et chaque samedi soir, profitant de pouvoir se reposer durant la journée libre du lendemain, il allait passer la nuit au chevet de la malade. Il ne priait pas encore, mais déjà il aidait sa sœur à prier. Il redevenait chrétien.

Ses élèves l'y aidèrent. Toujours il les avait aimés, comme il aimait son métier. Ils lui rendaient son affection. Parti depuis quelques années de Loudun, quand il y revint au cours d'un voyage, ils le relançaient dans les rues de la ville. Avec ce don de ressentir et d'inspirer la sympathie, on devine que

chargé d'un cours de morale en quatrième au lycée
de Brest, il voulut parler cœur à cœur avec ses
jeunes disciples, « faire de la classe un entretien
grave et pieux ». Mais dans cette causerie fami-
lière, les questions des élèves forçaient la pensée
du maître. L'évidence entrevue bien des fois en soi-
même, que la croyance en Dieu est le support unique de la vie morale, Lotte la sentit s'imposer,
nette, absolue, devant ces enfants. Pour leur
apprendre à vivre en hommes, il se connut obligé
de leur parler de leur âme et de leur enseigner
Dieu : « Je m'étais livré, je ne m'appartenais plus,
mes quarante petits Bretons étaient maîtres de
moi, j'avais compté les guider, c'étaient eux qui
m'entraînaient. Neutralité, neutralité, qu'étais-tu
devenue? De *pourquoi* en *parce que*, dès les premières leçons, il nous fallut distinguer l'âme du
corps : dès le second mois, il nous fallut poser
Dieu. Un jour le nom de Dieu, en fin de phrase,
me sortit spontanément de la bouche. J'en reçus
un choc en retour... »

De ce long travail intérieur qui s'accomplissait
en lui, Lotte prit pleine conscience auprès de Péguy
redevenu croyant. La scène est bien connue depuis
qu'il l'a racontée dans le *Bulletin :* « Chaque
année en septembre, j'allais voir Péguy. En 1908,
je le trouvai couché, épuisé, malade. Toute l'é-
norme fatigue soutenue depuis douze ans sans
défaillance l'écrasait enfin. D'immenses malheurs

m'avaient frappé moi-même. Il me dit sa détresse, sa lassitude, sa soif de repos : une petite classe de philosophie dans quelque lycée lointain, près de moi, en pleine province ; il pourrait enfin sans heurts, sans traverses, sans angoisses, produire ce qu'il portait en lui... A un moment, il se dressa sur le coude et les yeux remplis de larmes : « Je « ne t'ai pas tout dit... J'ai retrouvé la foi... Je suis « catholique. » Ce fut soudain comme une grande émotion d'amour ; mon cœur se fondit, et pleurant à chaudes larmes, la tête dans les mains, je lui dis presque malgré moi : « Ah! pauvre vieux, « nous en sommes tous là. »

« Nous en sommes tous là. D'où me venait ce mot, puisque l'instant d'avant, j'étais encore incroyant? De quel travail, de quel lent, obscur et profond travail révélait-il l'action ? A cette minute, je sentis que j'étais chrétien.

« Dans le train qui me ramenait à Paris, une prière monta à ma bouche et ne la quitta plus de tout le trajet, la prière douce entre toutes, fraîche et joyeuse comme une aurore : *Je vous salue, Marie, pleine de grâce.*

« Nous en sommes tous là. Il me fallut pourtant plus d'une année pour y être entièrement, absolument, sans retour. Les chaînes de l'habitude sont si lourdes, l'Église semble si effrayante de loin et les « curés », les curés qu'on a tant dédaignés ! Il me fallut une autre amitié, d'autres prières.

« Enfin, la première *Jeanne d'Arc* parut et ce flot de mysticisme emporta les dernières résistances. Une humble sœur de la Miséricorde me prit par la main, je me laissai conduire comme un enfant ».

L'intelligence libérée des faux dogmes, le cœur purifié par la douleur, Lotte, soutenu par les prières de la communion et porté par la grâce toute-puissante, revint enfin à la maison du Père de famille : aux Pâques de l'année 1910, il s'initiait de nouveau au mystère du Corps du Seigneur Jésus.

IV

LA VIE CHRÉTIENNE.

Lotte converti se jette en pleine vie chrétienne. Il saisit le sens de ses épreuves passées, par avance il accepte les épreuves à venir. Dès le premier jour où il redevient chrétien complet, il unit sa vie à la messe. Dès lors, son livre préféré, c'est le paroissien. Cet abrégé du rituel et du missel renferme les prières et les rites par où l'Église entend sanctifier notre vie entière, et Lotte ne comprend pas le christianisme autrement qu'envahissant toute la vie.

A l'origine, cet amour de la liturgie s'affirme même un peu exclusif. Lotte se range avec Péguy parmi ces chrétiens qui donneraient toutes les *Sommes* pour le *Magnificat*, le *Salve Regina* et les litanies de la Sainte Vierge. Il proteste de son respect pour la théologie : mais, ajoute-t-il, « nous remarquons que d'un paroissien, il sera toujours aisé de tirer une théologie : il y suffirait de quelques mois et d'une demi-douzaine de docteurs. Et allez donc tirer un paroissien de toutes les thèses de théologie du monde! »

C'est une question de savoir ce que renferme de vérité cette boutade : on montrerait aisément que la liturgie s'enrichit à la mesure du développement doctrinal, et tel de nos plus beaux offices, celui du *Corpus Christi,* procède en ligne droite d'un article de la *Somme* de saint Thomas. Lotte parle légèrement de la *Somme* parce qu'il l'ignore tout à fait. Esprit sans complication, cœur simple, prompt aux élans généreux plutôt qu'aux subtiles analyses, il était revenu à la foi par une démarche directe de l'âme. Il cherchait pour sa vie morale un point d'appui, un stimulant et une règle; il les rencontra dans l'Église. L'examen, dans son cas, s'était borné à constater que la science n'épuisait pas tout le réel, que le mystère subsistait, que donc la foi demeurait une attitude raisonnable. Il n'avait pas entrepris une étude méthodique du dogme et n'en éprouvait pas le besoin. L'Église lui offrait une source de vie vraie et pure; ceux-là seuls avaient droit de boire à cette source qui recevaient le dogme en entier : il suffisait à Lotte. Des vérités essentielles, Incarnation, Rédemption, vie future, communion des saints, il goûtait par une saisie immédiate la douceur et le réconfort. Pour le détail du dogme il s'en remettait à l'Église. Je soupçonne au demeurant qu'il se défiait des docteurs. Il se souvenait que ceux du moyen âge enseignaient en Sorbonne : ce lecteur passionné des *Mystères* de Péguy connaissait le triste rôle de l'Université de Paris dans le procès de Rouen ; cette Sorbonne de décadence lui inspirait les mêmes méfiances que celle d'aujourd'hui ; peu soucieux de distinctions, il étendait volontiers ces méfiances à tous les théologiens : je crois bien qu'en son for intérieur il leur reprochait la mort de Jeanne d'Arc.

Mais il avait l'âme si droite, et si sincère le désir d'imprégner de catholicisme et son intelligence et son cœur, que peu à peu il perdit de ses préventions. Préoccupé de perfection personnelle, il n'avait pas mesuré d'abord toute la portée sociale de la doctrine catholique. Sans doute il percevait le retentissement qu'aurait sur la vie des sociétés la foi de chacun de leurs membres. Comme Péguy, il rêvait d'une nouvelle cité chrétienne, d'une chrétienté. La fraternité évangélique l'avait séduit. Il était de ceux à qui s'applique la béatitude : *Beati misericordes*, Bien-

heureux les miséricordieux, ceux qui ont du cœur
pour les misérables. « La maladie et la misère,
m'écrivait l'ami qui suivit toute sa vie, le travail
et sa rémunération, voilà qui l'intéressait plus
que son salut personnel. Avant son retour, le
salut ne le préoccupait pas; après, il pensait que
Dieu est miséricorde ». Si l'on peut mériter de
devenir chrétien, c'est par cette pitié qu'il le
mérita. Mais sur les problèmes spéciaux suscités
par les révolutions économiques, il ignorait la
doctrine de l'Église et même que l'Église eût
élaboré une doctrine.

Il devait dire un jour son étonnement de l'ignorance où il était resté des choses religieuses, et
il avait raison de s'étonner. Tandis que tant
d'hommes d'Église, et des maîtres, montraient
une curiosité si vive — parfois si périlleuse —
de ce qui se passait au dehors et du mouvement
des esprits dans les milieux les plus hostiles,
dans ces mêmes milieux, qui se targuaient pourtant de pensée libre et ouverte, on ignorait volon-
tairement tout le travail accompli à l'intérieur du
catholicisme. Lotte connut que l'Église, et ces
théologiens si dédaignés, étudiaient avec une
compassion attentive le problème du salut temporel des masses populaires, et que pour aborder
ces difficiles questions, sans rien abdiquer de
l'idéal chrétien, ils s'inspiraient d'un esprit sagement réaliste. Il s'initia aux travaux de l'école de

Louvain, et les maîtres de la néo-scolastique, si fermes dans leur esprit traditionnel, si accessibles aux préoccupations modernes, le réconcilièrent avec la théologie.

Ce qu'avant toutes choses il continua pourtant de chercher dans la religion, ce fut la vie intérieure. Dès sa conversion, il assistait chaque jour à la messe et communiait fréquemment ; dans les derniers temps, il en était venu à la communion quotidienne. Il disait justement : « Nous sommes des paroissiens qui allons à la messe et essayons de la bien suivre. Bien suivre la messe, n'est-ce pas toute la piété, bien conformer sa vie à la messe, toute la perfection chrétienne et la plus haute mystique ? »

Le rêve d'une existence consacrée tout entière à cette vie de l'âme un instant traversa son esprit : « Être charitable, n'être qu'amour et dévouement pour les pauvres frères humains, voilà où je veux tendre, et vers quoi je veux peu à peu orienter ma vie. Si Dieu m'enlève mon petit André — il faut s'attendre à tout — je ferai un bon moine chauve et barbu. » Dieu lui garda son André, et pour mieux assurer son éducation, Lotte se refit un foyer. De son second mariage il eut deux enfants. A la naissance du dernier, Michel, quelques mois avant la guerre, un ami lui souhaita que Dieu choisît pour son service quelqu'un des siens. Et il répondait : « Je suis

tout à fait de votre avis. Donner non seulement
un fils, mais plusieurs au bon Dieu, ce serait la
plus belle réussite. »

Lotte alimente sa piété dans des retraites. Son
ancien camarade de Sainte-Barbe, Louis Baillet,
maintenant bénédictin, et exilé avec son monastère à Oosterhout, près de Bréda, l'y fait venir.
Lotte suit durant plusieurs jours la règle béné-
dictine : « Je me couche tôt, je me lève tôt.
4 heures 1/2 matin, 8 heures 1/2 soir. Les Bénédictins pratiquent les trois huit, huit heures de
travail, huit heures de prière, huit heures de som-
meil. » La société des religieux l'enchante, leur
piété l'édifie, il trouve exquise, par contraste avec
la grossièreté moderne, la politesse monastique.
Il admire le patriotisme de ces exilés : « Une chose
qui a fait souffrir le père Abbé lors d'une assemblée générale de son Ordre à Rome, ç'a été de voir
les progrès du pangermanisme. La politique de
l'empereur veut paraître d'autant plus catholique
que la nôtre est plus anticléricale. Il ambitionne
de nous succéder en Orient. » Chaque soir Lotte
passe quelques instants auprès de Dom Baillet :
celui-ci, malade déjà de la phtisie qui l'emportera
bientôt (21 novembre 1913), ne peut plus parler.
mais malgré ses souffrances, il accueille toujours
son ami d'un bon sourire heureux. Et Lotte résume ses impressions dans les deux mots de ce
billet : « Joie, Paix. »

De plus en plus, il goûte cette paix intérieure. Il ramène la vie d'âme à quelques traits simples, la confiance, l'humilité, l'abandon. Ses lettres traduisent ces sentiments. Il en jette de temps à autre l'expression sur quelques bouts de papier. J'ai pieusement recueilli certaines de ces pensées :

On croit Thucydide, on ne croit pas Matthieu. On accepte le texte de Tacite, on suspecte celui de saint Jean. Si on apportait plus de simplicité... C'est l'orgueil qui crée le conflit, ce ne sont pas les faits ni les textes.

A mesure que le monde spirituel se ferme à nous, à mesure que nous devenons de plus en plus aveugles, l'orgueil nous donne l'illusion que nous sommes plus perspicaces. A la limite, rien n'égale la certitude d'affranchissement, l'orgueilleuse niaiserie du crétin antireligieux. A mesure qu'on devient esclave on se croit de plus en plus affranchi.

Que Dieu est bon, quand on s'est mis dans sa main. Quel ami pour les braves gens, les simples, pour ceux qui travaillent... Le tout est de se mettre dans sa main et d'être prêt à tout accepter.

La souffrance est une élection. C'est comme la pauvreté. C'est un inestimable bienfait que d'être pauvre.

Chacun de nous est placé à son poste de guerre. A lui de garder son poste... La grande question pour chacun : Comment ferai-je triompher Dieu?

Et encore ces deux lignes émouvantes, écrites après la déclaration de guerre, et quand approche l'heure du sacrifice :

Mon Dieu, je vous aimais mal parce que j'avais peur pour la France. Depuis le 1ᵉʳ août, je vous aime d'une tendresse tout autre.

Dans quelques-unes de ces pensées, celle-ci par exemple : « La pauvreté est une élection », on entend l'écho de Péguy. Leur retour avait achevé de les unir. Mais autant la foi de Lotte se montre tranquille et confiante, autant la foi de Péguy se révèle agitée et douloureuse. Il y entrait de la désillusion, des amertumes, la peur d'une politique cléricale. Les lettres de Péguy trahissent son âme inquiète. Il écrit à Lotte : « Les catholiques sont vraiment insupportables dans leur sécurité mystique. Le propre de la mystique est au contraire une inquiétude invincible. S'ils croient que les saints étaient des messieurs tranquilles, ils se trompent ». Il est vrai, les cœurs chrétiens connaissent cette incoercible inquiétude, l'inquiétude même du cœur de Dieu, l'inquiétude pour le salut du monde, mais sur cette inquiétude descend, apaisante, une mystérieuse sérénité, faite d'amour et de confiance au Père qui est dans les cieux. Disons que cette paix, Péguy ne la pouvait connaître, et Lotte savait pourquoi et dans quel défilé difficile se trouvait engagée sa vie. Son ami lui avait tout dit. Lotte a rédigé ses entretiens avec Péguy, converti, chrétien, impuissant à pratiquer le christianisme. Ce n'étaient pas des pages destinées au public. Lotte les écrivait pour garder ces confidences intactes et palpitantes de vie. Il ne nous permettrait pas de les livrer tout entières.

Mais nous devons en publier des fragments. L'accent de ces pages, non moins que leur origine, en garantit la sincérité. Si certains lecteurs des *Mystères* ont pu douter de la foi de Péguy, les *Entretiens* les convaincront. Quand on aura lu l'aveu d'impuissance : « Je vis sans sacrements, c'est une gageure », on devinera ce chrétien incomplet, qui était un croyant fidèle, on comprendra tout ce que cachait de regret, et comme de fraternelle envie, cette parole des *Cahiers* appliquée à Lotte : « Un ami de vingt ans, chrétien, à qui les sacrements font une nourriture. »

J'ai voulu revoir à Coutances, dans un pèlerinage du souvenir, la maison de Lotte, maintenant habitée par des étrangers — la maison calme entre une rue déserte et le Séminaire désaffecté — et la chambre d'où l'on voyait les tours de la cathédrale, et le cabinet de travail qui vit naître et grandir le *Bulletin ;* surtout j'ai voulu connaître cette chapelle des Sœurs de la Miséricorde, où, disait-il, l'âme se sent à l'aise pour prier, et où chaque matin le corps du Christ, selon le mot de Péguy, lui faisait une nourriture. Dans le parloir une vieille religieuse me reçoit, et quand j'ai prononcé le nom de Lotte : « Ah ! Monsieur, comme nous l'aimions ! » Je me laisse conduire à la Chapelle, un simple appartement converti en oratoire, et j'écoute la Sœur me parler de lui : « Il venait chez nous chaque matin, c'est ici qu'il

s'agenouillait, tenez, auprès du prie-Dieu de
Monsieur le Chapelain. » Un instant je prie à cette
place où il ne reviendra plus. Nous sortons sous
un cloître vitré qui encadre un minuscule jardin :
« C'est par ici qu'il arrivait ; le soir il conduisait
quelquefois avec lui ses enfants, André, et la
petite Anne-Marie ». Et, sur le seuil, comme
j'allais m'éloigner, ce dernier mot : « Ah ! Monsieur, c'était vraiment un saint homme ».

V

LE BULLETIN

DES PROFESSEURS CATHOLIQUES DE L'UNIVERSITÉ.

S'il se fût contenté de vivre pour soi sa vie
religieuse ou d'édifier les sœurs de la Miséricorde, Lotte ne mériterait point qu'on associât
son nom à ceux de Péguy et de Psichari pour
saluer en lui un des ouvriers d'une renaissance
catholique. Mais comme il s'était toujours donné,
quand il fut chrétien, il donna son âme : il créa
le *Bulletin des professeurs catholiques de l'Université.*

Le manifeste d'institution, daté de Coutances
7 décembre 1910, définit l'esprit surnaturel de
l'œuvre : « Nous nous groupons afin de créer
entre nous un lien d'amitié, une aide mutuelle de
foi et de prières... Nous voulons que cette com-

munauté de sentiment et d'action redouble en chacun de nous l'élan de vie spirituelle, donne à notre foi un rayonnement plus vif, et fasse ainsi mieux fructifier chez nos élèves l'influence de notre caractère et de notre dévouement. »

Cette circulaire provoqua un accès de mauvaise humeur chez les journaux de défense laïque. *La Lanterne*, en éditorial, dénonça *l'Ennemi dans la place* et réclama l'épuration de l'Université. Le ministre de l'instruction publique, par la voie hiérarchique, fit savoir à M. Lotte « qu'on ne saurait admettre d'association confessionnelle dans le personnel de l'enseignement public ». Lotte put répondre qu'il n'entendait pas fonder une association confessionnelle et passa outre. Pour commencer il avait demandé cent abonnés. Il reçut trente-cinq adhésions. Sans se décourager, et comptant que le *Bulletin* plaiderait lui-même sa cause, il lança, au 20 janvier 1911, le premier numéro.

Dès l'abord, on vit se dessiner les traits principaux qui fixeraient la physionomie de la nouvelle feuille : une foi profonde et simple, l'amour de la liturgie, un ardent esprit d'apostolat, une vivacité égale dans l'admiration et les attaques nécessaires, le culte de Péguy.

Parmi les universitaires catholiques plusieurs, habitués à l'effacement, s'effarouchèrent de ces hardiesses ; ceux qui sentaient la gravité de l'heure et qu'il était temps d'affirmer leur foi, les plus jeunes, *le parti des hommes de quarante ans*, rallièrent avec enthousiasme le drapeau qui s'arborait si fièrement: leurs sympathies soutinrent Lotte dans son effort.

A l'extérieur les impressions furent aussi partagées : certains catholiques, avec ce goût curieux de l'estampille officielle qui survit à la séparation, avant de savoir ce qu'il convenait de penser du *Bulletin*, s'enquirent si le gérant avait des diplômes et professait à Paris. Quand ils apprirent qu'il s'agissait d'un professeur de sixième au Lycée de Coutances, et qui n'était pas agrégé, ils décidèrent que la nouvelle tentative était vouée à l'échec. D'autres, pour de plus sérieuses raisons, se réservaient : ils voulaient connaître ce que donnerait ce journal, et s'il n'allait pas renouveler ces essais de néo-catholicisme qui, vers la fin du siècle dernier, avaient excité trop d'enthousiasme pour ensuite si tristement avorter. Ceux-là furent rassurés bientôt : les rédacteurs du *Bulletin* n'avaient aucune prétention au magistère et à dogmatiser; ils n'ambitionnaient d'autre titre dans l'Église que celui qu'ils aimaient à se donner, de paroissiens dans la paroisse.

Cette attitude donna crédit au *Bulletin*. A la fin de l'année 1911, la note de gérance annonçait 231 abonnés fermes. parmi lesquels une dizaine d'évêques, et 792 abonnés possibles. Cette note de gérance, ces abonnés fermes et ces abonnés possibles étaient une des singularités attrayantes de l'œuvre. L'abonné ferme payait pour quatre abonnés possibles, c'était le principe de l'institution. Lotte, qui se considérait comme un simple gérant, délégué de ses abonnés, leur rendait compte chaque mois de la situation, du mouvement des adhésions, des recettes et des dépenses. Bien entendu les fonctions de gérant étaient gratuites, gratuite aussi la rédaction. Lotte fit un jour à quelques-uns de ses collaborateurs la surprise de leur envoyer un louis, à titre d'indication, disait-il, et en attendant qu'il les rémunérât de façon princière, tel un directeur de grande revue. Ces temps heureusement ne vinrent pas : le *Bulletin* resta une maison de pauvreté et d'espérance.

On a fait au *Bulletin* beaucoup de reproches, et pour la plupart justifiés. De nombreux abonnés se plaignaient du format journal, incommode et rebelle à la reliure. Lotte y tenait par raison d'économie, et puis c'était une idée de Péguy. Celui-ci la défendait pour des raisons assez plausibles : « Pour Dieu, ne change rien à ton format, ni à ta présentation. Tu es perdu si tu deviens une revue, si tu fais du broché. Tu te ruineras et tu ne seras plus à ce prix qu'une petite revue mince de rien du tout, parmi les petites revues qui paraissent. Actuellement tu es un grand *Bulletin* qui est important, qui peut devenir considérable. Il y a un abîme entre un bulletin et une revue ». Péguy n'avait peut-être pas tout à fait tort.

Un reproche plus grave et de fond, que ses plus fidèles amis ont adressé à Lotte, que parfois en secret il s'est adressé à lui-même, ç'a été de trop se mettre au service de Péguy. Lotte avait créé le *Bulletin* dans une intention apologétique très pure, mais comment aurait-il écrit sans livrer une de ses pensées les plus anciennes et les plus profondes, son amour, sa dévotion pour Péguy? Il voyait son ami injustement méconnu : comment ne pas révéler à un public ignorant celui qu'il considérait comme un de nos plus grands mystiques? Sa mort a consacré son œuvre et fait entrer Péguy dans la gloire; peut-être dans son culte fraternel, Lotte avait-il seulement devancé l'heure. Ceux qui lui doivent d'avoir connu le christianisme jaillissant des *Mystères de Jeanne d'Arc* lui pardonneront si parfois il excéda. Il le reconnaissait. Après avoir rempli des vers de Péguy les quatre pages d'un numéro, il écrit : « Le *Mystère de Notre-Dame* a fait crier bien des gens. Nous réparerons cela le mois prochain ».

Que le *Bulletin* même, par certaines allures, rappelât les *Cahiers*, Péguy le soulignait avec bonheur : « Ces commencements du *Bulletin* sont tellement identiques pour l'esprit et pour les mœurs aux commencements des *Cahiers*. C'est tellement le même ton, la même petitesse, la même sincérité, la même **pureté de pauvreté**... Ces abonnés fermes et ces abonnés mal fermes, c'est tellement de nos vieilles connaissances. Quel journal et quelle revue, quel périodique, quelle revue était autant que le *Bulletin* notre filiale en esprit et en mœurs, notre secrète filiale spirituelle. Notre fille et notre filleule. Un nouveau bourgeonnement, une nouvelle source, un rejaillissement de notre jeunesse. » Mais cette parenté de physionomie entre le *Bulletin* et les *Cahiers* ne doit pas masquer les différences, qui sont essentielles. Le pacte fondamental des *Cahiers* — que de fois Péguy insista sur ce point — assurait la liberté de chaque collaborateur dans le cahier qu'il signait. Quand Péguy lui-même par l'approfondissement de son être religieux revient à une foi sincère, sinon à la pratique intégrale du christianisme, il ne songe pas, il ne peut pas songer à entraîner les *Cahiers* dans son mouvement. Aux *Mystères* qui manifestent sa foi reconquise succèdent des cahiers où les tendances diverses continuent à se produire. Le *Bulletin* au contraire dès le premier jour s'affirme comme une publication exclusivement catholique. Lotte s'y sent en liberté complète et use de cette liberté sans ménagements. Péguy le constate non sans un mélancolique retour sur soi : « Tu peux tout dire. Moi, je me sens lié par un tas de choses, et de gens. »

Satisfaire tout le monde est malaisé. Tandis que les uns reprochaient à Lotte de s'inféoder au péguysme, d'autres abonnés protestent s'il parle avec éloge des doctrinaires d'Action française. Une citation de Maurras provoque trois désabonnements. Une étude consacrée par Lotte à Louis Veuillot lui vaut ce billet curieux, et anonyme : « Monsieur, je dois vous prévenir que si vous prêtez votre journal à une campagne en faveur de L. Veuillot, vous ne pouvez le faire sans contrister bon nombre des amis de votre œuvre. » Mais Lotte ne s'émeut pas, et justement réplique : « Je ne m'occupe pas de politique. Je n'appartiens à aucun parti. Je ne place mon espoir dans aucun parti. Quand on me présente un texte, je n'examine pas si l'auteur est agréable aux tenants du démocratisme, du libéralisme ou du royalisme. Le texte est-il bon? est-il utile? Voilà la seule question que je me pose. » Et il conclut par cette belle profession de foi : « Pour nous, dans la période troublée que nous traversons, dans ces temps où le bien et le mal sont si effroyablement enchevêtrés, où les meilleurs ont tant de côtés détestables et les mauvais tant de nobles parties, nous n'avons qu'un critérium sûr, tout rapporter à l'intérêt de la foi, de l'Église et de la patrie; recueillir avec amour ce qui sert cet intérêt, et le reste, le rejeter. »

Le *Bulletin* n'était pas moins net en ses attaques. La circulaire d'institution osait déjà des personnalités : « Nous prouverons par notre modeste témoignage que France catholique et France illettrée, quoi qu'en disent MM. Jules Payot et Paul Sabatier, ne sont pas encore synonymes. » Les protestations avaient surgi. Péguy, dans une lettre affectueuse, plaidait les circonstances atténuantes pour M. Payot : « c'est très sincèrement, assurait-il, qu'il ne voit pas le catholicisme ». Plusieurs lecteurs, sur un ton attristé, déploraient l'attaque contre l'historien protestant de saint François d'Assise. Mais Lotte ne pardonnait pas à M. Payot d'user de son autorité de recteur et de son crédit dans les publications pédagogiques pour la propagande antireligieuse. Il pardonnait moins encore à M. Paul Sabatier, qu'il jugeait plus dangereux, de respecter l'Église en attaquant son chef : « Il frappe à la tête, c'est une bonne tactique. Mais il me semble excessif qu'on demande à un fidèle de trouver cette tactique amicale et auxiliatrice. » Et il ajoutait justement : « Si ma force de catholique me vient du grand corps auquel j'appartiens organiquement, je ne peux supporter qu'on cherche à décapiter ce corps et je considère comme un adversaire déclaré de notre religion celui qui tente une telle entreprise. » De telles paroles soulignent la note catholique du *Bulletin*.

Ces déclarations ne doivent pourtant pas donner le change. Ni Lotte, ni ses collaborateurs ne vou-

laient faire œuvre de polémique. Tout autre était
leur idéal. Pour raffermir les timides, pour entraîner les hésitants, ils comptaient moins sur
des apologies érudites que sur l'exemple d'une foi
sans forfanterie et sans faiblesse. A peine consen-
taient-ils aux discussions nécessaires, et plusieurs
l'ont regretté. Les objections qu'on lui présente
et que loyalement il rapporte, presque jamais
Lotte ne les aborde au fond, il passe à côté. Par
tempérament, il n'apprécie guère l'examen critique ; ce n'est pas cette voie qui l'a conduit au
christianisme, il ne pense pas qu'elle y puisse
conduire personne. Généralisation un peu hâtive,
car s'il faut maintenir que la foi est autre chose
qu'une pure construction de l'intelligence, certains esprits, et des meilleurs, avant de la recevoir n'en manifestent pas moins des exigences
d'ordre proprement intellectuel, et qu'il faut respecter. La foi catholique nous en fait même une
loi. Pour tout dire, son passé, sa formation
n'avaient pas préparé Lotte à ce qui est affaire au
théologien. Il réduisait trop volontiers l'apologétique à sa formule préférée : « Il ne faut pas faire
le malin. » Remarque excellente, mais démons-
tration incomplète.

En somme le *Bulletin* resta bien dans la ligne
tracée dès l'origine : « Nous voulons redoubler
en chacun de nous l'élan de la vie spirituelle...
Nous voulons restaurer le goût de la vie chré-

tienne. » La vie chrétienne trouve son expression
la plus haute dans la sainteté. Le *Bulletin* se plut
à en proposer le type à ses lecteurs. Par un choix
où s'affirme la réaction contre des idées en vogue,
les préférences de Lotte allaient non pas aux saints
actifs, grands même devant les hommes, mais plutôt aux contemplatifs, grands surtout devant Dieu.
Il donna souvent des extraits d'auteurs mystiques,
saint Jean de la Croix, sainte Gertrude, Ruysbroeck
l'Admirable, Catherine Emmerich. Dans leurs ouvrages et dans leur vie le surnaturel, en relief si
saisissant et parfois si étrange, l'attirait.

On peut élargir, sans la dénaturer, la signification de ce beau mot de mystique, que la langue
technique de la théologie réserve aux états supérieurs où Dieu par une grâce extraordinaire se
révèle ineffablement aux âmes. Mystique veut dire
encore : qui est pénétré du mystère; par excellence, qui est pénétré du mystère chrétien. C'est
en ce sens que Lotte qualifiait de mystique l'auteur des *Mystères de Jeanne d'Arc*. Sans s'être
concertés, et par une intime harmonie des cœurs,
les rédacteurs du *Bulletin* s'accordent à vouloir
restaurer la vie mystique. Définissons-la d'un
mot : c'est la vie unie à la messe. Non pas la vie
à compartiments où l'on fait sa part à Dieu, mais
la vie pénétrée tout entière de la présence de
Celui qui par la messe et la communion voulut
demeurer avec chacun de nous. Les adhérents du

mouvement se veulent entr'aider à réaliser cette vie, et Lotte a lancé l'idée, aussitôt accueillie, qu'ils communient tous ensemble le premier dimanche de chaque mois, dans une même pensée de prière fraternelle.

Ces méditations, ces sortes de confessions auxquelles s'ouvrait le *Bulletin*, entreraient mal dans un cadre uniforme. L'expérience religieuse, plus elle s'exprime avec simplicité et franchise, plus elle revêt un caractère personnel. Ainsi s'explique un aspect diffus, et ce qu'on appela un peu sévèrement peut-être de l'incohérence. Sous cette apparente dispersion, l'unité profonde régnait, unité que Barrès a saisie quand il écrivait : « Le *Bulletin des Professeurs Catholiques de l'Université*, petite feuille saisissante d'enthousiasme religieux. » L'enthousiasme religieux, voilà l'âme même du *Bulletin*. De ses rédacteurs, les uns, convertis de la veille, avaient éprouvé par une longue expérience la vie sans la foi. Les autres, chrétiens de toujours, mais anxieux de comprendre les esprits de leur temps, s'étaient efforcés de ressentir par une sorte de pénétration sympathique les angoisses de l'incrédulité. Tous se savaient fixés désormais dans une foi définitive. Ils ne méconnaissaient pas les difficultés de croire, mais ils auraient volontiers achevé toute discussion critique par les paroles des apôtres à Jésus : « Et vers qui irions-nous, Seigneur, si nous voulions nous éloigner de Vous? Seul Vous avez les paroles de la vie présente, et de la vie éternelle. » Dans cette foi plénière, dans cet attachement au Maître unique, leur cœur chantait toujours quelque variation sur le thème du *Magnificat*. Lotte et ses amis prenaient seulement garde que leur enthousiasme ne dégénérât en fièvre. Ils ne concevaient la vie chrétienne que fondée sur le dogme, qu'exprimée par la liturgie, que nourrie par les sacrements de l'Église catholique, et disciplinée par son autorité.

Cet enthousiasme et cette discipline asssurèrent le succès du *Bulletin*. Les catholiques qui s'étaient réservés à l'origine lui firent confiance. La presse religieuse, dans ses revues, dans ses journaux, lui consacrait des études, en commentait avec sympathie, parfois en reproduisait les pages les plus suggestives. Agathon, dans son enquête, fit place à Lotte parmi les guides de la nouvelle jeunesse. Ce qui valait mieux, ce que Lotte ambitionnait par-dessus tout, le *Bulletin* pénétrait dans les divers ordres de l'Université. La note de gérance du numéro 36, Juillet 1914, accuse 543 abonnés fermes, dont 420 universitaires, et 1.200 abonnés possibles. Chiffres encore modestes, mais ces abonnés fermes, et une fraction assez considérable d'abonnés possibles formaient un groupe compact, d'esprit décidé, capable déjà d'exciter les inquiétudes du monde

officiel. Lotte, bien renseigné à ce sujet, fort peu
soucieux d'ailleurs de certaines menaces, pouvait écrire : « Le fait que quatre cent vingt professeurs et instituteurs de l'Université de l'État
se trouvent publiquement réunis en un groupe
comme le nôtre donne plus à penser à nos radicaux de gouvernement que l'élection ou la non-
élection d'un candidat catholique. »

Ces résultats étaient avant tout l'œuvre personnelle de Lotte. Il n'était pas seulement le
fondateur et le gérant du *Bulletin*. Sous son nom
et sous divers pseudonymes, il le rédigeait en
grande partie.

Il commença par y donner, sur *Péguy chroniqueur de Jeanne d'Arc*, une suite d'études parues
en partie déjà dans le *Journal de Coutances*, et
qui ont tout au moins le mérite de l'interprétation
orthodoxe, car elles reçurent, si je puis ainsi parler, l'imprimatur de Péguy lui-même. Il arrivait
parfois que celui-ci empruntât le pseudonyme de
Lotte, et se fît son propre critique, d'ailleurs
bienveillant. Baumann est insuffisamment renseigné sur cette collaboration extraordinaire quand
il assure que Péguy n'a rien donné au *Bulletin* :
Péguy a écrit dans le *Bulletin*, mais pour y parler
de Péguy. C'est sur quoi nous aurons à donner
des précisions en reproduisant dans ces pages le
numéro de janvier 1914, consacré tout entier à
Ève, et qui résume en prose l'énorme poème.

Un peu au hasard de l'actualité ou de ses propres acquisitions, Lotte présenta à ses lecteurs un certain nombre de livres de ce temps. Sans prétendre donner après coup à ces articles une unité complète, et factice, nous avons pu les grouper sous ce titre commun : *Les Témoins du renouveau catholique*. Qu'il étudie en effet un roman de Baumann, un livre de Barrès, l'*Appel des armes* de Psichari ou l'autobiographie de Sœur Thérèse de l'Enfant Jésus, ce que cherche Lotte, il nous le redit sans cesse, ce qu'il cherche avec son optimisme robuste, c'est une preuve de la vitalité du christianisme, une raison d'espérer. Puisque la foi inspire des œuvres d'art, puisqu'un quart de siècle après Renan, elle reconquiert sur lui ses fils selon la chair et selon l'esprit, puisqu'elle ne cesse pas de produire la sainteté, c'est donc qu'elle est vivante et qu'il faut croire à son lendemain.

En des pages qui ne manquaient pas de vigueur et qui trahissaient l'indignation d'un esprit longtemps abusé, Lotte attaqua *les Préjugés du monde moderne* et les mauvais maîtres qui les entretenaient. Les mauvais maîtres! le mot est dur. Nous avons hésité à l'écrire. Mais il répond à la pensée de Lotte. Aussi bien à peine avons-nous besoin d'observer qu'il prétend qualifier les doctrines et non pas juger les personnes. Une intransigeance saine s'arrête au

seuil de la conscience, domaine que Dieu s'est
réservé. Et pour dire toute notre pensée, il y a
une parole de l'Évangile, dans le discours après
la Cène, où nous voulons trouver l'excuse de
ceux que nous devons combattre : L'heure vient
où quiconque vous poursuit croira rendre hom-
mage à Dieu. Obligés de condamner l'œuvre, le
plus cher désir de nos cœurs c'est que Dieu
absolve l'intention.

Entre tous les préjugés du monde moderne
aucun n'impatientait Lotte autant que le pacifisme. Non sans raison il accusait les pacifistes de
fermer les yeux aux réalités de l'heure et quant aux
pacifistes catholiques, il leur reprochait de couvrir sous les maximes de l'Évangile la veulerie et
la lâcheté. Sur ce sujet il ne ménageait pas les
mots. A considérer la question d'un point de vue
théorique, on aurait pu critiquer son attitude.
Le christianisme est une religion de paix, et
quand la chrétienté s'essayait à réaliser la communion catholique, l'Église n'eut pas de plus
constant souci que d'y refréner la guerre. On
peut dire encore que l'état présent de l'Europe
est un état violent, donc destiné à ne pas durer,
et que cette guerre, qu'il faut bien appeler mon-
diale, n'atteindrait pas sa fin si elle n'assurait
aux nations le calme d'un juste équilibre. Et
enfin, les chrétiens ont droit d'ajouter que si
les individus et les sociétés respectaient la mo-

rale, la paix régnerait entre les hommes et donc
que l'idéal évangélique implique le désir et
l'amour de la paix. Mais, nous l'avons vu, et la
remarque trouve ici son application, Lotte n'est
pas un théoricien, c'est un soldat. Il ne s'en-
combre pas de textes ni de documents. Français vaincu et menacé, il rejette le pacifisme
qui enseignerait aux Français deux choses également mortelles : l'oubli de la défaite et la peur
des coups. Il professe dans les questions diplo-
matiques « toute l'incompétence convenable à un
sergent de l'armée territoriale », mais il veut
maintenir au-dessus de toute discussion l'inté-
grité du territoire et l'honneur. A la suite de
Péguy, il engage la lutte dans le *Bulletin* contre les antimilitaristes de Sorbonne qui abusent
de leur pouvoir spirituel pour mener contre la
France « une action militaire allemande ». Il
saisit toute occasion de proclamer le péril, et la
nécessité d'être prêts. Il devait donner une conférence dans la salle des fêtes du lycée, et les
gens prudents se réjouissaient du sujet choisi,
une promenade sur l'Acropole, qui paraissait de
tout repos. Mais Lotte, prompt à relier ce thème
à ses inquiétudes patriotiques, voulut de sa méditation sur les chefs-d'œuvre grecs dégager une
leçon d'énergie. A la formule sonore : Rien n'est
plus beau que de travailler pour la paix, il op-
posa cette pensée virile : Rien n'est plus beau que

de travailler pour la France, et il termina en pressant ses auditeurs « d'avoir une pensée de reconnaissance pour le canon de 75 qui leur permettait de célébrer en hommes libres ce monument d'affranchissement national qu'est l'Acropole d'Athènes ». On était en décembre 1913.

Dans cette rapide revue du travail de Lotte au *Bulletin* nous devons enfin signaler la correspondance, la partie la plus importante peutêtre de sa contribution. Sous ce titre, dès le premier numéro il avait ouvert dans ses colonnes une rubrique spéciale, sorte de tribune libre où il accueillait difficultés et objections, et leur donnait réponse. Ce genre souple et direct convenait à son talent. Il le sentait, et manquant de contradicteurs il lui arriva une ou deux fois de supposer des lettres pour se donner le plaisir de la riposte. Nous avons dit les lacunes de sa formation et que sa controverse, entraînante et originale, n'était pas assez nourrie de doctrine. Mais à tout prendre et s'il fallait opter entre une sèche érudition et cette dialectique vivante, nous sacrifierions une méthode qui n'intéresse pas l'âme entière. Sous l'argumentation de Lotte revient comme un motif perpétuellement repris, la pensée de Pascal : « Il faut parier. Cela n'est pas volontaire. Vous êtes embarqué. Votre raison n'est pas plus blessée en choisissant l'un que l'autre. Voilà un point vidé ; mais votre béati-

tude ? » Cette question, Lotte la répète, **sans prétention de docteur**, avec une simplicité de frère
aîné, qui veut que serve son expérience. Son apologétique se peut résumer en quelques phrases :
Vous accumulez les difficultés. Soit. Pour peu
que vous ayez de l'instruction toutes les sciences
vous en fourniront. Mais ce sont des difficultés.
Il n'en reste pas moins ceci, que l'explication du
monde fournie par le christianisme est cohérente
et intelligible, au lieu que, cette explication re-
poussée, on n'en évite les obscurités que pour
se trouver en présence d'une énigme indéchif-
frable. S'il fallait parier, encore devrait-on, du
point de vue de la logique pure, parier pour,
et non pas contre. Mais il ne s'agit pas d'une
spéculation dont nous puissions nous désintéresser. Il s'agit de décider quel sens a la vie,
quel, la mort, ou pour mieux dire si notre vie et
notre mort a un sens. Et la vie ni la mort n'a
de sens si nous n'accrochons pas notre être fugitif à quelque chose d'éternel, à Dieu même.

Quand, au choc des souvenirs ou sous la vive
impression du moment, Lotte jette ces pensées, à
force de conviction et de sincérité, il atteint l'éloquence : « Non, il ne faut pas faire le malin. Il
faut se regarder d'un œil naïf, dans sa vie d'homme,
dans sa dure vie d'homme, au milieu des difficultés, où s'empêtrent nos efforts, des obscurités, où
tâtonne notre vouloir. Il faut se surprendre dans

le tiraillement des tendances adverses, dans ce
tumulte des passions les plus sales et des sentiments les plus purs, dans notre égoïsme si ingénieux à se satisfaire, dans notre amour si avide
de se donner. Il faut se saisir dans l'irréparable
des fautes commises ou des espoirs déçus, dans
les misères qui vous serrent la gorge, dans la
mort qui vous vide les bras. Alors on n'a pas envie
de faire le malin. Car la vie ne nous apparaît plus,
ne peut plus nous apparaître, que comme une
farce sinistre, et l'on sombre dans le désespoir,
ou comme une lutte héroïque, et l'on tend les bras
vers Dieu. »

De tels accents vont aux cœurs. Le *Bulletin*
fortifia des courages, affermit des faiblesses, hâta
le travail intérieur de plus d'une âme, mit sur le
chemin du retour plus d'un fils de la dispersion.

La correspondance publique se doublait pour
Lotte d'une correspondance privée, qui s'accrut
de jour en jour. Universitaires et, dans les derniers
temps surtout, instituteurs et institutrices, heureux de trouver un point de ralliement, lui écri-
vaient, lui confiaient leurs angoisses et leurs luttes, leurs efforts et leurs espérances. Parfois ces
lettres, spécialement celles des membres de l'enseignement primaire, clamaient leur délivrance
ou leur indignation quand quelque numéro du
Bulletin leur avait dénoncé, avec preuves à l'appui, les erreurs ou les mensonges des mauvais

maîtres. Lotte répondait à tous, achevait en secret l'œuvre commencée au grand jour. Le temps n'est pas venu d'étudier en détail cette correspondance ; si quelque jour on en publie des fragments, ils fourniront une intéressante contribution à l'histoire de la renaissance catholique aux premières années du xxᵉ siècle.

Par cette influence discrète comme par son action publique Lotte méritait l'éloge qu'un évêque lui adressa : « Je vous félicite chaudement de démontrer par vos écrits et mieux encore par vos actes, que laïque et religieux ne sont pas des mots ennemis. On a faussé la signification du mot laïque. Un laïc n'était pas un impie. Il faisait partie du peuple catholique. »

Nous trouverions peut-être dans ces paroles une leçon. Certes l'histoire, si elle retient leurs gestes, s'étonnera que des hommes de gouvernement, pour assurer le succès d'hypothèses philosophiques incertaines ou pour établir la domination d'un parti, aient renié la tradition d'un peuple, et au risque d'énerver en lui toute discipline, imposé, comme base d'éducation de la jeunesse, le dogme d'une neutralité radicale, c'est-à-dire l'athéisme par prétérition. Mais loin de combattre efficacement cette tentative, ce serait faire le jeu de ses promoteurs que de confondre, dans une réprobation indistincte, un établissement durable et le caractère nouveau qu'ils ont voulu lui donner.

L'Université, en France, est une institution historique; sa laïcisation, au sens agressif et anti-chrétien du mot, un accident de l'histoire. Les catholiques ont un intérêt essentiel à ne pas effacer cette distinction, au contraire à la maintenir. Le *Bulletin* n'aurait-il obtenu d'autre résultat que de l'affirmer, l'œuvre de Lotte n'eût pas été vaine.

VI

LA MORT.

La mobilisation surprit Lotte à Belle-Isle en mer, où il passait les vacances en famille. Il part immédiatement, touche Coutances, dit au revoir à ses amis, va demander à son évêque une suprême bénédiction. Malgré la tristesse des séparations, il est tranquille et joyeux, mais sans exaltation. Il accomplit avec simplicité ce qu'il avait dit : nous ferons campagne du même cœur que nous faisons notre classe ou notre *Bulletin*. Il écrit à sa mère dont les six fils vont servir, et tous sur la ligne de feu : « Sois fière de donner tes six fils à la Patrie ».

Il arrive à Saint-Lô, au dépôt du 80ᵉ régiment territorial. Il assiste au départ du dernier échelon du 136ᵉ : « Hier soir à 8 heures 1/2, j'ai assisté à un spectacle impressionnant. Je dînais paisiblement lorsque j'entends un bruit étrange, je m'élance, c'était le 4ᵉ bataillon qui au loin s'avançait, précédé de ses tambours. Jamais je n'avais entendu une telle batterie, les pan et les vlan roulaient et tapaient avec une énergie inouïe. C'était comme une série de détonations rythmées. Ah les bons petits gars ! J'avais le cœur arrêté, la gorge serrée. Sur le bord du trottoir, je les voyais venir la flamme aux yeux, les poings crispés sur les baguettes, et tout leur courage vibrait sur leurs peaux d'âne. J'ai salué les chefs de section. Les gars regardaient ma barbe blanche : « Salut, « vieux père. »

« Je dois te dire que je n'ai jamais été plus heureux qu'en ce moment. Je parle comme profondeur de bonheur. C'est la première fois de ma vie que je respire pleinement, que je lève la tête. Jusque-là cette défaite qui pesait sur nous, ces humiliations, ce sentiment d'appartenir à un pays qui sombrait dans le mépris du monde, tout cela m'oppressait même aux plus belles heures et aux plus douces. »

Dans ce sentiment enthousiaste, Lotte se donne au métier et à ses hommes. Une lettre nous révèle les qualités d'entraîneur qu'il devait bientôt manifester devant l'ennemi ; il comprend ses hommes, il les aime, il devine la force de résistance de ces territoriaux normands qui devaient tenir en effet si fermement sur l'Yser. Il leur communique son ardeur, il les conquiert par cette bonté dont il enveloppa toujours ceux qui l'approchaient. « Ce

que je trouve admirable chez nos Français c'est ce
goût inné d'ordre et de propreté. Quand on voit
ce qu'ils font en quelques heures d'un fouillis de
paille, de bancs, de sacs, on est saisi d'admiration
et d'une sorte de respect : plus il y a de désordre
autour d'eux, plus il y a chez eux de goût à remet-
tre de l'ordre. A part quelques individus abrutis
par l'alcool, c'est vraiment une belle race que ces
gars normands, intelligents, ingénieux, lents et
précis, et d'une gaieté goguenarde tout à fait
savoureuse. Je suis convaincu que ces hommes de
trente-cinq à quarante-deux ou trois ans feraient
encore une fameuse infanterie. Le moment venu
on pourrait faire de beau travail avec. Un patriotisme profond les anime tous d'ailleurs ; même
ceux qui pleurent d'avoir quitté femme et enfants
(qui pleurent quand on leur en parle) feraient de
ces troupes qui ne plient pas

« Je suis tout à fait dans mon élément parmi
eux. Il y a en moi une sorte de bon fumiste qui
se déploie ici sans vergogne ; je me sens un bagout
intarissable... Quand arrivent les dépêches officielles, on me demande des explications, je ne
taris pas sur l'histoire, la géographie, les plans
de notre état-major qui n'a pas de secrets pour
moi, les mœurs germaniques, les dessous diplo-
matiques. Je fais parler Poincaré, Barthou,
Édouard VII, Nicolas II. J'ai dans la main tous les
secrets des cours, des chancelleries, des minis-

tères, et cette main s'ouvre sans cesse. Alors dès que j'arrive, le cercle se forme et bon gré mal gré il faut assouvir les curiosités et éclairer les ignorances. »

Le chrétien aussi s'affirme. Dans cette même lettre du 10 août, Lotte formule cette pensée de la renaissance chrétienne de la France qui va s'emparer de son âme, y grandir jusqu'au dernier jour, et le fortifier dans son sacrifice : « Hier je suis allé à la messe, j'y ai vu le capitaine et beaucoup de mes territoriaux. Dimanche nous serons très nombreux. Il est manifeste qu'en ce moment la grâce coule à pleins bords sur la France. Je fais ma prière sur la paille le soir et cette attitude est pour beaucoup dans la sympathie dont je sens que tous m'entourent. Une ère nouvelle s'ouvre pour ce pays, la grande renaissance religieuse et nationale dont Péguy demeurera le héraut dans l'histoire ».

Cependant au début de septembre, la classe à laquelle Lotte appartient est provisoirement libérée. Il regagne Belle-Isle. Il est nerveux, inquiet. Il se demande s'il a le droit d'attendre, de ne pas devancer l'heure. Ses enfants le retiennent, André, Marie-Anne, Michel qui a trois mois et qui ne lui sourira jamais. Mais il entend l'appel des armes, l'appel de Péguy. A la veille de la mobilisation, il avait reçu ces deux billets :

Mardi 28 juillet 1914, neuf heures matin.

Tout fait croire que c'est pour demain. Tâche
de ne pas te laisser coincer à Belle-Isle.

PÉGUY.

Mercredi 29 juillet 1914.

Celui qui n'a pas vu Paris hier n'a rien vu. La
ville de Sainte-Geneviève est toujours là.

PÉGUY.

Le 17 septembre, Lotte reçoit un ordre de
rejoindre. En chemin, à Redon, il achète les journaux du soir. Dans son article quotidien de l'*Écho
de Paris* Barrès saluait *Charles Péguy, tombé
au champ d'honneur*. Lotte lit l'article : « Je suis
démoli, écrit-il le soir même, que vais-je devenir
sans mon Péguy? »
Désormais sa résolution est prise. Barrès
disait : les amis de Péguy le vengeront. Comment se dérober à la voix du mort? A Saint-Lô
quelques jours plus tard, on demandait des volontaires pour le 136e. Lotte quitta le bataillon de
dépôt de la territoriale et s'offrit. Quelques
semaines après, il écrivait à sa femme, une chrétienne capable d'entendre ce langage : « Cet acte
de ma part était nécessaire, d'une nécessité que

dès le début de la guerre j'avais sentie : Quand on s'est battu avec la plume, il faut le moment venu savoir se battre avec l'épée, sinon on n'est rien qu'un phraseur. »

Son sacrifice accompli, Lotte connaît la joie de l'action et la paix du cœur. Avec le 136e, il prend part aux batailles où l'armée de Maud'huy maîtrise, autour d'Arras, la seconde menace allemande. Nommé bientôt adjudant, puis sous-lieutenant, il s'inquiète de ses nouveaux devoirs : « Demandez pour moi les grâces d'état, je ne suis pas un officier de carrière, j'ai peur de faire quelque faute. » En octobre commence cette longue guerre de siège, monotone et déprimante. Par son tranquille courage et sa constante belle humeur, Lotte soutient ses hommes. Il écrit : « Ce qu'il y a de pénible dans la guerre actuelle, c'est qu'on voit ce qu'on encaisse, mais on ne voit pas ce qu'on envoie. Si bien que chez les hommes cela crée un état d'esprit de victime. Il est très difficile de leur faire sentir que tout va bien, que le succès est assuré; car ce qu'ils voient c'est de temps en temps des rafales terribles d'obus et des camarades qu'on évacue. Tu penses si je m'emploie à tenir haut les cœurs. La guerre moderne n'aguerrit pas. Nouvelle infortune des temps modernes. Mais quand on prie on est neuf tous les matins. »

La note religieuse de cette fin de lettre se

retrouve maintenant dans toute la correspondance. De plus en plus Lotte envisage la guerre en chrétien et il exprime sa pensée selon la formule chère à Péguy : « La guerre durera longtemps encore sans doute. C'est un âge nouveau qui naît, une nouvelle chrétienté du moyen âge, et c'est un enfantement peu commode. Il faut que cet horrible monde moderne périsse jusque dans ses racines. Alors, tu comprends, c'est un fameux travail. »

Ce renouveau chrétien dont il fut un artisan et pour lequel il va mourir, jusqu'au bout il se préoccupe de le hâter dans les âmes. A un ami qu'il veut ramener il mande en partant pour le front : « Je vais me battre : toi, va prier, va à la messe. » Comme toujours, il néglige la discussion, il entraîne. Au même, quand il le sent ébranlé, il écrit le 18 décembre, une semaine avant de mourir : « Mon vieux, aucune nouvelle ne pouvait m'être plus douce. Voilà plus de quatre ans que j'attendais ce mouvement. Ce qui m'inquiétait chez toi, c'était une certaine raideur et par certains côtés une certaine dureté qui sont à l'opposé de la grande tendresse catholique. Mais ce qui me réjouit, c'est justement cette « humilité » et cette « bonne volonté » qui sont l'essence même du christianisme. Allons, tu le vois, aucune prière n'est vaine. Demandez, vous recevrez; frappez, on vous ouvrira. Tu le vois aussi par toi-même, c'est la renaissance du pays qui se fait. Mon vieux, abandonne-toi, laisse-toi pénétrer, prie bien, lis nos hymnes et nos psaumes et l'Évangile. Tu auras des moments de sécheresse **et de** doute, tiens bon et prie plus fort, c'est au moment **où** on **est** le plus sec que la prière porte le mieux. »

On sent, à lire une telle lettre, que Lotte a réalisé en soi cet idéal d'un christianisme envahissant, comme il le voulait, toute la vie. Le surnaturel a pénétré son âme. Cet abandon qu'il conseille, il le pratique devant la mort. Je croyais le bien connaître, je ne soupçonnais pas à quel degré de sérénité mystique quatre années de discipline chrétienne l'avaient conduit. Il revient sur cet enchantement des prières de l'Église : « J'ai découvert un paroissien. Je dis les hymnes et les psaumes. Comme c'est bon et nourrissant, cette liturgie. On se réveille chaque matin avec un cœur tout neuf. » Il ajoute : « Je n'ai jamais été plus heureux que depuis que j'ai tout donné au bon Dieu. Tous les jours, je répète : *Fiat voluntas tua.* Quelle prière quand on la dit vraiment, et c'est à la guerre qu'on la dit vraiment. » Et encore : « Si le bon Dieu veut me ramener, il me ramènera. Puisque je suis parti comme volontaire, il y aurait indélicatesse à ce que je lui demande de me faire revenir. Cet abandon total est plein de douceur. »

Ce *fiat,* Lotte l'avait redit dans sa communion de Noël, il le redisait en assistant le dimanche 27 décembre à la messe célébrée par un de ses compagnons d'armes. Quelques heures plus tard, comme il étudiait l'itinéraire d'une patrouille, une balle le frappa en plein front. L'abbé eut le temps de lui donner les onctions suprêmes qui achèvent de purifier l'âme chrétienne, et Lotte expira. C'était le jour de la fête de saint Jean, apôtre et évangéliste, à qui le fondateur du *Bulletin* avait emprunté, en exergue de son œuvre, ce verset de la première épître : « Mes bien-aimés, aimons-nous les uns les autres, car la charité vient de Dieu, et toute personne qui aime est née de Dieu et connaît Dieu. — Or, dit ailleurs le même saint Jean, il n'y a pas de plus grand amour que de donner sa vie pour ceux qu'on aime. »

Le général commandant en chef a cité à l'ordre du jour de l'armée le sous-lieutenant Lotte, Joseph Émile, du 136ᵉ régiment d'infanterie : « Professeur au lycée de Coutances et appartenant à l'armée territoriale, a été sur sa demande affecté à un régiment actif avec son grade de sergent. Depuis son arrivée au front, le 26 septembre 1914, a donné l'exemple des plus belles qualités militaires. Nommé sous-lieutenant à titre temporaire le 21 octobre 1914, a été frappé mortellement d'une balle en plein front, le 27 décembre 1914, alors qu'il étudiait, par-dessus un mur,

l'itinéraire à faire suivre à l'une de ses patrouilles
au cours de la nuit suivante. »

Comme Péguy qu'il était parti venger, Lotte
est tombé frappé d'une balle en plein front. Il est
mort comme il rêvait de mourir. Psichari de
même. Je pensais à eux en lisant saint Paul :
« Nous qui sommes en cette tente, nous gémis-
sons, car nous voudrions n'être pas dépouillés,
mais survêtus, afin que ce qui est mortel en nous
soit absorbé dans la vie. » Ils n'ont pas connu la
mort lente. Ils ne se sont pas sentis dépouillés
de ce corps mortel, mais tandis qu'ils étaient
ainsi frappés au front, ils se revêtaient d'immortalité.

Maintenant nous les pleurons. Cette inquiétude
du salut du monde que nous partagions avec eux,
nous l'éprouvons encore, leur mort l'excite et
l'aiguillonne. Nous reprenons, mon Dieu, la pensée
de saint Paul, d'angoisse et d'admiration devant
votre sacrifice : *Mysterium fidei!* Nous ne pouvons croire que leur sang répandu ne soit pas
efficace. Ils ont ajouté à votre mort, ô mon Dieu,
ce qui manquait pour le salut éternel de la France ;
non pas seulement, comme d'éloquents discours
le proclameront sur la tombe des soldats de 1914,
pour le salut de la France éternelle ; non, ils sont
morts, ces grands chrétiens, ces mystiques, pour
le salut éternel de la France.

Ils ont cru à la valeur souveraine de leur sacrifice. Mon Dieu, vous n'avez pas voulu que les vôtres meurent avec l'angoisse du doute : cette suprême agonie que vous avez prise pour vous, qui fut votre plus douloureuse Passion, vous l'épargnez à ceux qui croient en vous. Lotte m'écrivait — ce fut sa dernière lettre, la dernière fois qu'il me parla, en ce monde, un langage d'homme : « Péguy était tout pour moi, mais quel couronnement que cette mort pour son œuvre et pour lui-même ! » Nous reprenons cette parole, elle nous dicte notre pensée définitive devant la tombe du cimetière du Saint-Sacrement d'Arras, où la croix de bois porte l'inscription : Sous-Lieutenant Lotte, du 136e, tué à l'ennemi.

Patriote, chrétien, apôtre, Lotte par sa mort remplit et dépasse sa destinée. Son cadavre couvre la terre de France et défend une civilisation. Du même coup il réalise le dessein providentiel, car il n'apparaît pas encore qu'un autre peuple soit prêt à recueillir notre héritage dans l'évangélisation du monde, et le décret par lequel Dieu manifeste qu'il voulut la France nécessaire n'est pas rapporté. La mort affranchit son apostolat des limites que lui imposait l'espace et le temps. Il cesse de compter parmi les suppliants pour entrer au nombre des intercesseurs. Déjà, pourquoi ne le dirions-nous pas, nous avons connu, nous avons touché du doigt, auprès des âmes

dont il se sentait la charge, l'efficacité de son
sacrifice. Ce n'est pas en vain que par ce *fiat*
répété chaque jour il unissait sa mort à la messe.
Plus sûrement que leur vie, la mort des apôtres,
unie à la messe, achève la Rédemption.

Pierre PACARY.

I

LE BULLETIN DES PROFESSEURS CATHOLIQUES DE L'UNIVERSITÉ

LE BULLETIN DES PROFESSEURS CATHOLIQUES DE L'UNIVERSITÉ

Circulaire d'institution.

Coulances, le 7 décembre 1910.

MON CHER COLLÈGUE,

Je viens vous prier d'adhérer au *Groupe des professeurs catholiques de l'Université* qu'avec quelques amis nous nous proposons de fonder.

Nous nous groupons, d'abord afin de créer entre nous, dont beaucoup s'ignorent les uns les autres, un lien d'amitié, une aide mutuelle de foi et de prières. Nous espérons soutenir ainsi ceux des nôtres qui souffrent d'être isolés ou en reçoivent quelque préjudice.

Nous nous groupons aussi pour attester au dehors nos convictions et prouver par notre modeste témoignage que France catholique et France illettrée — quoi qu'en disent MM. Jules

Payot et Paul Sabatier — ne **sont pas encore** synonymes.

Nous voulons enfin que cette communauté de sentiment et d'action redouble en chacun de nous l'élan de la vie spirituelle, donne à notre foi un rayonnement plus vif, et fasse ainsi mieux fructifier chez nos élèves l'influence de notre caractère et de notre dévouement.

Notre groupe restera nettement étranger à toute préoccupation d'intérêt corporatif ou politique.

Notre premier soin doit être la fondation d'un *Bulletin* qui, nous permettant d'affirmer nos idées, sera l'organe vivant de notre union. Cent abonnements à six francs assureraient son fonctionnement. Dans les lycées et collèges de garçons et de filles, il y a plus de cent professeurs catholiques.

Veuillez donc, mon cher collègue, m'adresser au plus tôt : 1° votre adhésion au *Groupe des professeurs catholiques de l'Université;* 2° les réflexions, critiques, conseils que vous suggère la présente circulaire; 3° l'engagement de souscrire un abonnement au *Bulletin*, dont le premier numéro paraîtrait en janvier.

Fraternellement vôtre en Jésus-Christ.

E.-J. Lotte,

Professeur de 6 au Lycée.

L'accueil fait au Bulletin.

La circulaire a provoqué une cinquantaine de réponses. Trente-cinq m'ont apporté une adhésion entière, généralement brève, franchement cordiale. Quelques-unes émanent d'aumôniers. Elles respirent la tristesse d'hommes qui connaissent les épreuves, mais aussi l'espoir chrétien que rien n'abat. Des collèges et lycées de jeunes filles six adhésions nous sont venues. Le ton en est chaleureux...

Douze abonnés nouveaux sont venus durant la Semaine-Sainte (1911) s'ajouter à nos 141 abonnés fermes. Une fois de plus j'ai compris l'inestimable bienfait des anniversaires chrétiens. Ils assouplissent l'endurcissement de la vie et raclent l'encroûtement des habitudes : ils rompent les mécanismes paresseux, ils réveillent la vie intérieure. Quand, à l'appel du prêtre, durant ces dimanches de carême, Jésus descend parmi nous, quelle détresse si l'on mesure tout à coup le peu qu'on a fait pour lui! Qu'ai-je fait pour toi, Jésus? qu'ai-je fait pour toi, qui vas mourir pour moi? Abandons, reniements, trahisons... Pierre l'a renié trois fois, et nous...

Un nouvel abonné a senti vivement cette détresse : « J'aurais dû être des premiers à répondre à votre appel et j'arrive bon dernier, j'en demande pardon non pas à vous, mais au Maître que j'ai trahi par lâcheté. Quand votre appel est arrivé au Collège, ce fut un beau *tolle :* qu'est-ce que ce Lotte? se demandait-on, un imbécile ou un fou?.. » Et notre ami continue de s'accuser. Rien de plus beau que cette implacable sévérité pour soi!

Une de nos amies du Nord, sœur de franc-maçon, m'écrit avec épouvante : « Les loges vous guettent, elles relèvent pour les publier les noms de vos abonnés... » Que notre amie se rassure. Des chrétiens ne peuvent qu'être joyeux de cette sollicitude maçonnique. Pour moi, je ne doute pas qu'une telle menace ne décide les indécis : mon chiffre d'abonnements va instantanément monter. Pauvres maçons! las d'être ridicules ils ont voulu devenir odieux : ils y ont si bien réussi qu'on ne sait plus aujourd'hui s'il sont davantage odieux ou ridicules. Une chose seule reste certaine, c'est le mépris universel où ils enfoncent chaque jour plus profondément. Prions pour eux et laissons faire au bon Dieu.

J'ai eu la désagréable surprise de voir quelques correspondants refuser le *Bulletin.* Rien n'est plus pénible pour le gérant d'une feuille honnête que de retrouver dans son courrier, salis, flétris, honteux, quelques-uns de ces *Bulletins* qu'il avait envoyés nets et braves à la conquête d'une amitié.

Il est d'autres formes d'abstention, polies celles-là, cordiales même ou bienveillantes selon l'âge des correspondants. Il est bien certain que nous sommes un groupement de jeunes, je veux dire d'hommes ne dépassant guère la quarantaine Nourris dans d'autres disciplines, nos aînés, en général, ne comprennent rien à notre action. Je ne leur en veux pas, ils sont de leur temps. Entrés dans la carrière à une époque où l'Université respectueuse des croyances était encore vraiment libérale et cultivée, ils ne peuvent croire, malgré toutes les évidences, que cette Université-là soit mourante. Ils ne sentent pas comme nous la nécessité de sauver le dernier rempart qui tienne encore contre la Barbarie. Le souvenir du passé les empêche de juger le présent. Alors ils m'écrivent :

« L'utilité matérielle et morale du groupement que vous voulez fonder ne m'apparaît pas. — L'esprit du *Bulletin*, malgré la foi chaleureuse qui l'anime, ne me satisfait pas. — Je ne vois pas bien nettement où vous voulez en venir... »

On serait découragé par une telle incompréhension si tout à coup on n'entendait une voix jeune : « Le premier *Bulletin* m'avait intéressé, les suivants entraînent mon entière adhésion. S'entr'aider par l'organe d'un *Bulletin,* notre époque l'exige, puisque nous assistons à la plus tenace entreprise d'irréligion dont l'histoire fasse mention. »

Pauvreté du Bulletin.

Un abonné de la première heure qui s'inté-resse ardemment au succès de notre institution s'inquiète de mes *Notes de gérance*. « Pourquoi ce compte public des recettes et des dépenses? Pourquoi mentionner le nombre des abonnés? Les hésitants sont pris de peur en voyant que le chiffre des adhérents n'est pas plus élevé. »

Tant mieux, tant mieux! Nous n'avons que faire de chrétiens peureux, nous n'avons que faire de chrétiens hésitants. Soyons peu, mais soyons solides. Constituons le noyau, autour s'organi-sera la masse. Notre force est dans cette probité.

Dans une revue de Toulouse, un ami inconnu mais fraternel admire précisément ces *Notes de gérance*. Il y voit la preuve d'une filiale confiance au Bon Dieu. C'est tout à fait cela. Nous n'avons derrière nous ni capitaux, ni comités. Nous vi-vons au jour le jour. Nous demandons notre pain quotidien. Nous n'avons souci que d'une chose : rester dignes que le bon Dieu nous l'accorde.

Abonnés fermes, abonnés possibles.

Le principe de notre institution est que chaque abonné ferme paie pour quatre qui ne paient pas.

Les non-payants sont une pièce maîtresse de notre mécanisme : sans eux, la moitié du rendement est perdu. Non seulement en effet nous voulons devenir plus dignes de notre nom de chrétiens, mais d'une même volonté nous voulons aussi réveiller la foi chez ceux qui croient l'avoir perdue, ou la redresser chez ceux qui l'ont laissée s'affaisser. Voilà pourquoi nos amis doivent dans leur entourage immédiat rechercher ceux auxquels il faut qu'une parole chrétienne arrive, et m'adresser leurs noms. Chaque nom nouveau je le considère comme envoyé par le bon Dieu. C'est dire avec quel empressement j'assure aussitôt le service. On a chassé nos moines ; nos prêtres suffisent à peine à leur tâche. Il faut bien que chacun s'y mette à présent.

Le Bulletin foyer de vie chrétienne, notre élection.

La première question que l'on me pose est en général : Avez-vous formé un comité? Et la seconde : Quel est votre programme?

Je ne me suis pas soucié de former un comité : mon expérience personnelle m'a montré, maintes fois, que les comités sont nuls pour le travail, sinon pour les vanités.

Je ne propose pas davantage de programme :

les programmes ne sont jamais que des monuments de faiblesse et d'orgueil. L'action les fait craquer ou l'événement les déborde.

Je voudrais que nous fondions un foyer de vie chrétienne. Que chacun y apporte sa bûche.

Ce que les catholiques doivent poursuivre, en ces temps d'incroyance et de stérilité, c'est l'enrichissement de leur vie spirituelle. Il faut que chaque catholique devienne — dans son milieu — un centre de foi et de charité. Les objections intellectuelles, rationnelles, historiques, prétendues scientifiques, que les scientistes modernes lancent contre notre religion tomberont toujours à côté, si notre vie témoigne pour elle. Jamais un argument n'a rétorqué un acte. Quand toute notre conduite sera pénétrée de charité, quand nous aurons cessé de nous aimer pour aimer vraiment Dieu et les autres, il est impossible que Dieu ne nous vienne en aide et que les autres ne soient attirés vers nous. Nous ne pouvons pas mesurer le retentissement d'une vie catholique sur les âmes voisines : mon expérience de converti me montre qu'il est immense. Or, isolés dans un milieu de froideur et d'indifférence, il y a risque que cet essor de charité ne se détende et ne retombe. Voilà pourquoi nous devons nous grouper.

On m'écrit : Vous prêchez des convertis, besogne vaine : c'est les autres qu'il faut atteindre.

— Je réponds : C'est nous que nous devons d'abord transformer. Combien de catholiques demandent autre chose à l'Église que les facilités que sa mansuétude offre aux coupables? L'Église ne peut que pardonner, pardonner toujours. C'est son rôle, sa fonction, sa vocation. C'est la mère : elle pardonne. Et puis, elle a un tel capital de *mérites!* Alors nous, joyeux pécheurs, nous en profitons. C'est trop commode, ce pardon automatique. Et au lieu que ce pardon, toujours accordé, soit le cordial où nous puisions de nouvelles forces, il devient je ne sais quelle drogue, quelle potion calmante, calmante des remords vivifiants, des repentirs régénérateurs!

Indignons-nous, après cela, des diatribes anticléricales. Indignons-nous qu'un moraliste laïque écrive : « Je connais des gens très pieux sans bonté ni délicatesse. Je connais des gens très religieux qui torturent leur entourage, qui sont d'une avarice sordide... Donc il n'y a nul rapport de causalité entre la religion et la moralité. » C'est tout naturel qu'on parle ainsi : et si ce langage est coupable, c'est sur nous qu'en retombe la faute.

Au lieu de prendre des mines douloureuses ou scandalisées devant le débordement des impiétés modernes, il vaudrait mieux faire un retour sur soi, et se demander si les premiers responsables ne sont pas les catholiques eux-mêmes. L'incroyance n'aurait pas poussé de telles racines dans notre pays, si elle n'avait eu pour terreau les vices et les trahisons des croyants.

Il serait peut-être temps d'y songer. Il serait peut-être temps, si nous voulons faire régner Jésus sur le monde, de le faire régner sur notre cœur.

En tout cas il faut être aveugle, pour ne pas voir que l'irréligion est à bout, que nos pauvres frères incroyants en ont assez, qu'ils en sont saouls, qu'ils veulent autre chose. Je les connais, j'étais des leurs. La vue des ruines, qu'ils ont accumulées, leur serre la gorge; les menaces de l'avenir, qu'ils ont préparé, les épouvantent. Ils se méfient encore des « curés », comme ils disent. On se méfie toujours de ses victimes. Mais nous, les catholiques, ils nous examinent avec sympathie. Plusieurs ont applaudi à notre entreprise, plusieurs sont de nos abonnés. Qu'allons-nous leur offrir? Est-ce en nous la vue de leurs propres infirmités? est-ce la vue de la vigueur chrétienne?

Sachons-le. Chaque catholique porte à cette heure une redoutable responsabilité. De nous, dépend le retour ou l'aversion d'innombrables incroyants. Dans une société toute chrétienne, la faute d'un fidèle est toujours une faute; mais son rayonnement est étroit, aussitôt étouffé par les mérites voisins. Le fidèle coupable reste encore un fidèle. Dans notre société incroyante, une faute d'un seul de nous a des répercussions infinies : elle suffit pour écarter de notre foi, de notre communion, de notre Église, le frère égaré qui allait revenir. Ce n'est plus une faute, c'est un crime.

Nous n'avons pas choisi notre heure. Il n'appartient pas à l'homme de choisir son heure. C'est affaire au bon Dieu, cela. Mais quand l'heure est venue, c'est à nous de marcher. Quel honneur! quelle élection! nous sommes ceux qui réconcilierons, nous sommes ceux qui restaurerons.

Les Catholiques et l'Université.

J'ai reçu trois lettres intéressantes, l'une d'un curé de campagne, l'autre d'un collègue, la troisième d'un jeune soldat.

Celui-ci, qui est pourvu de son brevet supérieur, hésite à entrer dans l'enseignement public. Il me demande conseil. « Il ne sait s'il lui sera toujours possible de concilier ses devoirs professionnels avec ses devoirs de chrétien. » J'ai vivement engagé notre ami à entrer dans l'enseignement public. Il n'y a pas, il ne peut y avoir jamais conflit entre les devoirs professionnels et les devoirs de catholique. Ce sont nos Grands Moralistes et leurs disciples qui créent de ces fausses incompatibilités. Une telle question ne devrait pas se poser. Elle est en tout cas facile à résoudre : puisque le recrutement des instituteurs publics subit une crise redoutable, que les catholiques en profitent et envahissent cet enseignement; en dix ans, ils en auront modifié l'esprit. En attendant, qu'on dépouille toute crainte : premièrement (on doit le dire bien haut), quand on fait consciencieusement son métier, on n'a rien à craindre de ses chefs. Si un chef est injuste, on en trouvera toujours un dans la série hiérarchique qui ne le sera pas. J'ai seize ans de service, je n'ai encore jamais subi la moindre injustice, ni la plus légère vexation. Deuxièmement, on n'est pas isolé, on est de son amicale ou de son syndicat. Troisièmement, la puissance des *sectaires* est un trompe-l'œil, un attrappe-froussards. Ils sont puissants quand on a peur d'eux, leur force est directement proportionnelle à notre lâcheté. Ignorons-les : les voilà impuissants.

« Que pensez-vous de la neutralité de l'enseignement? » me demande un collègue. Je pense qu'il nous est très facile de l'observer dans nos classes. Enseigner nos diverses disciplines et n'enseigner qu'elles, c'est notre devoir et un devoir aisé. Pour moi, voilà douze ans que je fais soit décliner *Rosa*, soit expliquer l'*Epitome;* je n'ai jamais eu l'idée d'infléchir l'étude des déclinaisons ou l'interprétation de ce texte vers la prédication religieuse. Maintenant, je ne peux empêcher mes élèves de savoir que je suis catholique : ils m'ont vu à la messe du Saint-Esprit ; ils me verront à la messe de la première communion. Et s'il leur arrive de me rendre l'affection que je leur porte, je ne peux les empêcher non plus d'être par là même attirés vers la foi que je pratique, ou retenus par elle. Ces sympathies, ces influences sont d'un ordre qui échappe à toute réglementation.

Le curé de campagne admire qu'il y ait tant de foi chez des Universitaires. « L'exemple que donne votre groupement m'a fait réfléchir. Je me demande si nous ne nous sommes pas laissé parfois entraîner à des injustices, et, dans nos luttes contre l'école laïque, si nous n'oublions pas trop l'âme des instituteurs. »

C'est une grave question que soulève là ce curé de campagne et qui intéresse directement la politique de l'Église de France toute tendue dans un puissant effort de création scolaire.

Il est absolument nécessaire que l'Église établisse un enseignement indépendant de l'État. A la limite, on n'imagine pas l'Église se désintéressant de l'enseignement, tandis qu'on imagine très bien l'État ne distribuant point d'ins-

truction. L'État nous doit des soldats et des
juges; le reste n'est pas essentiellement de son
ordre. Mais il faut compter avec les réalités.
Or depuis cent vingt ans l'État s'est fait pédagogue. C'est une réalité dont on ne peut faire table
rase. Quels que soient les retournements que
nous ménage l'avenir, longtemps encore, l'école
publique se dressera à côté de l'école confessionnelle. Et alors, un grave danger subsiste : si
nos prêtres s'ouvrent trop complaisamment aux
suggestions de la concurrence, comme en ces
matières la concurrence se nourrit d'aigreurs et
de méchancetés, voilà des ministres de paix qui
courent risque de devenir des agents de guerre.
Il y a évidemment là pour nos prêtres une tentation d'autant plus dangereuse qu'elle se revêt
des apparences d'un devoir. Or cette tentation
me paraît très facile à déjouer : il suffit pour
nos prêtres de ne pas considérer *a priori* comme
un ennemi celui qui donne l'enseignement de
l'État, ni comme un chrétien diminué celui qui
le reçoit. Méfions-nous des journaux et de l'esprit de polémique. Partout où l'instituteur n'est
pas un sectaire, il peut et il doit y avoir bons
rapports, sinon entente, entre lui et le curé. Un
de mes amis — non pratiquant pourtant — a
spontanément corrigé ses manuels d'histoire
quand je lui eus communiqué les livres de Jean
Guiraud. Nos prêtres ont trop souvent une sorte

de prudence défiante qui les empêche de découvrir et partant d'encourager les bonnes volontés toutes prêtes. Plus l'école d'État leur est fermée, plus ils doivent s'appliquer à y entretenir des amitiés. Cette machine de guerre qu'on a montée contre Dieu fonctionnera alors pour le triomphe de Dieu. Mais n'est-ce pas l'habitude du bon Dieu, de vaincre ses ennemis avec les armes même qu'ils ont forgées contre lui?

Il faut prier.

Notre foi nous dit qu'il n'y a pas un seul français baptisé qui ne soit, encore et toujours, envers et contre soi, catholique. Ce que la foi nous dit, l'expérience, chaque jour, nous le prouve. Je le constatais le mois passé. Un de mes amis était gravement malade. Un beau matin, j'apprends qu'il a demandé le curé de sa paroisse, qu'il s'est confessé, qu'il attend la communion. Je monte le voir : c'était un homme transfiguré. La veille, masque terne et douloureux : aujourd'hui, face rayonnante. Il est catholique désormais. Au fond, s'il l'est à cette heure, c'est qu'il l'était hier, c'est qu'il l'était depuis son baptême. Tant qu'un souffle de vie temporelle l'anime, l'incroyant appartient à la Communion, et toute la Communion travaille pour lui. On doit même dire qu'il lui faut un dur entêtement, une force d'obstination singulière, pour se fermer à la pénétration des prières d'ici-bas, comme à l'influence des prières de là-haut.

Il faut prier.

Songeons aux milliers et aux milliers de chrétiens qui ne prient plus.

Notre groupement est avant tout un groupement de prières. Nous nous sommes unis d'abord et avant tout pour prier plus et mieux, en priant pour plus de frères et avec plus de frères.

Il faut que cette union mystique s'affirme dans un acte commun de foi et d'amour. Nous jugeons donc nécessaire que les abonnés de ce *Bulletin*, j'entends ceux qui croient et qui pratiquent, communient tous ensemble le premier dimanche de chaque mois.

Je supplie nos amis de ne point se dérober à ce devoir. Chaque mois d'ailleurs je rappellerai le dimanche où la Table Sainte nous réunira.

Je demande aux quelques aumôniers, vicaires, curés, abonnés à notre *Bulletin*, de nous donner leur messe du même dimanche, et aux évêques qui ont bien voulu soutenir personnellement nos efforts d'étendre sur nous le bienfait de leur bénédiction dominicale.

Si j'en juge par moi-même, un chrétien, à notre époque, doit prier chaque jour pour dix ou douze personnes au moins. Il ne faut pas perdre cela de vue. C'est très lourd. Et si les prières en commun forcent mieux la miséricorde divine, formons une phalange qui emporte tout.

LETTRE A BRENN

La Charité de l'Église catholique.

A la suite de ma conversion et de l'apparition du *Bulletin*, j'ai reçu de mon vieil ami Brenn une lettre qui me reproche mes *oremus* et mon *reniement*. Cette lettre est remplie d'une hostilité farouche contre notre Église : *catholique romain, papiste, Vatican, exclusivisme et anathèmes catholiques, flammes inquisitoriales...* ces mots à chaque phrase éclatent comme des injures. Il semble qu'il y ait entre nous haine inexpiable, irrévocable divorce. Eh bien! j'apprendrais dans huit jours que Brenn est devenu papiste, que je n'en serais pas étonné du tout. Il y a tant d'incertitude, d'angoisse et de détresse au fond des cœurs de nos frères incroyants, que, pour se donner l'illusion de la force, ils sont obligés de prendre cette attitude abrupte, choquante, et surtout si menteuse, pour qui connaît la bonté de leur cœur et la droiture de leur intelligence.

Ils savent aussi bien que nous quelle étonnante ouvrière de vie et de civilisation fut l'Église, quel merveilleux ministère de charité elle exerça le long des siècles, et que les bûchers ou dragonnades furent moins son œuvre que celle de la politique des princes et de la brutalité des peuples. Ils savent cela, mais ils se raidissent contre l'évidence, et, pour justifier leur aversion, ils vont se façonnant de l'Église l'image la plus laide qui soit, la plus mesquine, la plus odieuse. Étrange injustice! On se tient résolument en dehors du monde catholique, on ne sait rien de sa vie, on n'en veut rien savoir : on ne consent à prêter quelque attention qu'aux scandales qu'exploite une presse immonde, ou aux calomnies qu'elle répand. Et c'est là-dessus qu'on fait son siège. O Esprit critique, pour une fois, qu'es-tu devenu? Il serait si simple d'aller tout bonnement à la messe un dimanche — à la grand'messe, bien entendu — et de lire dans un paroissien romain ce que les catholiques demandent à leur Dieu.

Que ne t'avais-je près de moi, vieux Brenn, voilà deux mois, à l'office du Vendredi-Saint? C'est la première fois depuis vingt ans que je célébrais l'anniversaire de la mort de Jésus.

L'Évangile finissait : Le prêtre avait dit le supplice du Juste : comment Judas l'avait trahi, comment Simon-Pierre l'avait renié, et les hur-

lements des foules carnassières, et la montée du
Golgotha et la crucifixion. J'étais encore tout
remué par le récit de Jean, quand la voix du
célébrant prononça les oraisons du jour. Ah!
mon ami, que ne t'avais-je près de moi? Rien
n'est plus beau que ces prières du Vendredi-Saint.
Il n'est pas de suppliants antiques, pas de foule
thébaine, pas de chœur de vieillards, qui aient
jamais lancé vers le ciel un appel plus émouvant.

« *Dieu tout-puissant et éternel, qui, dans le
Christ, révélas ta gloire à toutes les nations,
garde les œuvres de ta miséricorde...* »

Et la prière monte pour l'Église et ses pasteurs,
pour les catéchumènes, pour le peuple entier des
fidèles. Elle ramasse toutes les misères humaines,
elle les tend vers le Père tout-puissant, pour qu'il
les dissipe au souffle de sa bonté.

« *Nettoie le monde de ses erreurs, enlève les
maladies, chasse la faim, ouvre les prisons, brise
les chaines, donne aux voyageurs le retour, aux
malades la santé, à ceux qui naviguent le port
du salut...* »

Mais ce n'est pas assez de prier pour le troupeau réuni autour de la Croix. Fille de Jésus, qui
est mort pour tous les hommes, c'est pour tous
les hommes — hérétiques, schismatiques, païens,.
— que l'Église demande la « joie » de sentir présente la miséricorde divine.

« *Qu'elles arrivent jusqu'à toi les prières de*

ceux qui crient, quelle que soit leur tribulation... »

Et il y a quelque chose de plus beau encore, ô Brenn : en ce jour anniversaire du meurtre de Jésus, c'est pour ses meurtriers même qu'elle adresse au Très-Haut les dernières oraisons : *« Prions aussi pour les juifs déloyaux : afin que Dieu notre maître enlève le voile de leurs cœurs; afin qu'eux aussi reconnaissent Jésus-Christ notre Maitre.*

« Tout-puissant Dieu éternel, qui ne rejettes pas hors de ta miséricorde même la déloyauté Judaïque, exauce les prières que nous présentons pour l'aveuglement de ce peuple; afin qu'ayant reconnu la lumière de la vérité, qui est le Christ, ils soient tirés de leurs ténèbres... »

Que viens-tu donc nous parler d'exclusion et d'anathème? Limiter l'Église de Dieu à la seule communion des fidèles, quel catholique a jamais émis cette prétention? nous savons de science certaine — parce que Dieu nous l'a dit — que notre salut est assuré si nous suivons ses commandements et la direction des pasteurs qu'il nous donne; mais nous savons aussi que la grâce de Dieu anime le monde entier, que son esprit souffle où il veut, que tout ce qui est fécond, généreux, vivant, émane de lui, et que, si sa justice est terrible, sa bonté est infinie. Nous autres, catholiques de l'Église romaine, nous sommes des troupes régulières ; nous avons des cadres, une discipline, notre pain de guerre, l'Eucharistie, notre étendard, la Croix. Mais nous n'ignorons pas que des « irréguliers » peuvent mener le même combat. Fils de Dieu comme nous, pourquoi ne travailleraient-ils pas à son triomphe ? et n'est-ce pas justement pour eux que notre Église s'est faite apostolique ?

Non, l'Église n'exclut personne, loin d'exclure elle convie. Mais on est libre de ne pas répondre à son appel, libre aussi de la trahir et de l'abandonner. Ce n'est pas elle qui vous chasse, c'est vous qui partez. Et quand vous êtes partis secouant la poussière de vos sandales, c'est elle encore qui prie pour vous, et qui pour vous, fils ingrats mais d'autant plus aimés, offre à Dieu le trésor de ses sacrifices et de ses prières.

Lettre à un instituteur de Paris.

Devant l'indécision de certains amis qui voudraient bien croire tout en s'y refusant, et qui s'y refusent tout en protestant qu'ils voudraient bien, il m'est arrivé parfois, impatienté, de leur dire à l'un ou à l'autre : « Voici une feuille de papier, je vous laisse deux heures seul, jetez-moi donc là-dessus votre conception du monde et de la vie ». Inutile de dire que la feuille ne fut jamais noircie. Eh bien, ce que je ne pus obtenir d'un ami, un abonné, instituteur à Paris, sans que je le lui aie demandé, me l'envoya spontanément au début des grandes vacances.

Je ne crois pas qu'il existe un résumé plus clair et plus probe de ce qui fait la métaphysique de beaucoup d'excellents Français en ce début du xxᵉ siècle. Ce texte a la valeur d'un document.

Paris, 15 août 1913.

Dieu existe-t-il ?

J'en suis à me poser la question. J'en suis au doute, après avoir cru avec ferveur et pratiqué la religion catholique pendant ma jeunesse, après avoir tout rejeté ensuite et adopté l'athéisme pur à vingt ans.

De quel droit manifesté-je donc aujourd'hui une sympathie sincère pour les catholiques, puisque je ne suis

point rallié à leur doctrine, puisque, sur le point essentiel
même, l'existence de Dieu, j'hésite encore?

C'est parce que j'en arrive à prendre pitié de ma propre
position philosophique, parce que je préférerais de beaucoup croire comme autrefois ; parce que j'envie les croyants,
les pratiquants ; parce que mon cas est évidemment anormal et qu'il est nécessaire d'avoir autre chose, pour orienter
sa vie, qu'un doute funeste sur la question fondamentale.

C'est qu'aussi, socialement, pratiquement, la religion
catholique est un principe d'ordre, d'acceptation de la vie,
de résignation, d'espoir, qui a forcément mes sympathies,
puisqu'elle s'oppose aux idées de désordre, d'anarchie, de
désespoir que je réprouve.

Pourquoi celle-ci, alors, plutôt que le protestantisme, par
exemple, ou toute autre forme de religion organisée ? Simplement parce que traditionnelle dans mon pays, religion
des miens, de mes ancêtres. Et aussi parce que protestantisme, c'est presque toujours, en France, alliance avec les
éléments de désordre, d'anarchie, d'antipatriotisme, d'a-
théisme, bref, avec tout ce que je déteste parce que funeste à la prospérité et à la vie même de mon pays.

Si je croyais posséder la vérité et que celle-ci fût une
affirmation d'athéisme, l'enseignerais-je à mes enfants ?
Sans doute, par simple loyauté.

Mais je n'en suis pas là, puisque la vérité, j'en suis à la
chercher.

Indécis moi-même, je ne crois pas pouvoir armer pour
la vie mes enfants de cette seule indécision : je vais pour
eux à la solution que je juge socialement la meilleure et
traditionnellement la nôtre : je leur ferai faire leur première communion.

Mais si, plus tard, ils me questionnent sur mon cas ?
Alors, s'ils croient, je m'efforcerai de ne pas troubler leur
quiétude, et de leur laisser croire que je pense comme
eux. Je n'opposerai rien à leur croyance, les jugeant trop
heureux et trop supérieurs à moi. S'ils arrivent à douter
eux-mêmes, alors seulement je leur exposerai mon propre
état d'esprit.

Ceci dit, essayons de résumer les raisons de nos doutes. Tout d'abord, ce qui nous porte à croire en Dieu.

1° L'existence de la création, le spectacle magnifique de la terre et du ciel et des astres.

2° L'intelligence humaine, les aspirations de l'esprit vers le beau, le bien, la justice, l'idéal, l'infini.

3° Le besoin invincible de croire que l'univers n'est pas un « produit du hasard », mais le résultat d'une volonté ; que, par suite, « la vie a un sens », un but. Autrement, si la vie n'est qu'un « passage » sans signification, si les efforts de l'homme n'ont pas le caractère d'une collaboration à une œuvre conçue par Dieu, tout n'est plus que vanité, l'effort n'a plus de but réel, et rien ne peut répondre de façon suffisante à la question désespérée : « A quoi bon...? »

4° La phalange des esprits d'élite qui de tout temps a affirmé sa croyance et qui forme l'immense majorité des penseurs profonds.

Ensuite ce qui nous éloigne de cette première conception.

1° L'incertitude de certaines réflexions précédentes, sujettes aux fluctuations du raisonnement, aux influences des circonstances. L'impossibilité d'en contrôler l'exactitude.

2° Tant de faits, d'observations quotidiennes, qui semblent montrer que les événements vont au hasard. L'existence d'espèces végétales ou animales inutiles ou dangereuses, qui paraissent avoir surgi au cours du temps sans qu'une volonté ait présidé à leur création.

3° L'existence de l'iniquité, le triomphe fréquent du mal, les souffrances imméritées, les catastrophes effrayantes dues au hasard. Dieu n'aurait alors agi que par des lois générales, se désintéressant des imperfections de détail, lesquelles ont souvent des conséquences terribles pour les hommes : tremblements de terre, cyclones, naufrages ; enfants nés difformes, idiots; épidémies, etc., toutes choses ne pouvant concorder avec l'idée que nous nous faisons d'un Dieu infiniment juste et parfait.

6

Je réponds tout de suite à l'objection forte et profonde : la créature ne peut comprendre l'intention du Créateur.

On a peine à concevoir que Dieu ait pourvu l'homme d'une raison comme pour se jouer d'elle et réduire ses efforts à néant. S'il faut que cette raison renonce à elle-même et s'incline impuissante, n'est-ce pas renoncer au plus beau présent que Dieu ait fait à l'homme ? Pourquoi aurait-il doté l'homme d'une intelligence s'il lui a posé cette condition : « Renonce à t'en servir quand il s'agira pour toi de chercher à comprendre l'essentiel » ?

Les objections se multiplient quand il s'agit de la religion sous sa forme catholique et dogmatique.

Pourquoi le Fils de Dieu n'a-t-il pas laissé de preuves formelles et indiscutables de son passage ? Dans l'infini du temps, il lui était possible de choisir une époque où l'on pût enregistrer sans conteste sa vie et ses miracles. Tandis que l'Évangile apparaît comme une légende incontrôlable. Pourquoi Dieu renonce-t-il au miracle évident qui anéantirait les doutes et les hérésies contemporaines ?

Pourquoi tant de religions à côté de la religion catholique ?

Pourquoi les prêtres réformateurs de bonne foi, les mauvais prêtres, et les prêtres indifférents ?

Pourquoi, si l'âme existe, cette parenté étroite, évidente, aveuglante, entre l'homme et le reste de la création ? Squelette, chair, organes essentiels, cerveau, communs à l'homme et aux animaux sans âme. Quasi-animalité de certaines espèces humaines, de certains individus humains ; indices si impressionnants d'intelligence chez certains animaux ; état de crétinisme d'hommes nés dénués de raison. Génération de l'homme semblable à la génération animale ; état primitif de l'enfant nouveau-né ; différences énormes entre l'âme de l'élite et l'âme de la foule. Influences énormes de l'éducation, de l'atavisme, de la maladie, des commotions sur la pensée et l'intelligence. Qu'est-ce que l'âme d'un nouveau-né ? Qu'est-ce que l'âme d'un idiot ? Qu'est-ce que l'âme d'un individu dont un choc sur la tête a obnubilé les facultés, la connaissance, le souvenir ?

Oui, pourquoi, si l'âme est indépendante, est-elle transformée, mutilée, anéantie par un choc intéressant telle ou telle partie du cerveau ?

Et si malgré tout, elle existe, indépendante, pourquoi ces apparences si impressionnantes, pourquoi pas la certitude aveuglante ? Pourquoi cette espèce de piège tendu à la raison humaine ?

Longtemps on a cru à la création remontant à 6.000 ans : c'était un dogme, à un moment donné. Il a fallu en rabattre devant la géologie. L'apparition de l'homme est indéfiniment reculée. La preuve est peut-être faite, ou sera faite demain, que l'homme primitif était un animal. L'anatomie comparée nous étalera peut-être la série des squelettes intermédiaires entre le pithécanthrope animal et l'homme actuel. Alors, le dogme devra en rabattre encore et s'incliner. Il faudra avouer : l'homme n'a pas d'âme, ou les animaux en ont une. Qu'est-ce alors que l'âme immortelle étendue aux divers degrés de la classification animale ?

La conviction s'impose à moi, désespérante, devant l'observation, devant les faits : l'homme n'est qu'un animal dont le cerveau a fait des progrès surprenants, l'homme n'est qu'un « animal arrivé ».

Je tombe aujourd'hui même, par hasard, sur cette phrase de Taine, dans son « Voyage aux Pyrénées » : *« Que sommes-nous, sinon une excroissance passagère, poussée au hasard dans une fente de la roche éternelle ? »* (1).

(1) Nous avons conservé intégralement cette lettre qui a bien, comme disait Lotte, la valeur d'un document. Sa publication dans le *Bulletin* suscita des commentaires. Un correspondant, tout en approuvant l'instituteur de Paris de rejeter le protestantisme, critiqua son ton et son attitude à l'égard des protestants : il demandait, non sans raison, qu'on discernât entre les protestants demeurés chrétiens et ceux pour qui le protestantisme n'est plus qu'une étiquette couvrant le scepticisme et l'intolérance. D'autres lettres tendaient à compléter la réponse de Lotte, qui avait de parti pris refusé une discussion de détail.

*
* *

Secouons la tristesse, la lourde tristesse, qui se dégage d'un tel document, et puisque nous sommes à une époque où il importe de recenser ses forces propres et de reconnaître les positions de l'ennemi, signalons tout d'abord un symptôme rassurant :

Voilà un incroyant qui ne considère pas son état comme supérieur à celui du croyant.

Quel changement sur les 150 dernières années ! Ruinée la superbe assurance d'antan, découronnée la fierté de celui qui a brisé les chaînes du dogme, tombée l'ivresse de l'affranchissement. On mesure enfin ce que l'on a perdu : certitude, force, paix, joie. Et ce qui reste... Oh! ce qui reste... misérable orgueil scientiste, déséquilibre intime, indécision, angoisse, on le porte comme un de ces maux qui vous rongent en dedans et dont on sait bien qu'on mourra. *J'en*

Sans méconnaître la portée de certaines objections, elles observaient que sur plusieurs points, en ce qui concerne, par exemple, les circonstances de la venue de Notre-Seigneur, l'époque de la création, la parenté prétendue de l'homme et de l'animal, les difficultés soulevées ne valaient pas d'arrêter un esprit aussi net et sincère que l'auteur de la lettre. Mais pour développer à fond ces réponses, il faudrait un traité d'apologétique, *La foi chrétienne* (Paris, Poussielgue, 1885), maintes fois réimprimé et mis à jour, ou mieux encore les divers articles du *Diction. naire apologétique de la foi catholique*, en cours de réédition par le P. d'ALÈS (Paris, Beauchesne, 1911 et suiv.). (P. P.)

arrive à prendre pitié de ma propre position philosophique... J'envie les croyants, les pratiquants... Mon cas est évidemment anormal... Eût-on jamais parlé ainsi il y a quinze ans? Quelle confiance nous avions alors, quelle intrépidité! Et quand on découvrait un catholique, quelle pitié secrète pour le malheureux! Pour moi, je ne voyais pas un homme faire un signe de croix, suivre une procession, porter un livre de messe sans recevoir un coup : j'étais choqué, je trouvais cela déplacé.

Le plus frappant c'est que de telles paroles soient dites par un universitaire, un instituteur. Pauvre M. Buisson! vous pouvez faire préfacer votre *Foi laïque* par le Président de la République, membre de l'Académie Française; vous pouvez, avec vos Ligues de l'Enseignement, intimider le Président du Conseil; vous pouvez — encore et toujours — faire des lois et des règlements, et, pour les appliquer, mobiliser tous les sous-préfets, commissaires de police et gendarmes du pays... Mais cette âme d'instituteur qui fut vôtre et que vous n'avez plus, toutes ces énormes machines temporelles ne vous la rendront pas.

Autre symptôme rassurant : pendant des années on affecta autant de respect pour la religion qu'on montrait de haine pour le cléricalisme. Le cléricalisme, entendez l'Église. C'était l'Église, l'Église Romaine seule, qu'on prétendait combattre.

6.

Or, par un brusque retournement c'est cette
Église si détestée, si honnie, qui depuis la Séparation inspire aux ennemis de la veille (aux meilleurs d'entre eux, s'entend) un respect, une admiration qu'on sent pénétrés d'une secrète tendresse. La raison se rebelle encore contre la foi,
c'est entendu, mais elle s'incline devant l'Église,
cette incomparable maîtresse de sagesse. Notre
ami se refuse encore, mais il lui donne ses enfants : *Mes enfants feront leur première communion.* Quelle promesse pour la moisson prochaine !

*
* *

Quant à suivre notre ami dans le détail de sa
critique et de ses doutes et de ses objections,
nous nous y refusons absolument.

Nous avons passé nous-même par l'état où il
végète présentement ; c'est le plus pénible qui
soit ; nous n'avons nulle envie d'y retourner.

Ce qui caractérise cet état, c'est une sourde
résistance, une mauvaise volonté butée, une
mauvaise volonté d'autant plus entêtée qu'on ne
veut pas se l'avouer. Une fois qu'a craqué dans
des cœurs comme les nôtres l'armature matérialiste et athée, si l'on était sincère avec soi, je
veux dire non pas avec le personnage extérieur
que nous jouons, mais avec notre moi profond, on

se reconnaîtrait subitement chrétien. Mais par un mystérieux dédoublement, francs et loyaux avec autrui, nous sommes fourbes et menteurs avec nous-mêmes. Pendant vingt ans on a vécu sans Dieu; toutes les habitudes, tous les mécanismes, toutes les manières de sentir et de penser se sont organisées sans Dieu, en dehors de Dieu, contre Dieu. Quand une poussée de la grâce et l'expérience de l'événement ramènent soudain Dieu dans le champ de la conscience, alors nous nous sentons comme trahis et tout conspire en nous, le premier émoi passé, pour refouler l'intrus. Si l'on *a de l'instruction* (c'est, hélas ! notre cas) on se rue aussitôt vers l'arsenal où, sous le masque de science, le vieil orgueil humain forge des armes pour l'incrédulité. A nous la paléontologie, la mastodontologie, la géologie, la météorologie, la cosmologie, l'anthropologie, la sociologie, et toutes les logies possibles et imaginables ! Et sur le point de source où la grâce a jailli, on entasse, pour l'obstruer, tout ce qu'on peut ramasser d'aperçus hâtifs, de conclusions extrêmes, d'hypothèses invérifiées. Notre ami soulève vingt-cinq objections. Supposez qu'on y réponde victorieusement ; avant que la vingt-cinquième soit par terre, une vingt-sixième se dressera inopinément, et ce sera comme par hasard l'objection décisive.

Nous ne tomberons pas dans ce piège que nous

tend (que se tend) notre ami. Nous ne descendrons pas sur le terrain mouvant où il reste enlisé. Nous n'aspirons pas à descendre. A lui de se hisser jusqu'à nous.

Il faut bien qu'il se mette dans l'esprit que d'états comme le sien on ne sort que par un coup de force : les prétendues impossibilités scientifiques et rationnelles dont il dresse l'épais appareil, sont des nuées vaines, de creuses apparences que l'acte fait subitement s'évanouir. Trois ans je les ai vues s'élever autour de moi, me cachant le ciel, trois ans elles m'ont comme emprisonné. Elles s'entassaient autour de moi comme une muraille pélasgique. Un beau matin je m'élançai : la muraille céda comme un brouillard. Alors pourquoi diable avoir attendu si longtemps ?

Nous ne sommes pas avec Dieu comme l'élève de philosophie de ma jeunesse avec le vieil aumônier fatigué. L'élève pousse des colles et le vieil aumônier répond à côté. Nous n'avons pas de colles à pousser au bon Dieu. Dès qu'on a seulement l'idée de pousser une colle, c'est qu'on est tout près de ne plus rien comprendre, ni à Dieu ni à la création, ni à la vie, ni à rien du tout.

Notre ami s'est mis en face du monde — c'est la célèbre méthode objective ; et il juge — c'est notre vieille habitude de pédagogues. Il s'est mis en face du monde c'est-à-dire *en dehors ;* il s'exclut, il se forclôt. Comment dès lors saisirait-il *l'esprit* qui l'anime du dedans! Cette attitude qui est celle du *savant,* est juste l'inverse de celle du *croyant*. Le savant regarde du dehors, le croyant du dedans. S'ils changent de fenêtre, il est bien évident que ni l'un ni l'autre ne peuvent plus rien voir.

Ainsi placé pour ne rien voir de ce qu'il cherche, notre ami juge. Il ose juger. La création est un devoir d'élève. Il note ici : obscur ; plus loin : incohérent...

O mon ami, quel pitoyable orgueil! De grâce, quittez cette fallacieuse objectivité, fermez les yeux et les oreilles, retirez-vous en vous-même, c'est là tout au fond que s'ouvre la baie sur l'invisible. Et vous le savez bien; mais vous êtes comme les autres, vous avez peur de regarder ; car si l'on regarde ainsi, c'est Dieu qu'on risque de voir tout à coup, Dieu si grand, si immense, si terrible, qu'on en frémit jusqu'au fond des os. Et l'on détourne la tête, et l'on dit : c'est une folie. Un ami vous rassure : troubles digestifs, vertiges d'estomac... Mais voyons, soyez franc, en seriez-vous où vous en êtes si vous ne saviez pas au tréfond de vous que c'est bien Dieu que tel et tel jour vous avez entrevu.

On a beau détourner la tête, il est des moments, vous ne pouvez l'ignorer (car quel homme de quarante ans peut l'ignorer? quel homme qui a vu des naissances? quel homme qui a vu des morts ? quel homme qui a vu l'amour et la trahison de l'amour, l'amitié et la trahison de l'amitié?), il **est** des moments où, au fond de certaines joies, au fond de certaines tristesses, vous le savez bien, c'est Dieu qu'on atteint tout à coup. Alors, pourquoi le nier, quand on l'a une fois découvert? pourquoi se débattre ainsi? pourquoi pas l'abandon aux bras de notre père?

C'est un genre que l'on se donne aujourd'hui. On s'entend dire : « Ah! vous avez bien de la chance de croire, vous. » Il semblerait que nous bénéficions de quelque injustice, de je ne sais quel traitement de faveur. Ce n'est pourtant pas une chance qui nous est tombée toute seule. Rien n'arrive jamais tout seul. Nous croyons, premièrement, parce que nous n'avons pas fait le malin avec le bon Dieu et qu'il nous a suffi de l'entrevoir à de certains instants privilégiés de notre vie pour admettre tout simplement qu'il est. Nous croyons, deuxièmement, parce qu'ayant éprouvé l'existence de Dieu nous avons compris autant avec notre cœur qu'avec notre raison qu'il ne pouvait se désintéresser de nous, qu'il fallait qu'il nous aimât, que nous étions ses enfants, ou sinon, que ce monde, cette vie et tout, ce serait par trop horrible. Nous croyons, troisièmement, parce qu'ayant réclamé comme un dû cet amour, nous n'avons eu qu'à ouvrir les yeux pour voir dans la naissance, dans la vie, dans l'enseignement et dans la mort de Jésus-Christ, la preuve d'un amour tellement inouï qu'il ne reste plus à l'homme qu'une attitude pertinente, celle d'une perpétuelle action de grâce. Nous croyons, quatrièmement, parce que la vie *selon* Jésus étant impossible *sans* Jésus, il faut que sa présence se perpétue parmi nous ; or, cette présence se perpétue dans l'hostie. Nous croyons, cinquièmement, parce que, dans un monde où tout change, ni cet enseignement ne peut se maintenir, ni cette présence se perpétuer que dans et par une institution immuable : or, cette institution, on sait assez que c'est l'Église Romaine.

Je comprends qu'on soit athée, je l'ai été. Et je l'ai été si pleinement, si totalement (à ce qu'il me semblait), avec une certitude si tranquille, que je n'imagine pas qu'on puisse l'être ni plus, ni mieux. Et je reconnais que l'athéisme est un état, où vraiment on ne se trouve pas trop mal. Il est ce qu'on voudra : il comporte un équilibre, une paix. Je ne m'adresse donc pas ici à l'athée. C'est à la vie d'instruire l'athée, toute parole avec lui est vaine. Je m'adresse à l'homme *inquiet,* à celui qui a reçu certains témoignages, et je lui dis : Averti, vous ne pouvez nier Dieu ; Dieu posé, vous ne pouvez nier Jésus ; Jésus posé, vous ne pouvez nier l'Église. Il y a là une logique invincible. Vous n'échappez à son étreinte que par dérobade, et ne gardez votre position que par entêtement obstiné.

Il y a Dieu, il y a la création, il y a le corps et l'âme, il y a le péché, il y a la rédemption. Voilà ce qu'on vous demande d'admettre. Avec cela tout devient clair, tout devient simple, tout devient harmonieux. Chaque chose apparaît à sa place dans la création : Dieu en haut, la matière en bas, l'homme au milieu.

Et nous comprenons alors quel poste privilégié nous occupons, quel poste unique, à nul autre comparable. Nous comprenons quelle grandeur est nôtre et nôtre aussi quelle terrible responsabilité. Nous sommes esprit et matière, nous sommes du spirituel lié à du charnel, de l'éternel lié à du temporel. Ceci vaincra-t-il cela? Libre à nous d'accepter la lutte, libre à nous de la refuser. Nous sommes libres, totalement libres. Notre vouloir nous appartient, non à Dieu. Dieu sollicite, il ne contraint pas. Il invite, il n'oblige pas. Son triomphe consiste précisément à ne pas contraindre, à ne pas obliger, à nous faire faire de nous-mêmes, *sponte nostra*, sa propre volonté. A nous d'avoir des yeux pour voir et des oreilles pour entendre. Mais une fois que nous avons vu et entendu, comment pourrions-nous nous refuser!

Il faut risquer. Que risquons-nous de perdre? rien. Que risquons-nous de gagner? tout.

Vous nous enviez. Imitez-nous. Une fois qu'on

a dit de tout cœur : *Fiat voluntas tua,* que craindrait-on ? Dès ici-bas quelle paix, quelle force !

Nous sommes sur la ligne de feu. Notre chef est là-bas très loin. Nous ne le voyons pas, nous n'avons pas besoin de le voir. Nous le verrons le jour de la victoire. En attendant, nous savons sa volonté : il s'agit de marcher et d'aller de l'avant et de ne pas caler et de ne pas s'affaisser dans les fossés. Et quand il faut enlever une crête, on enlève la crête. Il nous doit des balles et du pain : nous avons les sacrements et la prière. Et de temps en temps un ordre du jour — une illumination intérieure — qui nous dit sa satisfaction et rajeunit notre courage. Quel élan, puisque avec un tel chef — dût-on souffrir, dût-on mourir — on est sûr de la victoire !

Plus qu'à nulle autre époque notre grandeur est grande, parce qu'à nulle autre époque le don de soi n'a été plus gratuit. Il y a eu des siècles chrétiens, où pour faire son salut on n'avait que la peine de naître et de mourir dans sa paroisse. On suçait la foi avec le lait. Les plus épais, les plus lourds, les plus mous étaient emportés dans l'élan général. Aujourd'hui tout est contre Dieu. Tout le mouvement de notre civilisation moderne — cet énorme mouvement scientifique et industriel — nous détourne de Dieu. Chaque victoire sur la matière semble une défaite pour l'esprit, chaque conquête renforce notre esclavage, si

JOSEPH LOTTE. 7

bien que nos enfants, avant même d'atteindre l'âge de raison, se mettent déjà à faire les malins. Quel n'est donc pas le triomphe de Dieu, quand dans une telle crise de désaffection, de reniement, de trahison, il voit accourir spontanément les braves gens comme nous — les horribles pécheurs — enfin désabusés. Évidemment sa grâce nous a sollicités, évidemment nous ne serions pas venus tout seuls. Mais il y a tout de même quelque chose qui est de nous, qui est à nous, qui est notre apport propre, et c'est ce mouvement d'abandon qui, à une certaine minute, nous a jetés au pied de notre père.

Nous ne sommes pas des soldats levés par la conscription, nous sommes des engagés volontaires. O mon Dieu, nous sommes venus librement à vous, et c'est notre seul mérite.

Au commencement il y a le consentement.

O mon ami, quand consentirez-vous?

II

DE QUELQUES PRÉJUGÉS DU MONDE MODERNE

DE QUELQUES PRÉJUGÉS DU MONDE MODERNE

De la Sociologie.

Nous ne nous étions point vus depuis dix ans. Je le rencontrai rue des Écoles aux dernières vacances. Aussitôt attablés à la terrasse d'une brasserie, nous nous mîmes à bavarder devant un demi mousseux.

« Oui, mon vieux, je pars pour la baie d'Hudson !

« Il ne s'agit pas de fourrure, il s'agit de sociologie. Durckheim m'envoie là-bas, observer quelques types d'humanité prélogique, étudier sur place la compénétration du fait religieux et du fait social, et, si possible, rapporter quelques nouveaux totems pour nos collections. »

Mon ami tassa du doigt les cendres de sa pipe, et soudain enthousiaste :

« Ah! la sociologie! s'exclama-t-il. Qui dira jamais les bienfaits de la sociologie? Car ma carrière est faite, mon vieux : dans six mois je suis maître de conférences, docteur au bout de l'an et, comme sociologue n'attend jamais, aussitôt docteur, aussitôt pourvu; s'il n'y a pas de chaire, on m'en crée une. Ah! la sociologie! »

Je sympathisais à l'enthousiasme de mon ami. Humble grammairien, voué pour la vie aux tâches ingrates, j'admirais cette science mystérieuse qui versait une telle quiétude au cœur de ses disciples et proposait à leur ambition des buts si certains. Avide d'en pénétrer les secrets, je le suppliai de me donner quelques éclaircissements : qu'était-ce donc que cette Sociologie dont la renommée clamait la gloire jusqu'en nos lointaines provinces? et ces *totems* et ces *tabous?* que représentaient ces noms étranges, qui depuis dix ans retentissent si bizarrement à nos oreilles?

« Tiens, tu veux en goûter, toi aussi. Tu vas voir, mon vieux, c'est très simple.

« Jusqu'à Durkheim les religions embarrassaient la science et les savants. On avait beau, au nom de la raison, les rejeter toutes, ensemble et séparément, sous la diversité des Credo le fait de conscience religieux subsistait : il subsistait primordial, irréductible, c'était un empire dans un empire, c'était aussi la porte ouverte à toutes les insanités, à tous les obscurantismes; et ça permettait aux William James des deux continents de faire fi du rationalisme.

« Il fallait réduire cet irréductible, subordonner ce primordial.

« Alors, Durckheim est venu et ça n'a pas traîné. « Le *religieux?* a-t-il dit, mais c'est tout sim- « plement du *social.* » Et vlan! voilà le terrain déblayé. »

J'avais bien saisi au geste de mon ami la soudaineté de l'opération, mais cette formule si brève ne m'avait pas permis d'en deviner le mécanisme. Il lut sans doute sur ma figure un bien comique ébahissement, car il éclata tout à coup d'un large rire affectueux.

« Ah! Pauvre vieux, tu n'y vois goutte. C'est pourtant aveuglant de clarté. Ce qui est primordial, ce n'est pas le fait de conscience religieux, c'est le fait de conscience social.

« Une société n'est pas qu'un agrégat, qu'un conglomérat d'individus, elle n'est pas qu'une somme arithmétique de volontés individuelles. Elle est transcendante aux individus qui la constituent, et propose à leur activité des fins que, comme individus, ils ignoreraient toujours ou seraient tentés de repousser.

« L'âme sociale n'est pas une métaphore, c'est une réalité positive. Or, comme tout ce qui existe, cette âme sociale tend à persévérer dans son être : à cet effet, elle impose aux individus certaines

obligations et certaines défenses; elle requiert
d'eux certaines croyances et certaines actions.
Cette vie de l'Être collectif et suprême, les individus la perçoivent sous les espèces de l'obliga-
toire, du sacré, du religieux. Le religieux n'est
donc rien autre chose que le social personnifié,
hypostasié, substantifié, porté à l'absolu! Comprends-tu?

— Fort bien. Mais les totems et les tabous, où
avez-vous trouvé cela?

— Nous les avons rapportés de Polynésie, mon
vieux. Et ce ne fut pas une mince découverte.
Juges-en plutôt : le totem, c'est l'emblème de la
tribu, le symbole de l'âme sociale; c'est le perro-
quet, le serpent ou le lapin, le daim, le veau ou
le pigeon, qui exprime d'une façon concrète qu'il
y a autre chose que l'individu et qui marque en
même temps la subordination de l'individu à cette
autre chose.

« Tu as entendu parler du Leviathan de Hobbes?
Magnus ille Leviathan! Eh bien, ce que Hobbes
désigne sous ce nom, n'était-ce pas déjà cette
conscience collective et souveraine, succédané de
Dieu? Ce Leviathan, mon vieux, c'est le grand
totem, c'est le prototype de tous les totems, c'est
le totem avant la lettre. Tu le vois, le totem était
si nécessaire qu'on l'avait inventé, avant même
de le découvrir. Quant au tabou, c'est le caractère
sacré attaché aux prohibitions ou prescriptions du

totem. Tu rigoles, tu as tort. Si tu lisais la *Revue des Deux-Mondes,* tu verrais que Faguet admire de tous points et nos découvertes et les applications que nous en faisons. »

Mon ami s'était tu, manifestement choqué de mon irrévérence. Pour moi, si ces vocables étranges avaient un moment ému ma gaieté, il me suffit d'entendre prononcer le nom de M. Faguet et invoquer l'autorité de l'imposante Revue pour qu'aussitôt je me sentisse pénétré de confusion. Je protestai d'une soumission sans réserve.

« Je m'incline devant le totem, sincèrement, je le reconnais tabou. Mais alors, je ne comprends plus votre haine contre les religions. Elles sont dans votre système même, la plus haute expression du social; dès lors pourquoi ne pas les laisser vivre, les respecter? »

Mon ami leva en l'air sa large main dans un geste d'impuissance fatale et résignée.

« Impossible, pauvre vieux! tu nous demandes l'impossible. On ne va pas contre la science. La science nous prouve que le religieux est une forme du social, tant pis pour les religions! Dans son progrès, l'Humanité a traversé l'étape du religieux : elle entre maintenant dans l'ère du social; il n'y a rien à faire. Inclinons-nous devant la science! Ah! si tu entendais Durckheim prononcer ce mot : Science! tu comprendrais ce qu'il représente.

7.

« Seulement, ajouta-t-il, avec un sourire conso-
lateur, nous ne sommes pas des vandales. Comme
le dit notre maître Auguste Comte : « on ne dé-
« truit que ce qu'on remplace ». Or, la sociologie a
ceci d'admirable, qu'à mesure qu'elle étudie et
qu'elle analyse la religion, elle tend à se substi-
tuer à elle. Elle est la conscience claire des réalités dont la religion n'était que la conscience
obscure. Elle purge le religieux de l'irrationnel,
du mystique, du merveilleux, en un mot de toutes
ses végétations parasites et la vérité qu'elle dégage reste assez riche pour alimenter nos cœurs
comme elle devient assez claire pour s'imposer à
notre intelligence.

— J'y suis! m'écriai-je. La sociologie est une
sorte de filtre : on y verse le religieux contaminé,
bourbeux, chargé d'impuretés, il en sort un social
limpide comme de l'eau de roche.

— Si tu veux, consentit mon ami. Et pourtant,
non! Cette comparaison du filtre n'exprime pas
bien l'économie de l'opération. La sociologie par
rapport à la religion agit plutôt par inglutition,
absorption, digestion et assimilation. Elle exerce
sur elle une fonction organique plutôt qu'une action mécanique. Suis-moi bien : Une science ordinaire — la physique, la chimie, par exemple —
laisse subsister les choses qui font l'objet de ses
recherches. Quand un physicien s'ingénie à pré-
ciser telle ou telle loi de la pesanteur, il n'a pas

à détruire les corps pesants, pas plus que le chimiste, s'il analyse un liquide, n'a à détruire les éléments qu'il isole. Il n'en va pas de même avec la sociologie et c'est ce qui lui confère son éminente dignité. Je te l'ai dit, à mesure qu'elle analyse son objet, la sociologie l'entame, le ronge et l'absorbe; elle est naturellement dévoratrice.

— La fréquentation des Polynésiens..., risquai-je. Mais sans même entendre cette médiocre plaisanterie, mon ami poursuivait d'une voix sourde et passionnée :

— C'est bien cela, elle est dévoratrice! Elle se repaît de son objet, s'incorpore ce qu'il a d'assimilable, s'enfle à mesure qu'il diminue, s'élargit, s'étale. L'opération terminée, le religieux a disparu, il n'y a plus que du social.

— Admirable! m'écriai-je à cette vision cannibalesque.

— Admirable! reprit mon ami dans une exaltation croissante. Mais il y a encore quelque chose de plus beau. Oui, la sociologie dévore le religieux, oui, elle détruit et fait place nette; mais dans le même temps, parallèlement à ce travail d'ingestion et de digestion — parallèlement et inversement — le sociologue sent peu à peu s'opérer un prodige en sa personne : une métamorphose merveilleuse et progressive le transforme; une à une, ses apparences illusoires s'évanouissent, et, par l'opération d'un mystère

vengeur, sous le veston laïc un **prêtre se réveille!**
Un prêtre, tu entends bien! Moi-même à de certains moments, quand, le cours fini, Durckheim
descendait les degrés de sa chaire dans la gloire
du soleil couchant, moi-même, te dis-je, j'ai vu,
sur son chef austère, le mou démocratique s'il-
luminer en tiare pontificale. Oui, mon vieux, non
seulement le social se substitue au religieux,
mais au prêtre se substitue le sociologue. Rien
n'est détruit, tout est restauré.

« Ah! les réacteurs peuvent blaguer le Progrès!
Nous touchons enfin au but. Dès maintenant, nous
distinguons, nous autres, les linéaments de
l'ordre nouveau. Les catholiques sont fiers de
leur dogme et fiers de leur hiérarchie. Leur dogme
n'est rien devant la science et leur hiérarchie
tombera devant la nôtre. Nous avons notre Dieu,
l'État; notre pontife, Durckheim; notre Sacré
Collège, la Sorbonne. Un ardent clergé se forme
à la parole du Maître. Notre Musée Pédagogique
est le séminaire, où les futurs professeurs de nos
lycées sont contraints de recevoir, tous, l'investi-
ture sociologique. Nous tenons les ministres, les
universités, les académies; nous remplissons les
villes, les municipes et les bourgades; vos temples
eux-mêmes seront bientôt à nous!

« Oui, bientôt, au fronton de nos monuments,
aux flèches de nos cathédrales, aux porches de
nos édifices scolaires, resplendira, fondu dans

l'or le plus pur, l'emblème de notre victoire, le symbole de la loi nouvelle, le totem de la tribu Sorbonnique !

« Oui, mon vieux, je puis tout te dire, maintenant. Nous avons notre totem. Il est d'une simple et farouche énergie : un serpent qui avale un corbeau ! Ailes déployées, cou tendu, bec ouvert, le sinistre oiseau, symbole des religions mourantes, veut échapper à la prise tenace ; mais le noble reptile, symbole de la sociologie, l'aspire lentement, les yeux exorbités !

« Ah ! nous les tenons, nous ne les lâcherons plus ! »

Mon ami s'était levé, les mâchoires serrées, les bras tendus, les poings crispés dans un geste de strangulation sauvage.

Un frisson de terreur me secoua les vertèbres ; épouvanté, je m'enfuis, lui laissant les consommations.

De l'humanitarisme.

Peu de gens me sont devenus aussi odieux que les humanitaires. Assez longtemps ils nous ont abusés, nous voyons clair maintenant. L'Homme, l'Humanité, ça fait bien dans les boniments électoraux ou parlementaires; c'est vraiment excellent pour masquer quelque sale besogne de persécution; mais dans la réalité vraie où a-t-on jamais vu ces machines-là? Il y a des familles, il y a des nations, il y a des races, il y a des hommes; mais l'Homme, l'Humanité? En fait ça n'existe pas.

Gardons-nous de nous éprendre de ce qui n'existe pas. Faire converger nos sentiments d'amour sur un objet inexistant tel que l'Humanité, c'est gaspiller au profit d'une abstraction des ressources dont doivent bénéficier les êtres réels qui vivent autour de nous. Vous me parlez : Homme, moi, je vous réponds : Prochain. Celui-ci m'intéresse beaucoup plus que celui-là. Jésus, maître de toute science, ne nous a pas dit d'aimer l'Humanité, il nous a dit d'aimer notre prochain.

Il savait sans doute pourquoi. Dans notre petite vie, dans notre mesquine petite vie *(grande pour le salut)* de tous les jours, il n'est de vertu que prosaïque. Tendre la joue gauche, rendre bien pour mal, aimer le prochain comme soi-même, c'est peu relevé, peu reluisant ; ça ne prête ni aux beaux gestes, ni aux grandes phrases, mais cela seul compte, parce que cela seul introduit, dans la portion de réalité dont nous sommes maîtres, un peu de cette bonté divine, dont nous sommes ici-bas les ministres.

Or, regardez autour de vous, à part quelques braves cœurs naïfs et sincères, on est en général d'autant plus égoïste qu'on professe un humanitarisme plus fastueux.

C'est l'éternel piège du Malin : nous nous ingénions à nous tromper nous-mêmes sur notre misère intime, et comment mieux nous en dérober la vue qu'en appliquant sur elle les festons des pitiés faciles et les guirlandes des enthousiasmes gratuits?

Il y a mieux (ou plutôt pis) : si l'on s'examine avec sincérité, on découvre en soi un ingénieux mécanisme dont le fonctionnement consiste à compenser automatiquement toute dépense de fraternité universelle par un redoublement d'égoïsme privé.

Je me suis senti débordant d'amour pour les noirs, les jaunes, les rouges, les blancs des deux

hémisphères; dans l'ivresse des vins d'honneur
et la chaleur communicative des banquets, j'ai
porté des toasts ardents à l'instauration de la
Société Cosmique Intermondiale... Soyez sûrs
que de ces rêves grandioses et déments, une fois
repris dans la filière de la vie courante, je n'aurai
emporté pour mes proches que plus d'indifférence
et plus de dureté.

C'est une loi : chaque fois que l'âme travaille
dans le réel, elle récupère d'un côté ce qu'elle
dépense de l'autre; car elle y prend en nourriture
ce qu'elle lui donne en façon. Il y a échange. Mais
quand elle se meut dans l'irréel, le factice, le
fabriqué, l'imaginaire, alors tout est déperdition;
elle s'épuise, elle s'appauvrit, et sa débilité n'est
bientôt plus capable que de scepticisme et d'i-
ronie.

Passez en revue toutes ces théories à base d'humanitarisme qui constituent le dogme du Laïcisme
ou Contre-Église : pacifisme, socialisme, popu-
lisme, parlementarisme, vous constaterez deux
choses, premièrement qu'elles sont une contre-
façon — toujours grossière et basse — de quelque enseignement chrétien, deuxièmement que
cette contrefaçon s'obtient en substituant à une
réalité pleine quelque concept vide.

A la réalité *charité*, qui gonfle d'amour des
cœurs vivants et verse dans l'âpreté de la vie la
douceur de la tendresse, du dévouement, du sacri-

fice, de la prière, on substitue ce concept de *solidarité* si pauvre, si stérile, tout juste capable de tenir une comptabilité, de dresser un bilan, de balancer le *doit* et l'*avoir*.

A la réalité *famille*, unité multiple et organique, qui lie entre eux chaque membre par une réciprocité de devoirs, on substitue le concept *individu*, qui les sépare par l'opposition des droits.

A la réalité *peuple*, réalité complexe où sous des oppositions superficielles jouent des harmonies profondes et des interdépendances permanentes, on substitue le concept de *classe* qui ne s'appliquant à aucun objet défini brise les correspondances, fausse les rapports, et fait de la guerre civile le régulateur de la vie moderne.

A la réalité *gouvernement*, bonne ? mauvaise ? en tout cas nécessaire, on substitue le concept *souveraineté nationale*, et cette souveraineté nationale, prétendument représentée par le suffrage universel, est bien la duperie la plus cynique que jamais tyran ait inventée.

De la souveraineté du peuple
et du suffrage universel.

Un de nos amis me reproche de parler avec mépris du suffrage universel et du peuple souverain.

Je parle sans ménagement du suffrage universel parce qu'il marque une des expériences les plus lugubres que notre pays ait menées. Des hommes libres sont morts (sur combien d'échafauds, combien de barricades !) pour l'établissement d'un système dont le fonctionnement n'a produit et ne peut produire que de l'oppression : oppression de la minorité par la majorité, s'il joue librement ; oppression de la majorité par la minorité, si comme en France il est aux mains d'une bande organisée. Tout le monde sait aujourd'hui que le suffrage universel est une machine et que comme toute machine il obéit à qui tient les manettes ou le volant. C'est un fait que depuis qu'il fonctionne il a toujours secondé le parti au pouvoir. Espérer changer le pouvoir par le suffrage est simple folie. On a regret à dire des vérités aussi banales.

Donnez-moi le ministère de l'Intérieur pendant trois mois : avec un budget de cinq milliards, mes préfets, mes gendarmes, ma police, mon million de fonctionnaires, je vous fais une Chambre rouge, blanche, jaune ou noire, à volonté.

Nos gouvernants savent d'ailleurs très bien faire les élections. On peut même dire que c'est la seule chose où ils excellent. Ce n'est pas le bulletin de vote qui les mettra jamais par terre.

Nous voterons, c'est entendu, mais sans attacher à cet acte d'autre importance que celle de mettre un bulletin dans l'urne.

Depuis la loi de séparation, il faut bien se mettre dans l'esprit que l'Église est devenue une vaste force révolutionnaire. Et il n'en peut être autrement puisque nous sommes sous ce qu'on appelle le règne de la Loi et que la Loi est toute dirigée contre elle. Une force révolutionnaire perd toute sa vertu, si elle se gaspille dans les luttes électorales. Les luttes électorales ont justement été instituées par des gouvernements astucieux pour user les forces révolutionnaires. C'est Bismarck qui établit en Prusse le suffrage universel.

Nous ne tomberons pas dans ce piège. Révolutionnaires nous sommes, révolutionnaires nous resterons. Nos évêques redeviennent, dans l'anarchie moderne, les chefs des cités des premiers siècles. Une fois qu'on nous verra groupés autour d'eux, les chefs barbares d'aujourd'hui, comme les chefs barbares d'autrefois, seront bien obligés de composer avec eux. Le fait que 423 professeurs et instituteurs de l'Université de l'État se trouvent aujourd'hui publiquement réunis en un groupement aussi cohérent que le nôtre, ce fait-là donne beaucoup plus à penser aux radicaux de gouvernement que l'élection ou la non-élection de de tel ou tel candidat catholique. Un député — fût-il catholique — on sait comment ça se manie. Nous, nous sommes l'inconnu et un inconnu plein de menaces. Si au cœur de la citadelle laïque on peut compter 423 soldats mobilisables au premier appel des évêques, combien, le moment venu, se lèveraient dans le pays. Mille électeurs dans leurs maisons ne valent pas dix hommes dans la rue. On commence à écouter nos évêques quand ils parlent, on les écoutera de plus en plus, croyez-moi, parce que si le nombre des catholiques flasques diminue, le nombre s'accroît des catholiques fermes et parce que, par eux, l'autorité spirituelle trouve à s'appuyer sur une force temporelle faite de bras solides et de cœurs indomptables. Ce qu'on a vu aux inventaires (et cela suffit pourtant à paralyser le gouvernement d'alors) ne peut donner qu'une idée très lointaine de ce qu'on verrait aujourd'hui dans une occurrence semblable.

Quant au « *Peuple Souverain* », je me demande où mon correspondant l'a rencontré, autre part

que sur les papiers électoraux. Le Peuple c'est
une abstraction.

Ce que nous en voyons, nous, du peuple, c'est
qu'il n'a jamais été si complètement exploité qu'aujourd'hui où il est censé souverain. Et c'est ce
mensonge essentiel et foncier qui est le crime de
la démocratie. Il était autrefois, nous dit-on à l'é-
cole, « taillable et corvéable à merci ». Aujourd'hui
il est, en outre, exploitable à merci dans ses aspirations, ses désirs, sa volonté. Son opinion, qui
donc l'exprime, ou plutôt qui la fabrique ? des
intermédiaires, des courtiers, des démagogues.
Bergers suspects. Ce n'est jamais lui que nous
entendons et s'il tente quelquefois de former des
groupements, des associations professionnelles,
des syndicats, comme on voudra les nommer, l'É-
tat, l'État Démocratique qui se dit une émanation
du peuple lui-même, les corrompt aussitôt et les
transforme en outils de police. Qu'on songe à ce
que les socialistes parlementaires ont fait de la
Confédération Générale du Travail et du syndicalisme ouvrier. C'est cet avilissement, cet empoi-
sonnement des sources qui est un crime.

La falsification de l'histoire.

Nous avons tous entendu cette conférence.

Sur la scène du théâtre municipal, ou l'estrade dressée aux halles, parfois sous un préau d'école, le moderne prédicateur laïque — grande barbe, veston, main gauche en poche, bras droit tendu — brosse à grands traits l'histoire de France : les Albigeois, l'Inquisition, la Saint-Barthélemy. Les torches, les bûchers, la torture. « Tuez-les tous, Dieu reconnaîtra les siens ! » 1789 ! La Révolution : Liberté, égalité, fraternité. Azur, Raison, Lumière. « Pour la première fois, la France a secoué la vermine cléricale ». Mais la vermine est tenace et c'est le Concordat, l'Empire, la Restauration. 1848 ! nouvel essor, nouveau carcan. « Les curés avaient béni les arbres de la liberté ; ce n'est pas étonnant s'ils sont morts si vite ! » Enfin la Troisième République, laïcisation, séparation; les écoles, la mutualité, les lois sociales ; affranchissement, bien-être, apothéose !

Nous avons tous entendu cette conférence. Plutôt dix fois qu'une. C'est la conférence type. Elle sert toujours. Je l'ai encore subie l'an passé. Mais nous ne pouvions penser que cette histoire de réunion publique fût celle qu'on enseignait dans certains livres de nos écoles.

A l'Institut, comme à la Sorbonne, nos maîtres ont proclamé cent fois que l'histoire doit être « objective », que l'historien doit avant tout travail dépouiller ses sentiments personnels — religieux, politiques, sociaux, nationaux, patriotiques — pour ne considérer que les objets extérieurs qu'il étudie, c'est-à-dire les faits, les institutions, les idées, sur lesquels il lui est interdit de projeter ses manières de voir. Ils l'ont tant dit, tant répété, que nous finissions par les croire, et que nous imaginions les manuels primaires comme reflétant fidèlement cette attitude impartiale. Nous n'avions même pas l'idée d'y aller voir. Nous leur faisions crédit. Alors, la lettre des évêques nous sembla au moins inopportune. Et comme me le disait un bon camarade : « Décidément, nos évêques deviennent assommants. On ne pourra bientôt plus les suivre ! »

Et pourtant, c'était bien eux qu'il fallait suivre. Car si la lettre épiscopale renouvelait l'affirmation nécessaire des dogmes niés ou dénaturés par les auteurs de manuels, elle lançait en même temps un éloquent rappel à l'honnêteté scientifique. Eh oui, indépendamment du dogme, du seul point de vue de la science, c'étaient les clercs qui avaient raison contre les laïques. Humilions notre superbe aujourd'hui, et reconnaissons nos torts. C'est, d'ailleurs, la seule attitude qui nous soit permise depuis l'apparition du livre de M. Jean Guiraud : *Histoire partiale, Histoire vraie.*

Fallacieux manuels ! nous reportions sur eux la confiance que nous inspire la méthode historique moderne, et c'est justement cette méthode dont ils n'avaient nul souci.

L'histoire doit être objective : or l'un atteste que l'esprit de son cours est « franchement laïque et républicain », l'autre « rationaliste et laïque » et le ministre confirme que « le manuel d'histoire doit enseigner les gloires républicaines et les conquêtes de la pensée moderne ».

Les gloires républicaines et les conquêtes de la pensée moderne ! étrange alliance de mots ! comme si les gloires républicaines, je veux dire, l'héroïsme des armées révolutionnaires, les martyrs des barricades, l'enthousiasme civique et patriotique de toutes ces troupes populaires qui ont versé tant de sang pour la République, comme si tout cela avait quelque rapport avec l'impiété d'un Voltaire, la névrose d'un Rousseau, le positivisme d'un Comte, le dilettantisme d'un Renan et l'intellectualisme de nos modernes Sorbonnards. De grâce, ne ravalez pas nos gloires républicaines au niveau des conquêtes modernes !

A les bien considérer, ces gloires sont celles d'un peuple nourri, dix-huit siècles, de Christianisme, et qui avait appris sur les bancs de l'Église la beauté de la peine, de l'endurance et du sacrifice. Quant aux conquêtes modernes, si elles marquent bien le triomphe d'un certain orgueil, d'un certain égoïsme et d'une certaine envie, ne mériteraient-elles pas plutôt le nom de défaites?

Mais laissons cela. Nos auteurs se proposent donc de prouver aux enfants, par l'enseignement de l'histoire, que notre époque est la plus belle, nos institutions les meilleures, notre civilisation la plus éblouissante, et qu'il n'y a plus rien à faire. Le mouvement est bouclé. Les chaînes sont brisées, les superstitions mortes, la Raison règne. Admirons et soyons heureux. Pour bien ancrer cette conviction dans la tête de nos petits, le moyen est tout simple : on commencera par leur fabriquer un moyen âge bien effroyable! Époque misérable, affreux régime! Le seigneur cruel foule les moissons dorées, le paysan pleure à la vue du château. C'est le temps d'atroces famines ; tantôt on devient cannibale, « les forts saisissent les faibles, les déchirent et les mangent » ; tantôt végétarien, « le paysan mange l'herbe des prairies ». Quant aux enfants, constamment fouettés de verges dans de rares écoles, « tous pleurent ».

Évidemment vous croyez que j'exagère. Lisez le livre de Guiraud. Vous verrez, soigneusement épinglées par lui, la collection la plus stupéfiante des imaginations les plus folles. On en dresserait un admirable sottisier. Sur quelques événements monstrueux et exceptionnels, on a édifié une théorie qui fait de cette époque un temps de barbarie, de famine, de cruauté, de larmes et d'oppression. Hélas! qu'est devenue la « douce France » de nos anciens jongleurs?

Par contre, aucune couleur n'est trop lumineuse, quand on fait le tableau des temps modernes. D'un enfer peuplé d'Hugolins les manuels nous transportent sous un ciel sans nuage, où comme des élus, les citoyens du xxe siècle jouissent, enfin libres, d'un bonheur sans mélange :

Les tuiles rouges des écoles se détachent sur le fond verdoyant de riantes prairies. Un savant, muni de nombreux diplômes, fait aux enfants des leçons instructives et amusantes, et les chers bambins, la mine éveillée, sont suspendus à ses lèvres. Les meilleurs d'entre eux iront ensuite au lycée ou au collège. Là, ils approfondiront toutes les sciences. Et quand viendra le beau jour du Baccalauréat les parents béniront la République qui assure un avenir inespéré à leurs fils. Puis, c'est le régiment où ils seront convenablement nourris et habillés. Enfin la vie du citoyen libre, affranchi de préjugés, s'offre à leurs yeux, dans quelque village idyllique, où les rues s'ouvrent droites, avec des trottoirs pour les piétons, des caniveaux pour l'écoulement des eaux, où règne la sécurité la plus complète, où la tranquillité est faite du bon accord de tous.

Je ne voudrais pas insister sur la pauvreté d'esprit que révèle un optimisme aussi béatement stérile. Infortunés manuels, ils ne sont pas condamnés que par l'épiscopat. Tout le monde est d'accord à les trouver ridicules. *Esprit de mensonge et de dénigrement*, écrivent les évêques; *phrases creuses, formules et clichés*, répond M. Aulard. *Conception simpliste et fausse*, dit le directeur de l'enseignement primaire. *Faits maquillés, documents travestis*, ajoute le citoyen Janvion.

Je voudrais simplement démasquer un préjugé, préjugé qui, planté au cœur d'une certaine forme de la pensée moderne, en corrompt toutes les manifestations. C'est ce vieux préjugé du progrès, d'après lequel ce qui vient après, vaut mieux que ce qui précède : notre époque marque l'aboutissement d'un long effort d'évolution, elle est donc plus belle que les époques passées. C'est même si beau qu'on n'a plus qu'à se reposer. D'ailleurs, chacun sait que le progrès est en marche, qu'il a très bien marché jusqu'ici, et qu'il ne demande qu'à continuer. Providence aveugle, mais bienfaisante, il fera bientôt de la terre un Éden. Il vaut décidément mieux que le bon Dieu. On n'a pas à l'aider, lui. Il va tout seul.

Ce préjugé, nous savons d'où il vient. Il consiste à transporter dans l'ordre de la vie un aspect que manifeste l'ordre de l'industrie. Quand sur une simple image on compare la locomotive de Stephenson à nos compounds, ou le bateau de Papin à nos « Majestic », impossible de ne pas avoir la sensation d'un progrès. Mais ne l'oublions pas, c'est là un progrès technique, uniquement technique. Il resterait à examiner si ce progrès technique provoque par répercussion un progrès spirituel. Mais il suffit de poser cette simple distinction pour éclairer tout le débat. Il apparaît, alors, que depuis cent ans les étonnants progrès de la technique ont eu comme contrepoids un affaissement des forces spirituelles. Cruelle compensation ! ce que l'on gagne d'un côté on semble le perdre de l'autre. Et ce que l'on gagne ne vaut pas ce que l'on perd.

Soyons modestes. Si l'histoire nous offre quelques rares époques où l'âme humaine a plus et mieux rayonné, de grâce n'étouffez pas cette lumière ; cherchons au contraire où l'âme l'a puisée. Et si la source n'est pas tarie, puisons-y à notre tour. Il ne s'agit pas d'aller, en arrière, choisir dans le bric-à-brac des institutions mortes quelque

forme politique abolie. Il s'agit de se retremper
dans cette mystique, d'où nos pères ont tiré
leur force, et les civilisations passées leur grandeur. Jésus, comme alors, veille dans nos tabernacles. Ses bras sont chargés des mêmes pré
sents. A nous de tendre vers lui les mains. Je ne
nie pas le progrès, surtout le progrès spirituel.
Il est une forme de l'Espérance, et l'Espérance
est divine. Mais ce progrès ne va pas sans effort,
sans sacrifice, sans prière. La croix est lourde,
la côte est rude. Le royaume de Dieu est au
bout.

Que Guiraud me pardonne : j'oublie de dire
tout le bien que je pense de son livre. En bref,
une fois commencé, je ne l'ai plus quitté. Ouvert
à huit heures, je l'ai fermé à une heure du matin.
Et c'est seulement alors que, devant un feu éteint,
j'ai senti le froid me mordre aux jambes.

Je ne sais si l'histoire peut être objective. C'est
sans doute l'orgueil moderne qui, divinisant la
raison, la dresse impassible et impersonnelle au-
dessus du flux tumultueux des événements. En
fait, l'historien appartient toujours à un certain
temps, à une certaine civilisation. Il a sa religion ou sa métaphysique ; il a son caractère et
son tempérament. Jusqu'à quel point pourra-t-il
dépouiller tout cela qui est la vie même ? Et jusqu'à quel point le devra-t-il, s'il veut comprendre
et écrire l'histoire d'un passé qui, à son heure,

fut de la vie aussi? Mais ce que je sais, c'est qu'il n'est rien d'aussi beau que le témoignage d'un homme, qui, blessé au vif de ses convictions les plus chères, tend pour les défendre le faisceau de ses preuves. Je ne connais pas de vérité sereine. Une vérité sereine m'a l'air d'une vérité morte. Croyez bien que la vérité qu'atteste M. Guiraud a tout l'élan de la vie. Une foi ardente, une piété passionnée, une reconnaissance filiale pour l'Église, voilà les sentiments qui circulent par toute l'œuvre. Au début de chaque chapitre, il dresse l'acte d'accusation tiré des manuels qu'il cite. Puis il fonce dessus et le met en pièces. Les documents nombreux, pressés, qu'une immense érudition lui fournit, ne sont plus seulement les pièces d'un mécanisme logique ; soulevés par la passion de l'auteur, ils en reflètent la chaleur et la vie. Bien entendu, c'est quand l'attaque porte sur les points les plus contestés et les plus douloureux que le triomphe de Guiraud est le plus émouvant. Il faut tout lire. Mais que n'apprendra-t-on pas sur les Albigeois, l'Inquisition française, le procès de Jeanne d'Arc?

Ah! notre mère l'Église, mère de charité, mère des arts, mère des sciences, mère de toute civilisation, comme elle apparaît simple et grande et bonne au long des siècles et de ces quatre cents pages! Comme sa divinité éclate et illumine! Et quel avenir nous promet un tel passé!

De l'antimilitarisme et du pacifisme.

En ce moment il est bien évident que le sentiment national prime tout, je veux dire domine tout autre sentiment. Ni nos joies ni nos deuils privés n'ont plus la même qualité ni la même résonance, depuis qu'ils se déroulent sur cette immense nappe d'inquiétude patriotique.

La patrie est en danger. Jusqu'à ces dernières années c'était là des mots que nous lisions dans des livres, désormais c'est une saisie immédiate de la réalité. Nous ne pouvons même plus prier, comme d'habitude, et pour les nôtres et pour nous, sans que du fond de notre cœur, plus impérieuse, plus angoissante, monte pour le pays une prière qui submerge tout. Je me suis toujours *su* patriote, mais je n'avais jamais comme en ces temps derniers mesuré la puissance de ce sentiment. Je m'aperçois qu'il prend sa source à des profondeurs que je ne soupçonnais pas. Depuis huit mois que pèse sur nous la menace d'une explosion, l'amour du pays, sous cette pression, a fini par tout pénétrer, tout envahir.

Tant de fois, nous nous sommes vus à la veille de quitter femme, enfants, métier, que maintenant l'épreuve est faite, le sacrifice consommé, et que sans forfanterie nous pouvons dire : nous sommes prêts. Et certes, malgré quelques poils blancs en plus et pas mal de cheveux en moins, je crois que nous ferions encore une fameuse piétaille.

Nous avons subi une métamorphose : hier nous étions des civils, qui éventuellement pouvaient être appelés à revêtir l'uniforme militaire, aujourd'hui nous sommes des soldats qui, permissionnaires, se sont mis en « civil ». Nous sommes des soldats et nous jugeons tout en soldat. De ce point de vue les choses les plus embrouillées apparaissent aussitôt d'une admirable simplicité.

A propos de cette loi de trois ans, combien de discussions, dans nos salles de professeurs, sur le manifeste de l'École Normale et de la Sorbonne, sur les protestations des lycéens, sur la circulaire de M. Liard ! Que de discussions et que de bavardage !...

Eh bien, admirez comme tout devient clair pour un soldat : la France étant sous la menace militaire allemande, les sorbonnards et normaliens, qui ont lancé certain manifeste contre la loi de trois ans, ont dirigé par là même contre la France une action proprement militaire, et, dans l'espèce, une action militaire allemande. Les lycécns et étudiants qui répondent comme ils peuvent à cette action militaire allemande, font de l'action militaire française. M. Liard qui sévit contre l'action militaire française de ses lycéens fait de l'action militaire allemande et moi-même, qui signale cette action militaire allemande de M. Liard, je fais, comme il convient à un sergent qui aura rejoint son régiment au deuxième jour de la mobilisation, je fais de l'action militaire française. MM. les Sorbonnards ne sont plus sur le plan de la liberté d'opinion, ni les lycéens sur le plan de la discipline scolaire, ni M. Liard sur le plan de l'autorité rectorale, ni moi sur le plan de la subordination hiérarchique. Nous sommes des Français nous mouvant tous sur le même plan — qui est la terre de France — et qui selon notre tempérament agissons *militairement* pour ou contre la France.

Un fait stupéfiant, c'est que cette action antifrançaise part toujours des mêmes hommes. Depuis quatorze ans, tous les mouvements dirigés soit contre la culture, soit contre la religion, soit contre la patrie, ont le même point de sourcement qui n'est autre que la Sorbonne.

La Sorbonne !... (1). Il faut qu'on sache dans

(1) Par Sorbonne il faut entendre non pas sans doute tous les professeurs, professeurs adjoints, maîtres de conférence qui enseignent rue des Écoles, mais une bande très solidement constituée qui tient en main le gouvernement de la maison, et, par la

un public de plus en plus étendu, que cette maison qui devrait être comme la citadelle du plus haut patriotisme français est devenue une sorte de camp retranché allemand, d'où partent contre tout ce qui est français les plus forcenées et les plus constantes agressions. Des gens sages (et lâches, car la sagesse est généralement un masque de la lâcheté), des gens sages et lâches me disent : Où allez-vous chercher cela ? Pourquoi Seignobos, Lavisse, Séailles, Ch.-V. Langlois, Durckheim, etc., etc., haïraient-ils la France ? Ne reçoivent-ils pas d'elle assez d'honneurs ni assez d'argent ?...

Il ne s'agit pas ici de discuter sur la possibilité ou l'impossibilité d'une telle haine, sur sa vraisemblance ou sa monstruosité ; il s'agit d'en constater l'existence.

Or, depuis quinze ans, cette haine perce dans

faveur dont elle jouit auprès des partis au pouvoir, règne en souveraine maîtresse sur l'Enseignement Supérieur. Elle dispose en fait de toutes les chaires. Sa tyrannie est généralement détestée, mais, les hommes étant rares, servilement acceptée. — Les têtes de file sont Durckheim et sa sociologie, Charles-V. Langlois et sa méthode historique, Lanson et sa méthode littéraire. — L'origine de leur toute-puissance remonte au triomphe du radicalisme maçonnique en 1899. Ce fut un troc ingénieux : ils apportèrent à ce parti l'autorité spirituelle qui s'attache en France à leurs titres et à leurs chaires, et reçurent en récompense une autorité temporelle quasi absolue sur l'Université. Les programmes de 1902 sont leur œuvre. Ils espéraient bien tuer le Secondaire. Le réveil de l'opinion leur a fait sur ce point subir un premier échec, qui sera suivi de bien d'autres. (Cette note est de Lotte.)

tous leurs actes, et il n'est pas difficile à ceux de
ma génération d'en démêler la cause. Cette haine
prend naissance et pousse naturellement dans
une certaine bassesse d'âme intellectuelle commune à tous ces gens-là. Plats démocrates, ils ne
peuvent comprendre ni supporter aucune grandeur d'aucune espèce. Tout leur travail — leur
fameux travail scientifique — consiste à diminuer,
rabaisser, avilir. Le génie, l'héroïsme, la sainteté
les offusquent ; c'est un outrage à leur platitude ;
ils ont donc inventé une méthode, — devenue célèbre sous le nom de Méthode de la Grande Ceinture
— dont l'application fait s'évanouir instantanément
sainteté, héroïsme, génie. Cette haine de la France
est en outre un corollaire de leur haine de l'É-
glise. La France est la *fille ainée*... voilà ce qu'ils
ne lui pardonnent pas, et l'horreur de ce qu'ils
appellent *Rome* est en eux si violente qu'à tout
prendre ils préfèrent encore la domination prus-
sienne à la restauration catholique, qu'ils ne ces-
sent de redouter.

Ceci dit, nos amis comprendront quel réconfort
nous ont apporté les derniers cahiers de Péguy :
l'Argent et *l'Argent suite*. Ces cahiers, il faut que
ceux de nos amis qui en ont les moyens les achè-
tent et les fassent lire autour d'eux. Pour les autres,
je vais tâcher d'en comprimer quelques bons
morceaux. Ces cahiers ont été écrits pour répondre aux attaques sournoises que MM. Lavisse,

Ch.-V. Langlois, Lanson, etc., dirigent inlassablement contre lui. Mais avec le souci constant qu'a Péguy d'élever le débat et d'aller au fond des choses, de tout démasquer et de ne rien ménager, nous trouverons dans cette ardente contre-attaque les affirmations que chaque conscience française doit, à l'heure présente, opposer aux innnombrables mensonges dont la Sorbonne veut l'aveugler.

1. DE L'ANTI-MILITARISME (1). — On reste stupéfait de voir avec quelle légèreté les professeurs de Sorbonne nient l'œuvre du soldat français. Comme si la quantité de terre temporelle où on parle français n'était pas mesurée par le soldat et comme si leur propre enseignement, leur propre rayonnement, pour ainsi parler, n'était pas constamment mesuré par la quantité de terre temporelle où on parle français.

(1) Chacun des paragraphes numérotés est un résumé de quelques-unes des pages les plus importantes de *l'Argent suite*. Lotte, dans ce cahier, a marqué des divisions, indiqué des titres, et tout en conservant le texte par fragments, l'a dépouillé de ses répétitions et de ses longueurs — nous voulons dire de ce que le vulgaire appelle ainsi.

Ces pages sont littéralement un *comprimé* de Péguy.

Sur ce sujet du pacifisme Lotte est revenu souvent avec force, et nous aurions pu choisir des articles qui lui appartenaient en propre. Celui que nous donnons a l'avantage d'exprimer, en même temps que sa pensée, celle de Péguy. En le reproduisant de préférence à tout autre nous demeurons encore fidèles aux plus chers désirs de Lotte. P. P.).

Il y a un temporel et le temporel est essentiellement militaire.

Un Auguste aisément peut faire des Virgiles.

— Non, mais c'est un Auguste, un César qui *fait* la quantité de terre temporelle où un Virgile se fait entendre, où un Virgile n'est pas mort, où un Virgile peut espérer une temporelle immortalité spirituelle. L'armature militaire est le berceau temporel où les mœurs et les lois et les arts et la religion même et le langage et la race peuvent ensuite, mais ensuite seulement, se coucher pour grandir.

Il n'y a rien à faire à cela : Le soldat mesure la quantité de terre où une âme peut respirer. Le soldat mesure la quantité de terre où un peuple ne meurt pas. Le légionnaire, le lourd soldat a mesuré la terre à ce qu'on nomme si improprement la douceur virgilienne et qui est une mélancolie d'une qualité sans fond.

Il faut aller plus loin : le soldat romain n'a pas seulement mesuré la terre pour la mélancolie virgilienne, il a mesuré la terre pour les deux seuls héritages de l'homme, pour la philosophie et pour la foi, pour Platon et pour les prophètes, pour l'idée et pour Dieu.

La pensée antique ne se fût point insérée dans le monde et elle n'eût point commandé la pensée de tout le monde, si le soldat romain n'eût point procédé à cette insertion temporelle, si le monde romain n'eût point procédé à cette sorte de greffe unique dans l'histoire, où Rome fournit la force et les Grecs la pensée, où Rome fournit l'ordre et les Grecs l'invention, où Rome fournit l'empire et les Grecs l'idée.

Il faut aller plus loin : il fallait qu'il y eût la voûte et l'empire et la tortue et le *vallum* pour que le monde chrétien prît cette forme temporelle qu'il devait recevoir et garder.

Il fallait le préfet pour qu'il y eût l'évêque. Il fallait que la cité antique fût le berceau temporel de la cité de Dieu, il fallait que l'empire fût le berceau temporel de la chrétienté.

C'est certainement un des plus grands mystères du monde que cette mystérieuse place laissée au temporel dans le mécanisme et ainsi dans le gouvernement du spirituel. Quelle ne faut-il pas que soit cette importance pour que la plus grande création spirituelle qu'il y ait jamais eu dans le monde ait été ainsi versée dans un moule temporel que le soldat avait préalablement établi.

Tout a été forcé de se revêtir du manteau romain. Et ainsi en un certain sens tout a été forcé de se revêtir du manteau militaire.

Que la Sorbonne le veuille donc ou non, c'est le soldat français qui lui mesure la terre. C'est le soldat français et c'est le canon de 75 qui ont mesuré et qui mesurent à chaque instant la quantité de terre où on parle français. Le temporel garde constamment et commande constamment le spirituel.

Le spirituel est constamment couché dans le lit de camp du temporel. C'est le soldat qui fait qu'on parle français de Dakar à Bizerte et de Brest à Longwy. C'est le soldat qui fait que l'on parle français à Mulhouse et à Colmar. Et c'est le soldat qui fait que l'on parle français à Paris.

2. DU PACIFISME. — *a*) *Du pacifisme type Ligue des Droits de l'Homme*. On peut admettre qu'un syndicaliste dise : *Je ne veux pas entendre parler de l'Alsace-Lorraine*. Un syndicaliste, en effet, est un homme qui dit : *Je ne m'occupe pas des peuples, je ne m'occupe pas des races, je ne m'occupe que des* CLASSES. *Je ne m'occupe pas des oppressions politiques, des oppressions subies par les peuples, je ne m'occupe que de l'oppression économique, de l'oppression subie par la classe ouvrière*. Une telle doctrine peut être exécrable, et ce qui est plus grave, elle peut être incomplète, mais au moins, en elle-même, elle se tient. Au contraire, s'il y a une doctrine où il y ait une question d'Alsace-Lorraine, et où la revendication soit imprescriptible, c'est la doctrine des Droits de l'Homme et par suite, je pense (mais c'est ici peut-être que nous nous trompons), c'est la doc-

trine de la Ligue des Droits de l'Homme. Il y a
des systèmes où il n'y a pas de question d'Alsace-Lorraine. Mais le système des Droits de
l'Homme est peut-être le seul où elle existe intégralement. Finlandais, Arméniens, juifs de Rou-
manie, arabes d'Algérie, nègres du Congo...
Comment énumérer tous les peuples opprimés
en faveur de qui la Ligue des Droits de l'Homme
a ému l'opinion? Mais alors, pourquoi nous
demande-t-on de nous émouvoir pour tous les
peuples opprimés, excepté pour un seul, qui est
comme par hasard un peuple français? Combien
de meetings M. Séailles n'a-t-il pas présidés *pour*
les peuples opprimés. Mais alors, comment se
fait-il qu'il préside un meeting *contre* les Alsaciens-Lorrains! Au fond, nous n'aimons pas beaucoup qu'on nous parle de l'Alsace-Lorraine.
Quand on a vendu son frère, il vaut mieux n'en
pas parler. Mais enfin, nous demandons que l'on
soit constant : ou qu'on ne nous parle pas des
autres peuples, et alors nous consentons qu'on ne
nous parle pas des Alsaciens-Lorrains; ou qu'on
nous parle des autres peuples, et alors nous demandons qu'on nous parle aussi de l'Alsace-Lorraine.

Mais c'est trop demander. Car ces gens-là sont
pour la liberté des peuples opprimés à condition
que la libération des peuples opprimés n'entraîne
ni ne comporte de risques de guerre. C'est le
système de la paix à tout prix. C'est une échelle

des valeurs où l'honneur est moins cher que la vie. On peut le déterminer d'un mot en disant que c'est un système qui prend exactement le contre-pied du système cornélien. *Mais d'autant que l'honneur est plus cher que la vie. Mais d'autant que l'honneur est plus cher que le jour.* C'est un système de la peur. Pour ces gens-là, il n'y a pas de question d'Alsace-Lorraine, parce qu'ils ont peur de la force allemande.

b) *Du pacifisme type. La paix par le droit.* — Il faut être ce qu'on appelle un niais quand on veut être poli et ce qu'on appelle un imbécile quand on n'a pas la même préoccupation, pour croire que l'on peut présenter et vouloir intro-duire un point de droit sur la surface de la terre sans qu'aussitôt il en naisse, en même temps, en cela même, par cela même, un point de guerre. Le droit ne fait pas la paix, il fait la guerre. Et il n'est pas souvent fait par la guerre, mais il est encore moins souvent fait par la paix. Quelle folie donc de vouloir lier à la Déclaration des Droits de l'Homme une Déclaration de Paix. Comme si une Déclaration de Justice n'était pas en elle-même et instantanément une Déclaration de Guerre ; comme si un seul point de revendi-cation pouvait apparaître dans le monde et ne point devenir aussitôt un point de trouble, un point d'origine de guerre ; comme si tout point de revendication de droit n'était point en lui-

même et instantanément un point de rupture d'é-
quilibre. *Je ne suis pas venu apporter la paix,
mais la guerre.* Non seulement la justice, mais
la charité même est pleine de guerre. Ou plutôt
il faut dire : sans aller même jusqu'aux exigences
de la justice, jusqu'aux réparations du droit, dès
la charité même nous savons bien que la charité
est source de guerre.

c) *Idée centrale du pacifisme.* — L'idée centrale du pacifisme, c'est que la paix est un absolu.
La paix a un prix unique à ce point que mieux
vaut une paix dans l'injustice qu'une **guerre pour**
la justice. C'est diamétralement le contraire du
système des Droits de l'Homme, où mieux vaut
une guerre pour la justice qu'une paix dans l'injustice. Ou encore, dans le système *paix*, la justice
n'est rien au prix de l'ordre; dans le système
Droits de l'Homme, l'ordre n'est rien au prix de la
justice. Dans le système *paix*, la paix vaut tant que
ce n'est point l'acheter trop cher, que de la payer
de n'importe quelle iniquité. Dans le système
Droits de l'Homme, le droit vaut tant que ce n'est
point l'acheter trop cher que de le payer de n'importe quelle guerre. L'ordre (nous disons l'ordre
matériel) a un prix infini dans le système *paix*.
Et c'est le droit qui a un prix infini dans le
système *Droits de l'Homme*. Dans le système
Droits de l'Homme (et, nous n'avons point besoin
de le dire, dans le système chrétien), un ordre

fondé sur l'iniquité n'est pas un ordre; une paix fondée sur l'iniquité n'est pas une paix. C'est dans le système des *Droits de l'Homme* (et en ceci nous le faisons totalement nôtre) que la question *Alsace-Lorraine* est irrévocablement résolue et pour éternellement, par la déclaration lue à l'Assemblée de Bordeaux.

d) *Quelques sornettes à l'usage des pacifistes.* — Cette première sornette des milices. Quand des hommes instruits viennent dire qu'il ne faut pas d'armée, qu'il faut *armer le peuple,* on se demande ce qui peut bien se passer dans leur tête, ce que ça peut bien représenter, ce que ça peut bien vouloir dire. Comme si armer le peuple n'était pas précisément constituer des classes d'active, des classes de réserve et de territoriale.

Cette deuxième sornette que la guerre n'a pas d'importance et qu'elle ne donne pas de résultats. Si la guerre des Balkans a précisément montré quelque chose, c'est combien la guerre a un pouvoir de décision. Il y avait assez longtemps que la question crétoise et la question macédonienne traînaient. En trois semaines, elles ne traînent plus.

Cette troisième sornette que les guerres sont inventées par les capitalistes, par les gouvernements, par les rois, par les *dirigeants,* comme ils disent, pour embêter les peuples. Si cette guerre des Balkans a montré quelque chose, c'est qu'il y avait aussi des races, et qu'il y avait des guerres qui sortaient des entrailles mêmes des peuples. Il serait peut-être temps de renoncer à ces idées toutes faites, à ces vieilles histoires qui ont fourni tant de littérature à Hugo, à ces espèces de vieilles carcasses d'idées, qui ne sont plus que des vieilles carcasses d'anciens feux d'artifice.

Cette quatrième sornette que dans l'équilibre de force entre l'Allemagne et la France il y aurait en Allemagne un parti socialiste qui ferait équilibre au socialisme français, qui ferait *la même chose,* qui ferait contre-poids à son action. Tout le monde sait le contraire. Tout le monde sait que sur les quatre millions de *voix* socialistes allemandes, il y en a trois millions qui ne refuseront rien ni au militarisme, ni à l'impérialisme, ni au colonialisme, ni par suite au capitalisme, trois millions qui ne sont qu'un rembourrage de plus ou moins de mécontentement. Et sur le million qui reste, combien de déchet ! Quant à la force insurrectionnelle, quant à l'instinct révolutionnaire, tout le monde sait qu'il n'y en a pas autant dans toute la Social-Démocratie allemande qu'il n'y en avait dans le dernier trompette de l'escadron des Cent-Gardes.

3. AVERTISSEMENT A L'ENNEMI DE L'INTÉRIEUR. — M. Seignobos a eu l'idée de parier un déjeuner

avec M. Marcel Prévost que nous n'aurons pas la
guerre. M. Seignobos devrait savoir assez d'histoire pour soupçonner que tout cela ne se réglera
pas par un déjeuner. Nous ne savons pas ce que
sera demain; mais nous savons très bien ce que
nous ferons demain dans toutes les hypothèses.
S'il n'y a rien (ce qui est difficile), ça va bien. S'il
y a quelque chose et que nous soyons vainqueurs
assez aisément, ça va bien. S'il y a quelque chose
et que dans ce balancement des forces sinon des
vitesses nous soyons vainqueurs malaisément, ça
va peut-être bien. Mais si les situations, de difficiles deviennent critiques ou simplement graves,
ce serait une folie de croire que nous ne rattrape-
rons pas l'ennemi de l'intérieur. Nous sommes
résolus à tout prix à ne pas retomber dans le
ridicule de 1870. Tous les exemples sont là, tous
les exemples nous instruisent. Si les Commu-
nards, c'est-à-dire les Parisiens qui voulaient
mourir, avaient commencé par se débarrasser
des politiciens, des intellectuels et des traîtres
qui les empêchaient de se battre, on n'en eût
pas fusillé ensuite trente-cinq ou quarante mille.
Malheur au parti qui ne réduit pas les ennemis de
l'intérieur. Nos maîtres d'histoire ont peut-être
entendu parler d'un nommé Robespierre et d'un
nommé Richelieu et d'un Tribunal Révolutionnaire et d'un Comité de Salut public. Sous ces
gouvernements-là tout ne se paye pas par un

déjeuner que l'on a perdu, et on ne joue pas un déjeuner mais on joue sa tête, ou on joue sa peau, selon que l'on préfère s'adresser aux fournisseurs civils, ou aux fournisseurs militaires. Nous ne commettrons pas cette stupidité, de nous laisser, nous, massacrer trente ou quarante mille par les pacifistes et par les humanitaires. A aucun prix nous ne laisserons recommencer ces sottises. A aucun prix nous ne laisserons massacrer trente ou quarante mille hommes du troupeau ; car de part et d'autre, c'est toujours le troupeau français. Mais précisément pour éviter une telle catastrophe nous sommes très capables de supprimer en temps utile quelques mauvais bergers. En temps de paix nous nous laissons faire, c'est entendu, parce que nous travaillons et que nous ne pouvons pas tenir le coup à ceux qui ne travaillent pas. Mais en temps de guerre on ne travaille plus ; et il n'y a plus alors qu'une politique, celle de la Convention Nationale. La politique de la Convention Nationale était de frapper la tête (les mauvaises têtes). On ne remarque pas assez que cette politique n'est pas seulement la seule, mais qu'en outre elle est une politique d'économie et même la seule politique d'économie. Rien n'est meurtrier comme la faiblesse et la lâcheté. Rien n'est humain comme la fermeté. C'est Richelieu qui est humain littéralement et c'est Robespierre qui est humain.

Les régimes de lâcheté sont ceux qui coûtent le

plus au monde et en définitive ce sont ceux qui finissent réellement dans l'atrocité. Et en outre c'est une atrocité de turpitude. Il n'y a que deux politiques. En temps de guerre, les régimes qui ne réduisent pas immédiatement les ennemis de l'intérieur sont inévitablement conduits à massacrer des portions entières du peuple; ou si l'on veut les régimes qui ne commencent pas par mettre au pas les ennemis de l'intérieur, c'est-à-dire, pour les nommer, quelques misérables intellectuels et politiciens, finissent toujours par massacrer le peuple; les régimes qui ne commencent pas par annuler les mauvais bergers, finissent toujours par massacrer le troupeau.....

4. DE LA FILIATION VRAIE DE SAINT LOUIS ET DE JEANNE D'ARC. — En temps de guerre une seule chose importe : ne pas se rendre, ne pas capituler. Si nous avions tenu en 1871, nous savons aujourd'hui très bien et les historiens eux-mêmes avouent que les Prussiens étaient épuisés et que c'était la victoire. Et donc, celui qui ne se rend pas est notre homme, quel qu'il soit, d'où qu'il vienne et quel que soit son parti. Et celui qui se rend est notre ennemi quel qu'il soit, d'où qu'il vienne et quel que soit son parti. Quels que soient les partis, celui qui ne rend pas une place française est le droit héritier de tous ceux qui n'ont pas rendu des places françaises. Rochereau

dans Béfort (et Masséna dans Gênes) sont les droits héritiers de celle qui fit lever le siège d'Orléans. Ils en sont les héritiers spirituels comme ils en sont les successeurs temporels. Ils sont de sa filiation spirituelle et non pas seulement de sa race...

C'est dire que plus une bataille militaire est belle, militairement belle, plus elle est apparentée aux batailles de Jeanne d'Arc. Celui qui ne rend pas une place peut être tant républicain qu'il voudra et tant laïque qu'il voudra. J'accorde même qu'il soit libre-penseur. Il n'en sera pas moins petit cousin de Jeanne d'Arc.

5. DE LA GRAVITÉ ET DU PRIX DE CE TEMPS. — Depuis que nous sommes sous la menace allemande, c'est-à-dire depuis 1905, nous avons toute la tension d'une crise extrêmement grave et en plus nous en avons la durée. Pour garder aux mots leur sens propre, ce qui est nouveau, ce qui caractérise notre temps, c'est que nous sommes dans une *époque* qui devient une *période*. Depuis 1905 nous avons toute la tension, toute la suspension d'une époque; mais cette suspension, cette époque se continue et dure et prend la dimension d'une période. Nous sommes tenus de nous mettre à un point d'exaspération maximum et de nous y tenir ferme et pour ainsi dire aisément comme dans un état qui ne serait point de tension.

Jamais un peuple n'a été soumis à ce régime. C'est proprement un régime de guerre en temps de paix. Nous cumulons la crise de la guerre et la durée de la paix.

Être constamment chargé pour la guerre, au sens où un fusil est chargé; et être constamment chargé des travaux dits de la paix, au sens où un âne est chargé, tel est le double sort auquel il faut que nous fournissions.

Loin donc que notre temps soit d'un moindre prix et loin que le prix de la vie et le prix de l'âme et le prix du salut ait diminué, il apparaît au contraire que nous sommes situés à un banc d'épreuve entièrement nouveau et où il faut nous tenir sans aucune espèce de présomption de l'avenir.

La guerre est la guerre et la paix est la paix. Mais que dire de cette situation qui nous est faite, où l'on nous demande constamment les deux ensemble, où l'on nous demande constamment de cumuler, où l'on nous demande de supporter à perte de vue les misères planes de la paix et en même temps d'être constamment prêts pour les misères éminentes de la guerre. Il est de toute évidence que nous assistons à des événements comme on n'en a jamais vu et que nous avons l'impression que nous allons culbuter sur des événements d'une amplitude inouïe. C'est bien la vieille querelle du monde antique contre les barbares, mais par un accroissement infini en profondeur le monde antique est devenu le monde latin et le monde romain et le monde chrétien et le monde catholique. Mais ce qu'il y a certainement de tout à fait nouveau dans cette situation que l'on nous a faite, dans cette situation dont on nous a honorés, c'est son amplitude et c'est sa nouveauté même.

Merveilleuse compensation des quantités spirituelles! Dans le même temps que le monde moderne se formait comme un système **le plus** contraire qu'on eût jamais trouvé aux règles du salut, dans ce même temps, c'étaient les formes mêmes du monde moderne, nous disons ses formes physiologiques et son moule pour ainsi dire qui devenaient les règles mêmes du salut. On demande des disciplines : en voilà une. Jamais un monde ne s'était insurgé à ce point contre les règles volontaires du salut et jamais un monde n'avait été aussi étroitement placé dans ces mêmes règles involontaires. Tout ce qu'il avait fallu inventer dans d'autres temps, aujourd'hui nous est donné comme la forme même où nous sommes contraints de nous mouvoir. Et s'il suffit d'une seule vie pour faire son salut, que sera-ce d'en avoir deux? Or, nous en avons deux à soutenir. Parce que nous sommes sous le règne de l'argent et par ce resserrement économique croissant qui nous donne l'impression d'un étranglement, nous sommes tellement astreints à la vertu de pauvreté qu'à dire le vrai nous en sommes venus à être astreints à la survertu de misère. Et c'est notre vertu du temps de paix. Et en même temps nous sommes tenus à la plus haute vertu du temps de guerre, qui est l'inconnaissance de demain.

La foi laïque.

Ce livre (1) dédié aux instituteurs et aux institutrices de France est un « dossier », comme dit
l'auteur, formé d'articles de journaux, de rapports, de discours, rassemblés sous un format
commode pour la défense des lois Ferry et de la
politique scolaire qui s'en est jusqu'ici inspirée.
Cette défense s'impose contre les « deux fanatismes », qui, sous prétexte de religion ou d'irréligion, revendiquent à cette heure le droit « d'élever
les enfants du pays dans les sentiments d'hostilité, d'intolérance ou de mépris pour quiconque
pense autrement qu'eux ».

Peu de lectures m'ont laissé une impression
plus pénible. Pour qui a le cœur bien placé, le
genre faux bonhomme est évidemment ce qu'il y
a de plus irritant.

Or, partout dans ce recueil s'étale une probité
fausse, une sincérité fausse, un libéralisme faux,
tout faux. Il s'agit pour M. Buisson : 1° de conte-

(1) *La Foi laïque,* par Ferdinand Buisson.

nir certains amis trop ardents, partisans du mo-
nopole ou d'autres mesures administratives ouver-
tement antireligieuses ; 2° d'entretenir cependant
en eux et de répandre dans le corps enseignant,
au nom de la raison et de la liberté, la haine et le
mépris du catholicisme ; 3° de signaler par quels
prudents moyens, discrets, mesurés et partant sûrs,
on peut avec la législation actuelle mater le *cléricalisme* encore menaçant ; 4° de garder devant
l'opinion aussi bien catholique que libre-penseuse
l'attitude du citoyen uniquement soucieux de justice, de l'homme d'État uniquement soucieux de
légalité, du moraliste uniquement soucieux de tolérance et de vérité.

On est assez long à débrouiller cette duplicité
au carré. Tout d'abord on ne sait trop où l'on est.
Il y a chez ce penseur tant de générosité, tant de
noblesse d'âme, une si ardente aspiration au bien,
un respect du sentiment religieux si profond, un
amour du peuple si entier ! C'est un homme libre,
un sage, qui dans un monde de barbarie et d'oppression s'efforce de répandre un peu de lumière
et de briser les chaînes. Au-dessus de son front
tourne un vol de divinités libératrices, la Raison,
la Justice, la Liberté, la Loi. On est éberlué, on se
demande où il nous mène ; et soudain derrière cette
fantasmagorie on s'aperçoit qu'il prépare contre
les catholiques quelque mesure d'étranglement, de
même que derrière ces sentiments affectés on s'a-

perçoit qu'un seul est réel, profond, agissant, un seul, qu'il refoule mais qui perce malgré tout, la haine inexpiable qu'il a vouée à notre religion.

Ce qui étonne en effet, c'est la ténacité, la constance de cette haine, 1878-1912! Dans ces pages qui reflètent trente-quatre ans de vie publique, on ne relève pas une minute de défaillance, pas un instant de rémission. Voilà qui est vraiment singulier; nous ne sommes pas là en présence d'un anticléricalisme ordinaire. Je les connais les anticléricaux d'il y a trente ans, mon père en était un. Ah! les braves gens, si simples, si généreux, si enthousiastes! S'ils n'avaient pas beaucoup de bon sens politique, ils avaient encore moins de malice. Au fond, ils respectaient la religion; mais ils aimaient la République; et c'était par amour pour elle qu'ils détestaient « les hommes noirs ». Ils parlaient bien, après un bon repas, au dessert, de pétroler les églises et de guillotiner les curés; mais c'étaient pures fanfaronnades, réminiscences révolutionnaires, *flatus vocis*. Ces mêmes hommes mettaient leurs filles chez les bonnes sœurs, pleuraient aux premières communions, et voulaient de la religion pour leurs enfants. Non, ces braves gens n'étaient pas dangereux; leur anticléricalisme, violent mais verbal, était le plus souvent temporaire : on avait sa crise, ça durait six mois, un an, deux ans, et puis ça passait. Je n'ai vu que chez quelques maçons l'anticléricalisme durer une vie. Jamais ces braves gens, s'ils avaient été livrés à eux-mêmes, n'auraient fait contre notre Église aucune de ces lois d'exception qui sont la honte de notre législation. Mais ils n'étaient pas seuls et il a suffi de quelques hommes dans le genre, si j'ose dire, de M. Buisson, souples, patients, opiniâtres, pour utiliser au profit de leur haine ces passions passagères et en elles-mêmes inopérantes.

Comme par hasard ces hommes étaient huguenots.

On va me dire : vous n'avez pas le droit de rappeler à M. Buisson sa confession religieuse. Il a publiquement renié Calvin. C'est un libre penseur. Je répondrai : Le protestantisme français est indélébile. Si affranchi de tout *Credo*, si dégagé de tout dogme, si libre penseur en un mot que se proclame un réformé, il lui restera toujours cette empreinte : qu'il hait le catholicisme. Nous n'y pouvons rien ; il en est ainsi ; et ce fut même une des surprises de ma vie. J'ai beaucoup connu de protestants aux temps de l'affaire Dreyfus. Entre compagnons de lutte l'intimité s'établit vite. Aussi combien de fois ai-je pu faire cette constatation : pour un protestant français, c'est toujours la veille qu'a sonné le tocsin de la Saint-Barthélemy ou qu'a été publiée la Révocation. Hier on massacrait ; hier passaient les dragons. Ni plus, ni moins. Écoutez des « libres penseurs » des « moralistes » comme Payot, Buisson, parler de tolérance : il semble que les pertuisaniers du roi soient encore à leur porte. C'est presque pathologique.

Alors, ils prennent leurs précautions. Dans ces campagnes dites de laïcité qu'ils mènent depuis quarante ans avec tant de suite, d'hypocrisie et de passion, ils sont à la fois poussés par un désir inextinguible de vengeance et la hantise du passé. C'est pourquoi tout leur est bon pourvu que le catholicisme en pâtisse. Un exemple : il est évident que M. Buisson a le tempérament religieux ; quand il suit son mouvement naturel on le sent tout près de confesser Dieu. Or nous le voyons à plusieurs reprises défendre en personne l'athéisme de nos groupements de « Libre Pensée ». Il est leur chef, il les suit. Seulement pour rassurer sa conscience et celle de ses coreligionnaires, il distingue. Il distingue en Dieu le mot et la chose, et, bien entendu, ce sont les catholiques qui usent du mot, mais les athées qui ont la chose. Quelle dérision !

Je me rends bien compte combien ces réflexions sont vaines et vaines ces constatations. Nous avons été vaincus ; qu'importe que la faute en soit plus aux huguenots, ou aux maçons, ou aux catholiques eux-mêmes ! Le fait est que nous avons été vaincus, et non seulement vaincus mais grossièrement roulés. On dit les Français avisés, c'est étonnant au contraire comme ils sont jobards. Quand on voit ramassés dans ces trois cents pages tous les artifices de la dialectique Buissonnienne, on reste confondu : on se demande comment de telles pauvretés ont pu abuser un grand peuple.

Le philosophe Buisson en effet (on dit aussi le penseur, ou encore le moraliste), le philosophe Buisson dispose alternativement d'un jeu de distinctions ou d'un jeu de confusions, et, selon les besoins de la cause et du moment, il fait fonctionner l'un ou l'autre de ces mécanismes. Tantôt ces distinctions lui permettent d'exalter le sentiment du divin en ruinant les credo, ou de servir l'idée religieuse en combattant le cléricalisme, ou encore de défendre la liberté du congréganiste en supprimant la congrégation ; tantôt ces confusions l'autorisent à parler raison quand il s'agit de majorité, ou de justice quand il s'agit de légalité, ou de droits de l'État quand il s'agit de droits de l'homme. Il y a aussi la science qu'il faut protéger contre les dogmes, la morale qu'il faut défendre contre les dévotions, la souveraineté populaire qu'il faut sauver de l'asservissement théocratique. J'en passe. Certes M. Buisson peut tirer orgueil de sa réussite. Jamais sophismes plus creux n'ont produit succès plus plein. Suppression des congrégations, suppression du Concordat, suppression en fait de la loi Falloux : quel anticlérical en 1880 eût cru qu'un quart de siècle les aurait consommées? Mon père alors, je m'en souviens, disait parfois, avec cet air prophétique qu'Hugo avait mis à la mode : « Nous n'aurons pas la séparation avant 1930 ». Il comptait cinquante ans. C'était une manière de dire qu'il n'y croyait pas. Vingt-cinq ans ont suffi. Certes M. Buisson peut être fier de sa victoire.

Et pourtant on le sent troublé. Dans les soixante dernières pages du livre une inquiétude circule. Étrange inquiétude que celle du vainqueur. Sa victoire ne lui donne ni satisfaction, ni sécurité; c'est que, si complète qu'elle soit, elle n'est jamais qu'une misérable victoire temporelle, et c'est l'âme qu'il voulait tuer. Pauvre M. Buisson! Il a eu beau laïciser, l'Église tient bon, l'Église du Syllabus, l'Église romaine, l'Église du pape de Rome. Et le plus fort c'est qu'elle recrute maintenant ses défenseurs chez les fils même des mécréants. Pauvre M. Buisson! il a eu les pères, il n'a plus les fils! Il ne comprend pas, il ne peut comprendre. Il veut espérer malgré tout... c'est l'erreur d'un moment... *Allah! Qui me rendra ma formidable armée?...* Et voilà que ses vieilles mains reprennent les vieilles armes, il les tend aux générations nouvelles. Mais les générations nouvelles ont autre chose à faire qu'à manier cette ferraille. Pauvre M. Buisson! Il nous dit quelque part qu'il est très vieux, que tel Nestor il a vécu plusieurs générations d'hommes; on s'en aperçoit, il n'est plus de notre âge. Certains de ces articles, datés seulement de 1898 ou de 1903, nous semblent déjà remonter à une lointaine antiquité. C'est archaïque, c'est désuet. c'est caduc. On ne voit plus les choses comme cela, on ne parle plus comme cela. on ne raisonne plus comme cela. Cet orgueil intellectuel, cette suffisance scientiste, ce goût de l'abstraction, ce moralisme falot, ce divin amorphe, tout cela est d'un autre temps, d'un autre monde, d'une autre civilisation. Pauvre, pauvre M. Buisson! Les trop longs règnes ont une fin triste, on devrait toujours mourir en pleine victoire; pourquoi donc a-t-il survécu au triomphe de 1905?

Une nouvelle forme
de l'anticléricalisme.

Le livre de M. Paul Sabatier, sur *l'Orientation religieuse de la France actuelle* (1), répond aux mêmes besoins que *la Foi laïque* de M. Ferdinand Buisson, et est écrit dans le même esprit.

M. Buisson offrait aux troupes anticléricales des armes qui avaient déjà fait leurs preuves : son coreligionnaire, M. Sabatier, s'efforce d'en fabriquer de nouvelles. L'un sous un appareil de raison et de légalité, l'autre sous de faux semblants de sympathie, poursuivent une même œuvre qui est la destruction de notre Église et la ruine de notre foi.

On comprend très bien pourquoi les chefs donnent ainsi. L'anticléricalisme a fait son temps. Trop de laideurs ont marqué son passage, trop de déceptions ont suivi son triomphe. Qu'a-t-on gagné à l'expulsion des moines et des sœurs? Qu'a-t·on gagné à la confiscation des biens d'É-

(1) Paris, Colin, 1911.

glise? Temporellement? Spirituellement? Le bilan est facile à dresser. Toutes ces lois d'exception, inquisitions, déprédations, liquidations, ont laissé comme un dégoût au cœur de ceux-là même qui de leurs votes les avaient autorisées. Il suffit dans ma petite ville de passer devant le grand séminaire vide depuis cinq ans; inhabité, inhabitable; invendu, invendable; de voir ces vitres brisées et ces toits gondolés, pour qu'un tel témoignage fasse pointer un remords chez les plus endurcis.

Or, il ne faut pas laisser le remords travailler ces braves gens. Il faut les remonter, leur donner confiance en eux et dans leurs guides. Il faut à tout prix empêcher un retour, toujours redouté parce que toujours possible, vers les erreurs passées. C'est pourquoi, après coup, on s'efforcera de leur prouver qu'ils ont combattu pour une morale supérieure, pour un idéal plus humain, une foi plus large ou plus haute. Ils ne sont plus des inconscients, des brutes grossières et destructrices; ils deviennent les pionniers de l'Avenir, les agents volontaires de l'Énergie en voie d'évolution. les appariteurs de la « société cosmique universelle », que les anciennes religions ont pressentie. que la Science prépare et que la Démocratie réalisera.

En même temps qu'on remonte le moral des vieilles troupes, il importe d'en lever de nouvelles. Nous avons fait la conquête de l'Afrique avec les noirs d'Afrique ; M. Sabatier fera la conquête de la catholicité avec les catholiques eux-mêmes.

Sa fonction, en effet, sa spécialité, son office propre, le voici : tandis que, au Parlement, dans la Presse, dans l'Enseignement, ses coreligionnaires, Buisson, Steeg, Faure, Doumergue, Payot, Bayet, Monod, mènent de front la lutte contre la religion, M. Sabatier, lui, s'est installé en plein camp catholique, et là il tient ouverte une agence de trahison et de désertion. Simple est le jeu : il consiste à s'adresser, bon enfant, aux naïfs, aux incertains, aux aigris. Sottise, fragilité, rancune lui sont de naturels auxiliaires. La voix douce, les gestes mesurés, il les plaint, il les flatte, il les admire.

Il est d'ailleurs plein de respect pour la religion, plein d'admiration et de reconnaissance pour son œuvre séculaire ; elle fut la plus magnifique expression de la vie religieuse de l'humanité. Malheureusement, son temps est fait. Pour s'être figée dans des dogmes immuables, pour s'être imposé le cadre rigide d'une hiérarchie ecclésiastique, elle n'a pu suivre la Vie dans son évolution ; l'Humanité l'a abandonnée sur la voie du Devenir ; il ne reste plus d'elle qu'une forme vide : église, papauté, clergé, poids mort que la Civilisation secoue depuis trois siècles, et que pour la gloire de notre époque elle vient enfin de rejeter.

Vous saisissez les avantages d'une semblable vue d'ensemble : elle plaît par sa simplicité, elle séduit par son aspect de nécessité, elle flatte enfin notre orgueil, et surtout elle va permettre de lutter contre l'Église tout en affectant de servir la religion. Car si l'Église n'est qu'une survivance, il faut impérieusement que le corps social élimine un tel déchet d'évolution, cette élimination étant le plus sûr moyen de sauver l'esprit religieux, qui seul importe. M. Sabatier, qui se tient dans le domaine serein des idées, n'a garde de parler des lois d'exception dont notre république a été si prodigue à l'égard de l'Église; mais après l'avoir lu, qui ne saluerait avec reconnaissance cette législation laïque, maçonnique, démocratique, libératrice, organisatrice, vindicatrice, à laquelle l'esprit moderne doit son affranchissement ?

Observateur « impartial et désintéressé », M. Sabatier ne demanderait pas mieux d'enregistrer de la vie, là où il ne découvre que de la mort. Car, il faut bien le reconnaître — et le cœur pieux de M. Sabatier saigne à cette constatation — l'Église pouvait être sauvée. Il lui suffisait de suivre l'essor émouvant de ce jeune clergé, qui en France, en Suisse, en Italie, concluant l'union de la foi traditionnelle et de la pensée moderne, ouvrait à la vénérable Église Romaine un avenir digne de son passé. Hélas ! on sait assez comment cet essor fut coupé et cet avenir fermé par le pape Pie X. Le divorce est accompli désormais entre l'Église et la conscience moderne ; et tandis que celle-ci poursuit sa marche vers le divin, celle-là, soudain vidée de vie, n'est plus qu'une maison branlante et désertée sur la route indéfinie du progrès.

Si vous êtes curieux maintenant de savoir quelle est cette foi laïque que notre civilisation porte dans ses flancs, M. Sabatier, ouvrant les livres « d'éminents penseurs » qui, comme par hasard, se nomment Guyau, Pécaut, Wagner, Payot, Séailles, Buisson, Delvolvé, nous révèle que Dieu « n'étant pas encore totalement manifesté », notre devoir est non seulement de le « pressentir, mais surtout de le « créer ». Comprenez bien cette métaphysique nouvelle : dilué à l'état de divin dans le monde, Dieu n'est encore qu'une « énergie inconnaissable en voie d'évolution vers une conscience de plus en plus intense ». C'est un état évidemment fâcheux. Aussi, quand pour modeler sa masse amorphe, Dieu a la chance de rencontrer des opérateurs comme MM. Sabatier et ses amis, vous pensez quel progrès il réalise tout d'un coup vers l'organisation définitive ! O prodigieuse maïeutique ! ô laïque enfantement ! que ces hommes sont grands ! Les Titans renversaient Jupiter ; eux, ils engendrent Dieu ! Qu'est-ce qu'un Pape, devant ces Déipares ?

A quoi bon poursuivre l'inventaire de telles misères? On retrouve utilisées dans ce livre toutes les petites habiletés, toutes les basses manœuvres, toutes les roueries habituelles à nos politiciens. Ainsi, M. Sabatier nous engage gravement à « aimer et à comprendre » nos adversaires. J'avoue, pour ma part, que mieux je le comprends, moins je suis porté à l'aimer. Il nous engage encore à « maintenir la discussion dans la région sereine des idées ». J'avoue que je n'ai nul goût pour les débats parlementaires ou académiques. La vie n'est pas un salon où l'on cause, ni une parlotte où l'on oppose des raisonnements, ni une salle de meeting où l'on fait valoir son éloquence. Elle est un champ de labour, parfois de bataille. Mais si l'on se bat, grand Dieu, que ce soit à visage découvert !

Nous nous refuserons désormais à nous occuper de M. Paul Sabatier. Il nous suffit de l'avoir démasqué.

Une indication pour terminer : l'anticléricalisme lanternier est de plus en plus hors d'usage. Hors d'usage aussi l'anticléricalisme à la Sébastien Faure, la célèbre marque « ni Dieu, ni maître ». Tout fait prévoir que le public adoptera de plus en plus l'anticléricalisme modèle 1911, marque « Sabatier-orientation ». C'est d'ailleurs, il faut le dire, ce qu'on a fait de mieux dans cet article, élégant, portatif, et d'un rendement incomparable.

10.

On ne dira donc plus, comme il y a dix ans : pour croire, il faut n'être pas intelligent ; on dira désormais : pour croire, il faut n'être pas catholique. Nos actuels athées seront bientôt les croyants, les vrais croyants, les seuls croyants. Et les braves gens ne s'y reconnaîtront plus.

Il leur faut pourtant un moyen de discernement, aux braves gens. En voici donc un que je leur propose en toute modestie ; je le tiens du citoyen Willm ; il le tenait lui-même, disait-il, du vieux communard Lissagaray.

C'était un soir d'été, à Rennes, sous les Lices, en 1899 ou 1900 : « Quand l'heure sera trouble, citoyens, clamait-il, quand le devoir sera obscur, quand, les mensonges bourgeois ayant épaissi l'atmosphère, vous aurez perdu le bon chemin, alors, ô alors ! citoyens, pour retrouver la route du progrès démocratique et social, regardez par où vont le Sabre et le Goupillon, et, sans hésitez, tournez-leur le dos ».

Le Sabre et le Goupillon ! Je traduis, la Patrie et l'Église, j'ajoute la Famille, et je dis : Chaque fois qu'une lecture, de ton si élevé semble-t-elle, affaiblit ou tend à affaiblir en vous, — ensemble ou séparément, — le sentiment familial, le sentiment patriotique, le sentiment de fidélité à l'Église (romaine, cher Monsieur Sabatier), inutile d'examiner plus avant ; c'est une lecture mauvaise.

III

LES TÉMOINS DU RENOUVEAU CATHOLIQUE

III

LES TÉMOINS DU RENOUVEAU CATHOLIQUE

MAURICE BARRÈS [1]

Voilà quatre ans que M. Maurice Barrès mène, et au Parlement comme député, et devant l'opinion comme écrivain, sa vigoureuse campagne en faveur de nos églises. Comme il fallait s'y attendre, il a gagné devant l'opinion et perdu au Parlement. Le résultat, c'est d'une part le beau livre que nous présentons aujourd'hui à nos amis, et d'autre part la constatation que notre république parlementaire s'accommode fort bien de la ruine de nos églises. Au reste, c'est le contraire qui nous eût surpris.

D'après la loi de Séparation, les églises devaient être remises aux associations cultuelles, à

---

[1] *La grande pitié des églises de France* (Paris, Émile-Paul, 1914).

charge pour celles-ci de les entretenir. La cons-
titution des cultuelles ayant été interdite par le
pape, les églises ont été données aux communes.
Depuis lors, la commune est propriétaire et le
prêtre « occupant sans titre ». On voit d'ici quel
parti les maires radicaux peuvent tirer d'un tel
état de choses; ou plutôt il faut lire ce qu'en
raconte Maurice Barrès, car l'imagination des
honnêtes gens est naturellement impuissante à
concevoir ce que sans nul effort invente la barbarie d'un Triboulet.

En fait, la commune a triple droit, premièrement de ne pas entretenir les édifices devenus sa
propriété, deuxièmement de refuser aux fidèles
la faculté de subvenir à cet entretien avec leur
propre argent, troisièmement de refuser à l'État
de les classer parmi les monuments historiques.

En bref, les vandales sont tout-puissants.
Douze cents églises se sont écroulées ou ont été
abattues depuis huit ans. Toutes les autres, dans
un temps plus ou moins long, sont vouées à la
ruine.

C'est cette prévision, déjà redoutable il y a
quatre ans, qui détermina l'action de M. Maurice
Barrès. Il s'est dit : les églises n'appartiennent
pas seulement aux catholiques croyants et pratiquants, elles sont du patrimoine de la France;
nous les avons reçues des ancêtres, nous devons

les transmettre à nos descendants. Tous les Français dignes de ce nom sont intéressés à leur maintien. Il n'est pas possible qu'il se trouve un gouvernement assez barbare pour détruire ces sources de vie spirituelle. Et toute l'autorité qu'il tient de son œuvre, toutes les ressources qu'il tient de son génie, il les a consacrées pendant quatre ans, dans la presse et au Parlement, dans les couloirs comme à la tribune, à grouper en dehors des confessions et des partis une élite d'esprits libres, d'hommes cultivés, une sorte de bataillon de la Haute Civilisation, capable, espérait-il, de faire peur à la Bête et de sauver nos églises.

Voici donc comment M. Maurice Barrès a posé la question. Écoutez-le, et voyez s'il était possible de trouver langage plus propre à émouvoir et à convaincre :

« Le sentiment religieux existe : l'église dans le village est ce sentiment rendu visible. Ces églises sont idéologiques, les seuls édifices idéologiques qu'ait le peuple, c'est-à-dire chargés uniquement d'idées qui ne représentent pas de la besogne. Respectez ces pierres nécessaires au plein épanouissement de l'individu.

« L'église plantée sur la place du village assainissait le sol. Autour d'elle la plante humaine se développait dans un air de civilisation. C'est dans les poèmes de l'Église qu'au village on se forme et se nourrit le cœur.

« Une église dans le paysage améliore la qualité
de l'air que je respire. Parfaitement! ce qu'il y a
de plus vivant et de plus noble chez les gens de
France et chez moi s'accroît dans l'atmosphère
catholique.

« J'appelle tous les esprits nobles à se masser
sous les murs du Christ civilisateur au village. »

En conséquence, Maurice Barrès proposait de
classer en bloc toutes les églises jusqu'à l'année 1800. Pour les autres, l'État inscrirait une
somme globale à distribuer comme subvention,
qui interviendrait lorsque la commune en ferait
la demande, ou s'ajouterait à l'apport des citoyens
désireux de restaurer ou de réparer leur église.

Rien de plus simple, on le voit, rien aussi de
plus modeste. Il semblait qu'une telle proposition dût réunir tous les suffrages. Vous allez voir
comment M. Maurice Barrès fut, comme il le
dit, mystifié.

Il s'appliqua tout d'abord par des conversations
de couloir à attirer sur la question le bienveillant
intérêt d'une élite. La masse suivrait. Devant
Barrès aucun homme intelligent, fût-il député
radical, ne voudrait passer pour un barbare. De
même donc que nous avons vu des catholiques
trahir leur foi pour ne pas prêter à sourire à
quelque augure du parti intellectuel, de même il
trouva des radicaux prêts à trahir le laïcisme
pour ne pas encourir son mépris. Sembat fut de

ceux-là. Sa vanité n'est jamais plus voluptueuse-
ment chatouillée que quand Barrès ou Maurras
écrivent : Un homme comme Sembat... M. Barrès
peut toujours compter sur toutes les signatures
qu'il voudra de Marcel Sembat. Il peut de même
compter sur celles de M. Ferdinand Buisson.
M. Buisson est l'homme de l'étranglement légal.
Son instrument, c'est un petit article de loi de
rien du tout, ou mieux encore, un petit para-
graphe de règlement d'administration. Ça n'a
l'air de rien, quelques mots incolores sur le
papier de l'Imprimerie Nationale : un honnête
homme n'y voit que du feu. Avec cela, on ferme
cinq cents écoles et on exile dix mille Français.
Si là-dessus on rencontre M. Barrès, de quel
cœur lui donnera-t-on une signature inopérante !
inopérante pour M. Barrès, non pour M. Buisson,
car elle étaye sa façade d'homme libre, de vieux
sage, de Nestor, comme il aime à se nommer.
Albert Thomas, Joseph Reinach, Henry Chéron
signent avec empressement. Il n'est pas jusqu'à
Jaurès qui ne se sente plein de tendresse pour
nos églises.

Mais derrière l' « élite », il y a la masse solide
des gens de bon sens, qui savent ce qu'ils doivent à l'anticléricalisme et qui sont tout à fait
indifférents à l'estime ou au mépris d'un homme
de lettres comme M. Maurice Barrès. L' « élite »
d'ailleurs le sait très bien, et, si elle a marché,

c'est qu'elle était sûre de ne pas être suivie.

Je trouve M. Barrès tout à fait injuste pour ces radicaux de bon sens. Il est facile de railler leur barbarie. Mais enfin c'est cette barbarie qui les nourrit. L'anticléricalisme c'est leur vie, leur métier, leur habitude, leur seconde nature. Et vous allez demander à ces gens-là de s'intéresser aux églises? Comme le dit très bien M. Beauquier : Ce que je n'aime pas dans les églises... c'est la religion. Quand une église tombe, un curé s'en va. Félicitons-nous. L'écroulement des églises, le départ des curés, mais voilà justement ce que nous poursuivons depuis trente-cinq ans; et c'est au moment où le but est atteint qu'on nous engage à lâcher prise. Ces artistes se moquent de nous.

« Hautes églises de France, s'écrie M. Barrès dans la cathédrale de Reims, que pensez-vous faire? Dans votre péril, au milieu de tant de bassesses, d'ignorance, de haine, et quand l'ennemi brisant nos efforts donne l'assaut à vos murailles, quels moyens réservez-vous? La vieille cathédrale me répond : « Je formerai les petits « enfants. »

« Former les petits enfants ». Mais, n'est-ce pas précisément ce que se propose le laïcisme? Alors?

Il y eut, à plusieurs mois d'intervalle, trois débats à la Chambre : le premier se termina sans aucune sanction; le second eut pour conclusion le rejet des propositions de M. Barrès; le troisième... Ah! le troisième... De jeunes radicaux, soucieux de ne point paraître barbares, apportèrent un de ces amendements qui perdent sûrement ce qu'ils affectent de sauver. L'amendement fut voté d'emblée, ce qui permit au *Temps* d'émettre cette appréciation si savoureuse dans sa contradiction : « M. Barrès n'a pas obtenu gain de cause : il a tout de même gagné la partie ». Il faut bien être poli, n'est-ce pas. Mais cet amendement, qui sans donner gain de cause à M. Barrès, lui faisait cependant gagner la partie, cet amendement lui-même sembla dangereux à nos Pères Conscrits : dans sa sagesse méfiante, le Sénat le rejeta.

Les églises n'avaient plus qu'à s'écrouler.

*
* *

Par bonheur, il y a un autre pouvoir que celui du Parlement. Pour agir sur le Parlement, il faut être en dehors du Parlement. Une force organisée, extérieure à lui, est bien plus apte à lui imprimer une direction qu'une minorité interne, empêtrée dans des combinaisons de parti. C'est ce qu'après quatre ans d'efforts — vains, hélas! — M. Maurice Barrès nous enseigne dans la conclusion de son livre.

Le salut, il l'attend d'une part d'une coalition
rassemblant les imaginations, les sensibilités,
toute la haute intelligence ; de l'alliance de tous
ceux — d'où qu'ils viennent — qui possèdent le
sens du mystère et le génie de la vénération.
Il l'attend surtout des catholiques eux-mêmes :
aux fidèles d'être fidèles, aux prêtres d'être saints :
« La solidité physique des sanctuaires, c'est
d'être moralement féconds ».

A nous donc catholiques, de tenir le coup.
L'Église a connu d'autres épreuves. Avec nous,
grâce à nous, par nous, elle traversera bien
encore celle-là. « Ils démolissent les églises.
Nous en rebâtirons toujours. Nous bâtirons toujours des églises de pierre. Nous rebâtirons toujours des églises temporelles. Nous édifierons
toujours des églises périssables. »

« Mais il y a une église qu'ils n'atteindront
pas. Il y a une Église de Dieu qu'ils n'atteindront pas. Il y a une Église dans le ciel. Dans le
ciel de Dieu, il y a une Église éternelle, qu'ils
n'atteindront jamais (1)... »

*
* *

En dehors de ces misérables débats parlementaires, où tout ce qui est raison, justice, civi-

(1) CHARLES PÉGUY, *Le mystère de la charité de Jeanne d'Arc*,
p. 91.

lisation, patrie, détonne et semble déplacé, ce qui fait la beauté de ce livre, c'est la profondeur et la sincérité du sentiment français qui l'anime. Comme M. Maurras, M. Barrès ne peut supporter l'idée que l'Église tombe jamais, parce qu'il sent bien que sa chute entraînerait celle de la France. C'est l'Église qui a fait la France et c'est elle, par les vertus qu'elle a inculquées à la race, qui la maintient encore. Lutter pour l'Église, c'est lutter pour la France. Et voilà pourquoi, dans toutes les attaques que nous aurons à repousser. au milieu de tous les dangers qui nous pressent ou nous menacent, nous sommes toujours sûrs d'avoir avec nous M. Maurice Barrès.

Mais il faut bien faire attention que ce grand écrivain et ce grand Français est tout ce qu'on voudra sauf un catholique. Au point de vue purement religieux, il me semble même parfois plus éloigné de nous. plus étranger que tel notoire adversaire. Je n'en veux pour preuve que ce chapitre pré-final si curieusement intitulé *La Mobilisation du Divin* :

« Arbres fatidiques, dames fées des prairies et des sources, mystérieuse respiration des bois, vent du soir qui passe à travers les taillis, ô sentiments fragmentaires! Je ne vois pas dans la nature les dieux tout formés des Anciens, mais elle est pleine pour moi de dieux à demi défaits. Toute une végétation subsiste au fond de nos cœurs, tout un univers submergé. Ames du purgatoire, aïeux qui réclament des libations sur leurs tertres, génies des lieux et mes propres sentiments réveillés, toutes les épaves religieuses de la vieille race m'appellent... Il faut dégager et unifier tout le domaine du sacré... c'est l'heure d'achever la réconciliation des dieux vaincus et des saints... Pour maintenir la spiritualité de la race, je demande une alliance du sentiment religieux catholique avec l'esprit de la terre ». Cette religiosité toute nourrie de littérature romantique (panthéisme, individualisme), est manifestement ce qu'il y a de plus contraire au catholicisme. M. Henri Massis note très bien par ailleurs « à quelle régression conduirait cette pensée par où l'extrême culture rejoint la barbarie ».

Sous cette réserve, il importe de faire une remarque qui me semble capitale au point de vue de l'histoire des idées. M. Maurice Barrès est toujours le fils spirituel de Renan : en lisant son dernier livre, il est impossible de n'y pas sentir l'influence ineffaçable de celui qui a formé sa jeunesse. Cependant il y a cette différence totale que, selon Renan, qui perd la foi fait un gain, progresse, devient plus civilisé. Et c'est l'idée directrice de tout le mouvement de laïcisation.

Tandis que pour Barrès, qui perd la foi fait une perte, subit une diminution, un affaissement.

Dans ce nouveau système de valeurs, le croyant réalise un type humain supérieur à l'incroyant.

C'est ce retournement qui, mieux peut-être qu'une conversion retentissante, est plein de signification et de promesse.

ÉMILE BAUMANN [1]

Le philosophe Georges Sorel constatait dans une récente étude le réveil de l'âme française. Ce réveil il le voit se manifester dans la renaissance simultanée de la foi catholique et du patriotisme.

Pour ne parler que de la religion, c'est un fait remarquable, que l'anticléricalisme, après avoir nourri une bonne part des élites du xix° siècle, n'est plus aujourd'hui que la pâture de quelques Homais grotesques. C'est un fait non moins remarquable que les quelques grandes œuvres littéraires de ces dernières années sont toutes animées d'un souffle religieux.

Avant la publication de cet *Immolé* qui a valu à son auteur une prompte et noble célébrité, Baumann s'était acquis dans le domaine plus restreint de la critique musicale une place éminente avec *Les grandes formes de la Musique.*

[1] *L'Immolé. La Fosse aux lions. Trois villes saintes.*

Ce premier livre révélait un écrivain de race.
Jamais forme plus colorée, plus plastique, plus
harmonieuse n'avait traduit le charme mystérieux des sons. Il réussissait ce miracle d'exprimer l'inexprimable. Sans cesse, au long de cet
ouvrage, l'image modèle aux yeux et module à
l'oreille la phrase musicale qu'elle interprète et
révèle en même temps à l'esprit le sens profond
qui en fait la beauté.

L'Immolé n'a point démenti un tel début.

Ce roman est une sorte d'évangile de la souffrance. C'est dire qu'il vient à son heure. Si
jamais en effet on ne l'a plus désespérément
rejetée qu'à notre époque, si jamais tant de faux
prophètes n'ont élevé leur fortune sur la promesse de l'avènement prochain d'un bonheur
terrestre universel, jamais il n'était plus nécessaire que ces mensonges fussent dénoncés et
qu'on rétablît à leur rang, qui est le premier,
les éternels principes de vie : le sacrifice et la
charité.

Celui qui sera bientôt l'Immolé, Daniel Rovère,
envisage au début la vie comme un apostolat héroïque et joyeux. Il ira par les villages et
les usines : l'Évangile en main il expliquera —
même aux brutes, surtout aux brutes — le
royaume de Dieu. Ils ont du pain maintenant,
mais ils manquent de foi ; il ira leur en verser
dans les moelles. de la foi, il les en bourrera jus-

qu'au cœur. « Il faudra bien qu'ils voient la vérité et qu'ils soient heureux ».

Il ignore qu'un apostolat ne peut être fécond que quand la souffrance a modelé l'Apôtre.

Mais la souffrance est proche : le suicide mystérieux de son père, la lente consomption de sa mère, un tragique amour qui se dénoue dans la stupeur d'effroyables révélations, la misère, la honte, la maladie, l'effort du pain que l'on gagne et de la dette qu'on paie, tout cela, loin d'abattre sa force, l'exalte ; parce que, les yeux fixés sur la Croix, il sait que ces épreuves sont un signe d'élection.

Elles lui révèlent que sa mère et lui sont choisis pour racheter les crimes de leur race, ils portent les douleurs et les péchés de trop d'âmes. Ils souffriront bien peu pour les expier.

Elles lui révèlent qu'aucun bonheur ne vaut celui du croyant qui dans l'allégresse du sacrifice librement consenti allège pour Dieu le fardeau du monde en faisant de ses moindres actes un contre-poids à l'effroyable désordre des créatures.

Souffrir pour se purifier ; souffrir pour se rendre plus semblable à Jésus ; souffrir pour être un bon témoin, car les « martyrs » sont des témoins qu'on croit : souffrir enfin pour payer les tristes joies auxquelles se ruent nos frères égarés et les crimes qu'elles entraînent, voilà l'unique moyen d'instaurer le royaume de Dieu.

La Religion est une doctrine de vérité, parce qu'elle est une doctrine de vie. Le monde, en effet, ne vit que par la joie du sacrifice, et cette odeur de mort qu'exhalent nos sociétés modernes, ne voit-on pas qu'elle monte de l'amoncellement de nos sales égoïsmes ?

C'est contre ces égoïsmes que Daniel mûri par la douleur et grandi par elle va tendre l'ardeur d'une totale charité. Hélas, le martyre clôt bientôt cet apostolat : un jour d'émeute, il est cloué à la porte d'une église qu'il défend seul contre une foule carnassière.

Mais un tel holocauste ne reste pas vain : la chrétienté a tressailli à la pensée qu'un homme s'était offert pour elle. Imparfaitement guéri, le genou broyé, la poitrine froissée, certain d'un court avenir périssable, il trouve un réconfort à savoir que son impotence de malade sera une offrande satisfactoire pour les égarements et les blasphèmes de ses assaillants. Il trouve aussi une joie inespérée à voir ses infirmités plus fécondes que ne l'eût été sa parole : son influence acquiert une force invincible. Son entourage est illuminé du rayonnement de sa foi. Fantôme douloureux, il demeure en ce monde pour offrir aux yeux la figure d'un crucifié.

« La paix des grandes victimes était sa récompense, et les heures désormais prenaient un son divin, car elles rythmaient l'approche de l'Infini. »

* *

Nous ne faisons pas dans notre *Bulletin* de critique proprement littéraire. Ce qu'on appelle la Beauté ne nous intéresse, nous chrétiens, qu'autant qu'elle peut nous aider à vivre plus chrétiennement. Qu'elle tende à rendre le vice aimable, à parer sa hideur foncière du charme de la tentation, elle nous est aussitôt ennemie et nous la rejetons sans regrets comme sans pitié; nous haïssons le vice et doublement le vice aimable. La vie n'est pas un jeu, nous savons le prix de l'effort, l'incertitude de la victoire; ce que nous demandons à l'art, c'est donc un aliment, un cordial. Les Sirènes peuvent chanter, nous n'avons que faire de leurs chants. Pour nous est mauvaise, néfaste, impie, toute œuvre, si belle soit-elle, qui engourdit nos puissances d'agir et alourdit notre élan vers la délivrance.

De ce point de vue, les distinctions d'école sont vaines; et c'est folie de réprouver une œuvre parce que telle de ses parties, tel de ses aspects rappelle une forme d'art généralement condamnée.

Parce que *la Fosse aux lions* présente quelques types atroces, parce que ce roman étale avec une vigueur farouche quelques scènes effroyables, un critique referme le livre et s'écrie avec indignation : « Mais, c'est du naturalisme, c'est du Zola ! »

Je ne crois pas qu'on puisse commettre un contre-sens plus lourd.

Ce qui nous rend inhabitable la maison de Zola, c'est un épais matérialisme, cette grossière sensualité dont il pétrit tous ses personnages. Ses hommes sont des bêtes, ses femmes deux fois des bêtes, et ses foules je ne sais plus quelle bête apocalyptique. Il n'y a guère que dans *Germinal* où une telle conception de la vie correspondant à un certain ordre de misère sociale et de barbarie a réalisé une œuvre terrible et grandiose, belle indubitablement.

Mais comment l'art de Baumann rappellerait-il l'art de Zola? Le naturalisme consiste, étant donnée une conscience humaine, à en amputer ce que les moralistes appellent le moi supérieur et à examiner complaisamment ce que devient le moi inférieur ainsi libéré. On lâche dans la circulation une bête humaine, dix bêtes humaines, cent bêtes humaines, toute une lignée innombrable de bêtes humaines; on note patiemment les horreurs qu'elles commettent; et l'on fait cinquante volumes; on en ferait aussi bien cent.

Baumann crée des hommes et non des bêtes.

Seulement, l'humanité n'est pas formée que de Saints. Satan existe et le péché n'est pas un mot. Enveloppée de matière et d'égoïsme, notre dure vie terrestre se meut dans le péché naturellement, originellement. Elle y demeurerait enlisée, sans la Rédemption.

L'artiste chrétien ne peut fermer les yeux au péché. Si le mal est partie intégrante de notre vie, comment le méconnaîtrait-il? Seulement, il ne fait pas de l'art pour l'art : le mal, le bien ne sont pas pour lui des éléments indifférents, simple matière à façonner selon les lois d'une esthétique impassible. Dans son œuvre, le mal tiendra la même place que dans la vie : mais éclairé par la foi de l'artiste, il nous apparaîtra sous son vrai jour, le jour cru du jugement. Nulle crainte alors qu'il nous fasse illusion, nous abuse et nous tente. Sa hideur démasquée redouble en nous l'élan de la rédemption.

C'est dans cet esprit de clairvoyance chrétienne que Baumann traite les réalités mauvaises que lui découvre son expérience des hommes ; et c'est dans le même esprit qu'il instaure les saines réalités que vivifie la foi.

Naturaliste, non ! c'est surnaturaliste qu'il faut l'appeler. Peu de croyants ont à un tel degré le don de seconde vue mystique. Son œil d'artiste, qui retient avec tant de netteté l'aspect pittoresque des êtres et des choses, distingue sous leurs apparences sensibles, le jeu des forces invisibles. Dieu, Satan, les anges, les démons, les saints sont partout présents ; on sent ces essences surnaturelles circuler dans son œuvre comme elles circulent partout autour et au dedans de nous. Cette spiritualité affleure jusque dans le détail du style :

« Au bas de la côte étaient tassées quelques chaumines ; leur façade *se signait* d'une croix blanche. »

« Dans le silence du peuple *la liesse de Pâques tressaillait.* »

« Il articula d'une voix large et émue la bénédiction des époux, cette auguste oraison qui *agrafe un manteau de gloire* au cou de la plus infime mariée. »

Qui donc écrit de ce style aujourd'hui ?

Cette saisie directe des réalités spirituelles illumine et transfigure tout. Sous les vices du comte de Bradieu, sous son avarice, son ivrognerie et sa luxure, on voit se tordre et grimacer une horde victorieuse de démons ; sous la mystérieuse figure de Diane, c'est Satan que l'on devine, Satan lui-même qui l'investit de ce charme oppressif, et la dresse sous les yeux de Philippe comme une idole de luxurieux orgueil. Par contre, dans l'énergie de Philippe, dans sa vigueur de rustique, dompteur de bêtes et meneur d'hommes, dans sa volonté de créer une descendance laborieuse et chrétienne, dans son effort pour sauver un coin de France d'où la foi s'en va, nous voyons collaborer du haut du ciel l'intercession d'une sainte mère, du fond d'un cloître les prières d'une sœur carmélite, près de lui l'amour pieux de sa femme. Il ramasse en lui la robustesse d'une race terrienne, les mérites d'immolations voisines, l'élan d'une foi loyale. Malgré les épreuves, malgré les défaites, comment ne serait-il pas victorieux ?

Le christianisme est une incomparable école de vie parce qu'il nous enseigne l'ordre exact des valeurs : vues sous l'angle de la damnation et du salut les choses se situent d'elles-mêmes à la place que le Créateur leur a assignée; elles y prennent leur véritable aspect et nous proposent leur signification propre.

Vous savez ce qu'on fait de l'amour dans nos littératures modernes, quelles grimaçantes caricatures on en donne et comment sous la plume de nos auteurs il devient le prétexte et la justification des pires errements et des mœurs les plus mortelles.

Dans les cœurs chrétiens de Philippe et d'Alix, il dépouille au contraire toute préoccupation de volupté égoïste et concentre les énergies de l'être sur la fin supérieure qu'il poursuit : la fondation de la famille, la perpétuité de la foi. Paternité, famille, paroisse, patrie, chrétienté : voilà les

cercles de plus en plus vastes où se dilatent les
cœurs des jeunes époux. Mais n'est-ce pas là, en
même temps, les mailles de la chaîne éternelle
qui lie l'humanité vivante au Dieu vivant?

De même le travail, et plus spécialement dans
ce roman vendéen, le travail de la terre ne se
poursuit plus dans l'unique désir de lucre; il devient une lutte contre la matière ingrate, une
expansion féconde et joyeuse de l'énergie humaine, une collaboration avec le Dieu créateur.
Qu'elle est virile et émouvante, l'ivresse de Philippe, lorsqu'il voit par la fenêtre du château ses
métiviers couper les épis lourds, tandis que sur
son lit douloureux sa femme enfante un fils!
« Dieu le même jour versait à deux mains entre
les siennes la richesse de sa maison. »

Le catholicisme de Baumann toujours profond,
toujours émouvant, a des aspects trop souvent
terribles. Je constate qu'à certains de nos amis
encore incroyants il inspire plus d'effroi que
d'attrait. Très capable d'impressionner vivement
un fidèle, il reste sans prise sur l'infidèle. Il est
abrupt. Il lui manque cette cordialité, cette effu-
sion, cette grâce limpide, fluide, pénétrante, qui
ranime les âmes les plus endurcies. Or, c'est de
cette grâce que notre époque a soif. Nos frères
incroyants ont besoin de Jésus, ils ont besoin de
Marie. Le Père, ils n'osent lever les yeux sur sa

grandeur ; l'Esprit, ils redoutent sa lumière ; mais Jésus, le frère perdu, Marie, la mère délaissée, ils se surprennent à les attendre encore dans l'angoisse secrète de leur cœur. O Marie, rose mystique, étoile du matin, refuge des pécheurs, consolatrice des affligés, c'est à vous, source de notre joie, qu'on doit toujours recourir.

Voilà pourquoi je souhaiterais que le beau génie de Baumann se détournât résolument des horreurs démoniaques pour nous ouvrir les portes d'or des filiales béatitudes.

Marie n'apparaît pas dans son roman : faut-il s'étonner qu'il soit si sévère ?

*

* *

Trois villes saintes ! Voici un des livres les plus émouvants et les plus purs que je connaisse.

Il fera certainement date dans la vie de son auteur.

Il marque, en effet, non pas un progrès dans la forme — pour le style Baumann a toujours eu une fermeté, une vigueur de maître — mais, si l'on peut dire, un changement de climat. Nous quittons cette humanité lourde de chair qui, dans *l'Immolé* ou *la Fosse aux lions,* appesantissait l'essor de saints comme Daniel Rovère ou de héros comme Philippe de Bradieu. C'est un autre monde, une autre atmosphère. Nous avons le sentiment d'une ascension; nous ne sommes plus dans le bas pays, les pieds collés à la terre grasse au milieu de végétations luxuriantes, nous respirons sur les sommets la brise allègre du plein ciel. D'ailleurs, s'il est dans l'ordre que les premiers livres d'un auteur épuisent ce que son expérience porte de tumultueux, qui s'étonnera que chez un artiste chrétien la prière quotidienne épure son génie en même temps que son cœur, et que chaque œuvre soit une étape dans la voie de l'affranchissement?

« La foi catholique est le sang de mes veines; si elle ne battait en moi, je ne me concevrais point existant et je ne puis envisager les hommes que sous la clarté de deux faits auxquels se ramènent tous les autres : la chute et la rédemption. Vers celle-ci une seule voie nous porte, la voie où le Fils de Dieu a imprimé ses pieds meurtris, celle de l'immolation dans l'amour. »

On le voit à cette déclaration passionnée, un homme comme Baumann est plus chrétien qu'artiste, et si dans ses ouvrages précédents l'artiste, à de certains moments, contrariait le chrétien, l'heureux succès que marque un livre comme celui-ci, c'est qu'une fois pour toutes le chrétien s'est bien subordonné l'artiste. Il est des hauteurs qu'on ne quitte plus. Pendant deux ans la sainteté s'est imposée aux méditations de notre ami sous ses aspects les plus touchants et les

plus merveilleux, comment voudrait-on qu'après
avoir manié une telle matière, ses mains pussent
à nouveau modeler la glaise des passions vul-
gaires?

C'est « une volonté de recueillement » qui l'a
conduit dans ces trois voyages d'Ars-en-Dombes,
de Saint-Jacques de Compostelle et du Mont
Saint-Michel, et nulle part il n'oublia pourquoi
il était venu. Il ne s'agit donc point ici de promenades d'archéologue épris d'antiques vestiges
ou de poète épris de pittoresque. Il s'agit d'un
pèlerinage au sens chrétien du mot. Et c'est ce
qui fait l'émotion du livre. Le pèlerin n'est pas
un touriste ; il ne demande pas au voyage dis-
traction, plaisir ou enseignement. C'est un croyant
qui va chercher en un lieu béni de Dieu l'intimité
d'une présence surnaturelle et dans cette intimité
puiser un amour plus vif, une force plus assurée.
Tel est parti Baumann.

Sans doute il n'a pas détourné les regards des
spectacles accidentels de la route ; des paysages
sont entrés dans ses yeux, paysages, qu'à son
habitude, il sait nous rendre d'un trait : ce sont
ces monts de Galice, qui pressent dans leur
vasque verte la campagne exubérante, ou ces
collines vêtues d'arbres graves dont les ombres
tombent sur des eaux céruléennes, ou par la côte
normande le vent salé qui balaye une toison
grise d'embruns. Mais ce n'était pas pour ces

paysages, si beaux fussent-ils, qu'il était là, c'était pour le saint, l'apôtre ou l'archange ; et l'ardente simplicité de sa foi excluant de son cœur toute préoccupation artificielle, c'est le saint, l'apôtre et l'archange qu'il a rencontrés. Nous les voyons, lui devant eux, eux devant lui. Sa volonté de communion, sa puissance de sympathie les arrachent pour ainsi dire à l'au-delà, les restituent à notre monde, les rendent présents, palpables, manifestes. Leur bénédiction descend sur nous, nous goûtons la douceur de la sainteté.

O l'étroit confessionnal du bienheureux Vianney, sa paillasse enflée d'un fagot, le cilice dont il aimait la morsure ! Une vertu mystérieuse reste attachée à ces objets ; l'inerte matière garde plus qu'un souvenir de l'esprit qui la sanctifia ; les pierres elles-mêmes n'ont point oublié ; et, sous la voûte de l'église, tinte encore la voix qui disait : « Quand une âme est pure, ce n'est plus elle qui fait la volonté de Dieu, c'est Dieu qui fait la sienne. »

Baumann cite des mots du bienheureux ; il devrait bien nous dire où il les prend. En voici quelques-uns qui se sont imposés à ma mémoire et qui, une fois accueillis, concentrent sur eux la méditation :

« Nous sommes faits en forme de croix.

« J'ai vu bien des hommes se repentir de n'avoir pas aimé Dieu, mais pas un qui se repentît de l'aimer.

« Les saints sont moins heureux que nous, ils vivent de leurs rentes, ils ne peuvent plus rien gagner.

« Quand même il n'y aurait pas d'autre vie, ce serait un assez grand bonheur d'aimer Dieu dans celle-ci.

« Le cœur des méchants est comme un morceau de viande gâtée que des vers se disputent.

« D'une âme en qui réside l'esprit, sort une odeur semblable à celle d'une vigne en fleurs. »

Ce qui ressort surtout de cette vie, c'est l'ineffable grandeur du prêtre. Le prêtre, c'est Jésus-Christ continué dans ses membres qui souffrent en son lieu, puisque sa chair et son âme de gloire ne peuvent plus pâtir. « Oh! que le prêtre est quelque chose de grand! S'il se comprenait, il mourrait. Le miracle de la consécration est un miracle plus grand que de ressusciter un mort. D'un morceau de pain, le prêtre fait Dieu, c'est plus que de créer le monde. Le prêtre dit : Ceci est mon corps, et non : Ceci est le corps de Jésus-Christ. »

A Ars, trois jours de solitude en face du Bienheureux ont fortifié notre ami par la honte de sa mollesse. Auprès de saint Jacques de Compostelle, il a cherché avant tout la surabondance de la foi. Songez-vous parfois à la foi effrayante de ces premiers disciples? Jésus leur a dit : « Venez après moi. » Et, sans avoir éprouvé sa puissance, ni vu de lui aucun miracle, quand même leurs filets et leur vieux père les réclament, ils le suivent. Oh! croire autant que les disciples croyaient, eux qui avaient reçu de la bouche du Seigneur les promesses; suivre en ce monde ce pélerinage simplement, droitement, les yeux tendus vers les tabernacles du ciel!

On sait l'admirable histoire de Jacques : après avoir évangélisé la dure Espagne, il était revenu en Judée. Il y trouva le martyre. Son corps fut rapporté en Galice, peut-être par des disciples qui voulaient enrichir leur province des reliques de son apôtre, peut-être comme le veut la légende, sur une nef sans gouvernail, ni voiles, conduite par des anges. Nos historiens là-dessus de se rebiffer. Clio, fille de Mémoire, répugne à enregistrer le miracle: le miracle d'ailleurs aime assez se dérober à ses investigations. Admirez la loyale simplicité avec laquelle Baumann remet les choses au point : La légende est le vrai possible si l'histoire est le vrai vérifié. Quant au miracle, c'est une possibilité d'un autre ordre et non un fait absurde : « Pourquoi les conditions de la béatitude ne s'accompliraient-elles point dès ici-bas, quand la présence d'un bienheureux refait autour de lui la paix des éléments avec les hommes et avec Dieu? »

Le troisième panneau de cette fresque pleine de vie et de profondeur dresse sous nos yeux le

Mont qu'élut saint Michel et au faîte duquel il s'érige triomphant.

Plus encore que saint Jacques était le patron des Espagnols, saint Michel voulut être le Baron de France. Il mit les trois lys dans ses armes et fit passer sur le royaume l'éclair de son glaive. Avoir suscité Jeanne d'Arc et par elle libéré la France de barbares qui allaient devenir des hérétiques, voilà bien le plus beau miracle dû à l'archange. Il constitue pour le pays une promesse de pérennité : « Chaque peuple a son ange », disait Daniel le prophète. Le nôtre ne peut pas, même indignes, nous délaisser. L'oraison que Léon XIII ajouta aux rubriques de la messe : *sancte Michael, defende nos in praelio,* n'est-ce pas aux intentions de la France qu'elle fut surtout dédiée?

Si, maintenant, nous voulons dégager de ce triptyque le sentiment profond qui en fait l'unité, nous retrouvons celui-là même qui dans *l'Immolé* animait Daniel, qui dans *la Fosse aux lions* nourrissait la force de Philippe, sentiment qu'avive au cœur de notre ami l'amertume de l'heure présente et qui n'est autre que la nécessité nettement perçue de compenser par des expiations propitiatoires l'effroyable déchéance d'un monde sans foi. Rien ne lui tient évidemment plus au cœur que ce sentiment de pénitence et d'immolation, car rien n'est plus nécessaire à notre guérison et en même temps plus pénible à notre égoïsme. Dans cette renaissance de l'âme française à laquelle nous collaborons de tout notre cœur, Baumann est celui qui nous apprend la vertu du sacrifice librement consenti. S'oublier, s'immoler, mourir à soi... dans les combats où Dieu nous appelle, qui tiendra la victoire sinon ceux qui se seront d'abord vaincus?

PAUL CLAUDEL

« A genoux devant une petite croix formée de
deux roseaux, Paul Claudel traduit sur la montagne le vent de l'abîme, le feu du ciel, l'eau du
torrent. D'aucuns s'écrient : « Qu'est-ce qu'il fa-
« brique là-haut? Prenez garde qu'il ne vous in-
« fluence et que sa forte voix ne fasse basculer une
« roche qui roule et vous écrase! » Mes petits
enfants, ne craignez point. Cette roche où se tient
le poète ne peut céder, car elle est l'Église catholique; ni le torrent vous noyer, ni le feu vous
brûler; ni le souffle vous renverser. Mais si vous
craignez de gravir jusqu'au sommet, approchez-
vous du moins de la base de la montagne. Notre
frère Paul Claudel ménage des canaux qui amè-
nent l'eau dans le val pour que vous la buviez
tranquillement; et avec le feu et le vent il allume
de petits tas de branches pour que vos doigts se
réchauffent et se joignent dans la plaine. »

Ainsi le bon poète Francis Jammes présentait
naguère les odes de M. Paul Claudel aux lecteurs

de *l'Amitié de France;* et je ne crois pas qu'on puisse plus heureusement exprimer ce que son œuvre porte à la fois de grand et de fraternel.

C'est une puissante nature en effet que celle de ce poète et qui rassemble en elle des dons rarement unis : l'imagination tumultueuse d'un lyrique grec du temps de Pindare, l'esprit scientifique d'un physicien du xxe siècle, la foi rayonnante d'un missionnaire. Ce génie complexe se déploie le plus souvent en de vastes odes, riches d'idées, d'images et de sons, retentissantes de cris douloureux, illuminées d'éclatantes visions, ou bien se resserre sous la forme plus sobre d'austères séquences, où des figures de saints et de martyrs s'imposent à nous dans les tourments de leurs travaux, la grâce de leur intercession, ou la gloire de leur triomphe.

Partout circule un souffle héroïque. Claudel n'est pas de ceux qui s'accommodent d'un optimisme superficiel : il sait l'âpreté de la vie, l'incessant assaut du mal, l'incertitude des succès humains et leur inévitable caducité. Certes, les choses d'ici-bas ne sont pas complètes : il n'arrive pas ce qui faudrait. Mais cet amer sentiment de notre faiblesse originelle, loin de défendre son effort, redouble au contraire son ardente volonté de maintenir au moins, sinon de vaincre. A d'autres — et vous savez qu'ils furent toujours légion — à d'autres l'orgueil puéril de citer Dieu au tri-

bunal de la conscience individuelle et d'y juger
son œuvre mal faite, son miel fade, et son ciel
exigu. Lui, il trempera ses forces dans cette
amertume, il en nourrira son espoir. Retranché
sur le roc inexpugnable de l'Église, les vents
mauvais pourront souffler sur sa face : ils n'en-
gourdiront point sa vigueur. Il ne connaît ni
lassitude, ni découragement; car les quatre grandes vertus cardinales veillent aux portes de son
âme :

Comme la proue intelligente qui conduit tout le
navire, au Nord, la Prudence regarde en avant,
droit en avant dans la transe de la direction recti-
ligne.

Au Midi, la Force brave la tempête et le soleil.
« La fumée de la guerre lui a noirci le visage : on
ne voit plus que les yeux, comme ceux d'un
lépreux, dans la ponce de la face corrodée. Mais
la main droite tient la foudre, la main gauche
étrangle le serpent, elle écrase sous son pied le
kalmar et le crocodile, et contre la large poitrine
vient se rompre la charge de l'Efrit et du diable
sanglotant... »

La Tempérance garde l'Orient : entre le monde
et la cité elle est la médiatrice. Entre l'homme et
la terre, entre le désir et le bien, elle est la barrière
interposée. Elle est celle qui reçoit, qui élimine et
qui exclut. Elle est la mesure créatrice. Elle est
en nous la continuation de la mère : elle sait ce

qu'il nous faut. Elle est celle qui conserve, à la manière de Dieu quand il crée.

La Justice est tournée vers l'Occident : elle considère la terminaison de toutes choses. Elle acquitte nos comptes et règle pour nous ce qui est dû. Entre la matière et l'esprit elle préside à de mystérieux commerces : « L'eau ne lave plus seulement le corps, mais l'âme ; mon pain devient la substance même de Dieu ». Entre les morts et les vivants, elle assure de mystérieux échanges : « Comme un homme en hiver qui émiette à deux mains un gros morceau de pain pour les petits oiseaux, c'est ainsi qu'avec les prières de mon rosaire plein les mains, je nourris les âmes du purgatoire ».

Ainsi guidée, ainsi gardée, ainsi nourrie, de tout son élan cette âme aspire à Dieu. Claudel est avide de Dieu. Dût-il en frémir jusqu'au fond des os, c'est la face de Dieu qu'il veut découvrir derrière les mystères de la nature, comme dans les profondeurs de sa propre conscience. Dût-il en frémir jusqu'au fond des os, car une telle contemplation ne va pas sans terreur ni tremblement. Tous les mystiques l'ont noté : il est un point de la contemplation où la révélation de l'Éternel devient humainement insupportable. « L'ancien Moïse à l'ombre seule de votre présence eut peur ». La Majesté divine éclate, en effet, avec une telle force, qu'Elle ravage et qu'Elle écrase, et il semble qu'Elle va nous anéantir. Oh, l'affreuse épouvante! Nous avons alors un tel sentiment de notre indignité, une vue si nette de notre bassesse, que le désespoir resterait notre dernier refuge, si du fond même de l'abîme nous ne voyions briller sur nos têtes le gage du salut, l'emblème de l'indéfectible alliance, la Croix rédemptrice où le Dieu fait homme lave de son sang l'immondice de sa créature. Alors quelle confiance succède soudain à la détresse! Quelle sécurité, quelle sérénité apaise et remplit nos âmes! Comme la vie — cette vie ingrate et cruelle — est tout à coup illuminée, et de quel cœur nous sommes prêts à en affronter les épreuves! Avec Jésus, en effet, la Bonté, l'ineffable Bonté, s'insinue en nous : ce n'est plus le Dieu redoutable dont la Majesté nous opprimait tout à l'heure. C'est l'ami, c'est le frère, le confident familier, celui qu'on peut rencontrer chaque jour dans l'intimité de nos sanctuaires, chaque jour recevoir dans le sang de nos cœurs. Le même rythme, un même rythme d'amour, fait battre nos cœurs d'accord avec le cœur du Monde. Une immense fraternité nous unit à tous, morts et vivants. Dans la patrie mystique que nous crée la communion des saints, nous avons pour soutenir notre espoir le trésor commun des promesses, et pour nourrir notre force le trésor commun des mérites accumulés.

« Voici répartis sur les quatre saisons tous les

saints du calendrier. Voici en avant de moi les martyrs et tous ceux qui ont fait leur long devoir en silence. »

A nous d'enrichir ce trésor à notre tour, chacun selon sa force et selon ce qu'il a reçu du Très-Haut.

« Agneau de Dieu qui avez promis votre royaume aux violents, recueillez votre serviteur Paul qui vous apporte dix talents, cinq que vous lui avez confiés, et cinq autres qu'il a gagnés sur lui-même. »

Notre devoir est tout tracé. Qu'importe le rang où Dieu nous a placés ! qu'importe en quelle terre pousse l'arbre de notre vie, pourvu qu'il produise les fruits que la Providence attend de lui ! Fructifier, fructifier comme l'arbre dans une sainte ignorance, sans attendre gloire ou gain de ses fruits, mais en donnant ce qu'on peut, tout ce qu'on peut.

Et le poète découvre la grandeur de sa mission : s'il n'a pas reçu de pauvre à nourrir, ni de malade à panser, ni de pain à rompre ; il a la parole à répandre, et l'âme soluble dans l'âme. Puisse-t-il donc être le bon semeur de la mesure de Dieu et sa parole parmi les hommes, comme la petite graine qui jetée dans une bonne terre « en recueille toutes les énergies et produit une plante spécifiée ».

Et comme il convient au chrétien, Paul Claudel est plein d'espoir. Si désolé que soit ce siècle, il en salue l'aurore avec une invincible confiance.

De saintes églises tombent la face contre terre,
de hauts calvaires gisent sous la neige ; et que
d'asiles ouverts par la pioche ! Mais devant nous
s'ouvre la maison dont la rage de Satan n'éteindra
jamais les lampes, l'Église Catholique qui est de
tout l'univers. Peu de fils sont restés fidèles.
Mais quand nous serions moins encore, notre foi
n'en est pas ébranlée.

Au surplus, Dieu ne nous a pas ordonné de
vaincre, mais de n'être pas vaincus et de garder
intact le dépôt de la foi que nous avons reçue.

FRANCIS JAMMES [1]

Sous les Spoliateurs et le Pontificat
De Pie Dix qui, très grand, les excommunia,

Le nom de Dieu n'est plus sur l'or que l'on monnaye
Et, sur l'argent, on voit les semeuses d'ivraie.

Sur l'argent, sans doute ; mais dans le pays on voit aussi des semeurs de bon grain et le doux poète Francis Jammes est de ceux-là.

Si sa jeunesse fut légère, son âge mûr est grave encore que souriant. Voilà qu'il est au milieu du chemin — *nel mezzo del cammin* — et que « la barbe blanchit autour de son sourire ». Le printemps et ses fleurs sont passés : il faut maintenant donner le fruit qui plus que la fleur pèse, mais plus qu'elle est utile. C'est pourquoi il a entrepris ce grand labeur. Il sait la difficulté de la tâche, mais il sait aussi que Dieu accueille avec une âme égale « le chant des Séraphins et le chant des cigales » ; et c'est plein d'une totale confiance

(1) *Les Géorgiques chrétiennes.*

en la divine Bonté qu'il dressera son poème à sa
gloire :

N'ayant rien d'autre à moi, vers Vous j'élèverai
Cette motte de terre enlevée au guéret :

C'est mon cœur. Il n'est bon à rien ni à personne ;
C'est pourquoi, le mouillant de pleurs, je Vous le donne.

Charles Péguy chantait récemment la secrète
vertu de ce peuple français, peuple laboureur,
peuple jardinier, peuple qui bêche et qui ratisse,
qui sarcle et qui herse, peuple plein de jeunesse,
de grâce et d'espérance, qui a tout canalisé, tout
ameubli dans les merveilleux jardins de la terre,
comme dans les mystérieux jardins de l'âme.
Eh bien, c'est une famille de ce peuple, dont
Francis Jammes chante ici la vie.

Nul artifice, nulle intrigue ; une année de vie
paysanne se déroule devant nous. Le poème n'a
d'autres articulations que les saisons elles-mêmes ;
il va d'une moisson à la moisson suivante, et dans
ce cycle sont enfermés tous les travaux, les deuils,
les naissances, les joies, les émotions qui forment
le tissu de ces existences vouées au labeur et à
la piété.

La ferme massive, encadrée de blés, ménage
à la famille le bonheur et la paix dans l'amour.
L'aïeul, le père, les fils, les brus, le marin-labou-
reur, la fiancée, parfois le mendiant qui passe,
tous y vivent enveloppés dans la même ombre

calme. Naturellement dociles à la volonté de Dieu, le front couronné du hâle des labours, ils passent ici-bas « droits comme le devoir ». Et parce qu'ils ont le cœur pur, ils parlent de près au Créateur. Leur foi n'a point de doute, ni leur courage de défaillance. Leur vie est un bail qu'ils tiennent de Dieu et dont ils veulent remplir les clauses sans reproches. Ils savent la grandeur de leur mission et que c'est à eux qu'est échue la tâche haute et noble entre toutes : ils font le pain et le vin qui nourrissent les corps, et du même travail ils font le Pain et le Vin qui nourrissent les âmes. Ils sont les bons ouvriers de la sainte Eucharistie.

Dans cette atmosphère limpide circulent — clartés fondues à la clarté — les essences divines : attirés ici-bas par ces âmes sans tache, les anges deviennent les compagnons quotidiens des hommes ; on les voit mêler aux raisins blonds leurs boucles blondes, et le pain noir prend un goût de miel quand on le mange « dans l'air que Dieu parfume avec des ailes d'anges ». Ou bien, c'est l'Esprit qui descend sur la ferme, le soir, à l'heure de la prière, et si suavement, « que sa robe évente les âmes en passant ». Ou bien, c'est à la procession, Jésus qui leur touche du doigt le cœur. Ou bien, c'est le ciel qui se rapproche et s'ouvre soudain devant l'aïeul qui meurt ou le mendiant qui agonise.

Il ne faut donc pas s'étonner que le bonheur entoure cette maison tranquille « comme une eau bleue entoure exactement une île ». On me dit : Il n'est pas permis à notre époque d'être si heureux que Jammes semble l'être dans ses *Géorgiques*. Pourquoi? Sans doute le Paradis est perdu ; mais si le péché fait de cette vie un enfer, pourquoi l'amour de Dieu et l'obéissance à sa loi n'en feraient-ils pas dès ce monde une préfiguration de la gloire future? On ne sait pas combien Dieu est bon, combien sa loi est douce, quel bonheur terrestre elle assure. On ne sait pas et on blasphème la vie. Certes, les épreuves ne manquent pas. Elles abondent. Mais ces épreuves, si dures qu'elles soient, c'est encore du bonheur, quand on a la force de les supporter et la grâce de les aimer. Rien n'est plus doux au fond que de souffrir pour qui l'on aime. Souffrir pour Dieu est sans doute la plus sûre des félicités, et les vies les plus riches de joie sont encore celles qui ont accueilli, puis dominé le plus de douleurs. Le bonheur n'est pas un état, c'est un éclair qui illumine une portion de vie, et c'est souvent au choc des épreuves les plus dures que cet éclair brille du plus vif éclat. Voyez ce père, sa fille le quitte pour le couvent : quel déchirement, quelles instances !

Ma fille, lui dit-il, mes champs sont-ils stériles ?
— Mon père, répond-elle, ils rendent cent pour mille.

Ma fille, lui dit-il, renies-tu mon froment?
— Mon père, répond-elle, il sert au sacrement.

Ma fille, lui dit-il, renies-tu mes abeilles ?
— Mon père, répond-elle, aux cierges elles veillent.

Ma fille, lui dit-il, renies-tu mes doux fruits ?
— Mon père, répond-elle, en croix ils ont mûri.

Mais quand le sacrifice est consommé, quelle joie tout à coup :

Il se laissa tomber à genoux et la terre
Supporta le martyre et la gloire d'un père.

Tel Abraham devant le bûcher d'Isaac,
Son sang tumultueux battait comme un ressac,

Il sentit s'émouvoir les récoltes promises
Où le Seigneur d'Élie passait comme une brise.

Il releva le front vers l'oiseau de son nid
Et s'écria : Que l'Éternel Dieu soit béni !

On n'imagine pas combien cette simplicité est bienfaisante et apaisante. Le mérite unique de ce poème est de nous rendre présente la beauté que Dieu donne à la vie ordinaire, aux tâches communes, aux humbles travaux, aux métiers dits serviles. Simple et fruste comme eux, le vers éclaire d'un jour cru leur robuste beauté. Ils soutiennent la vie du monde, ils sont selon le cœur de Dieu. Nul ne sent plus vivement que Jammes cet ordre profond. Notre poète contemple la terre et le ciel avec des yeux neufs, et sur son âme neuve cette contemplation inscrit des images aussi claires, aussi fraîches que la jeune verdeur des pousses, ou que la source des montagnes. A d'autres la rumeur des cités de métal, à d'autres le bruit dur des foules et leurs combats ; lui, fidèle au village natal, il n'a qu'une ambition, ô champs, c'est de recueillir votre âme, et cette âme, captée au réseau des rythmes, d'en vivifier nos cœurs arides. Comme le poète de Mantoue, comme le grand précurseur païen, comme le saint Virgile du moyen âge, ce qu'il veut c'est, à une société que vicie la vie des villes, rendre l'amour de la terre et — tentative défendue au paganisme — c'est, à une société qu'anémie l'incroyance, infuser la vie nouvelle de la foi. D'autres prêcheront cette foi ; Jammes se contente de la montrer vivante dans des êtres vivants ; et, à la voir modeler, selon la sainteté, l'argile de ces humbles cœurs, nous sentons avec une force invincible que, seule, cette foi peut refaire un peuple.

O France ingrate qui chassa ses meilleurs enfants de la Maison ! Comment ne pas songer en lisant ces *Géorgiques chrétiennes*, qu'elles ont été vécues aux premiers temps de notre histoire par des moines bénédictins qui, défrichant, labourant, bâtissant, ont fait le village et par lui la France. En rappelant leur labeur d'une qualité poétique si proprement virgilienne, Newman regrettait que le christianisme n'eût point eu un

Virgile pour décrire les anciens moines à leur labeur rural, comme il a eu un Sacchi ou un Dominiquin pour les peindre. « Comme il aurait su exprimer cette merveilleuse union de la prière, de la pénitence, du labeur, du travail littéraire, le véritable *otium cum dignitate,* ces loisirs fructueux, cette dignité empreinte de douceur, tout ce qui caractérise le Bénédictin ».

Nos regrets à nous sont désormais moins vifs, puisque par ses *Géorgiques Chrétiennes* Francis Jammes remplit la place vide et que, poète chrétien, il a retrouvé dans ses campagnes pyrénéennes la source qui coula pour Ovide et Virgile.

ERNEST PSICHARI

L'Appel des armes (1).

L'Appel des armes ! Ce titre sonne comme un coup de clairon au point du jour — espoir, vaillance, allégresse — et je n'en sache pas qui s'applique mieux à l'œuvre qu'il annonce. C'est le livre d'un jeune et c'est un livre jeune. Tout y est neuf et frais — style, sentiments, pensées — d'une fraîcheur et d'une nouveauté inimitables. Admirable signe du réveil religieux et guerrier de la race que ce livre. où les valeurs guerrières et religieuses sont restituées à leur rang de grandeur propre, qui est le premier.

L'auteur, M. Ernest Psichari, lieutenant d'artillerie coloniale, est un soldat, un soldat qui a fait campagne en Afrique. Les journaux nous ont dit qu'il est le petit-fils d'Ernest Renan, ils nous

(1) *L'Appel des armes* portait en dédicace : A celui dont l'esprit m'accompagnait dans les solitudes de l'Afrique, à cet autre solitaire en qui revit aujourd'hui l'âme de la France et dont l'œuvre a courbé d'amour notre jeunesse, à notre maître Charles Péguy, ce livre de notre grandeur et de notre misère.

ont dit aussi qu'il s'est fait catholique. Quelle confiance dans l'avenir nous commande un tel retour! Eût-on jamais osé espérer que le petit-fils de Renan, à l'âge d'homme, embrasserait le catholicisme? Voilà pourtant de ces réussites où excelle la grâce qui ne peut faillir, la promesse que toute cette enfance française, toute cette jeunesse, plus que jamais abusée, retrouvera d'elle-même la bonne route et d'elle-même sortira de ces bas-fonds où l'on prétend l'enliser. Le héros du roman, le jeune Maurice Vincent, nous fournit de cette évasion un émouvant exemple.

Trois personnages — trois types représentatifs — concentrent sur eux l'intérêt : le capitaine Nangès, l'homme du passé, l'instituteur Sébastien Vincent, l'homme du présent, le jeune Maurice Vincent, la promesse de l'avenir. C'est de Nangès à Maurice, par-dessus le pitoyable père, que s'établit la continuité de la tradition nationale et militaire.

L'instituteur Vincent, en effet, appartient à la génération de ceux qui ont vu, enfants, la défaite, et qui, hommes, l'ont oubliée. Il est de ces tièdes qui souffrent d'une pensée forte, de ceux-là qui veulent bien s'abaisser devant des hommes mais parlent de leur dignité lorsqu'il faut s'abaisser devant les grandes choses du monde : poésie, héroïsme, sainteté. Il est de la race des esclaves et il proclame l'indépendance de la raison affranchic. Guerre à l'Église, guerre à l'armée, guerre à la France. Il a foi au progrès. Le progrès! Que sont pour lui vingt siècles d'histoire devant cette force mystérieuse?

Mais l'histoire prenait sa revanche. En face de ce père se dressait un fils qui osait entendre, lui, la voix du passé, et suivre les paroles de son cœur. En lui revivaient vingt siècles de fine civilisation, de bonnes manières, de sérieux, de noblesse d'âme. Ce n'est pas seulement le père en effet qui éduque l'enfant, ce sont aussi les pères, les aïeux, les mille forces du passé, les conseils obscurs des forêts et des pâtis, mêlées aux voix innombrables des penseurs et des poètes. Élevé dans ce climat d'incroyance et de lâcheté qui est le climat de notre temps, cet adolescent retrouve peu à peu la foi de ses pères en même temps que leurs vertus guerrières. Cette ressaisie de la race au cœur du jeune homme est puissamment aidée par l'influence du capitaine Nangès. Chasses du Soudan, guerres africaines, plaines mornes sous le soleil, gens qui marchent accablés, les récits de l'officier éveillent au fond de lui l'âme héroïque et aventureuse de la France d'autrefois. Comme Nangès, il sera soldat, et, contre son père, Maurice s'engage dans l'artillerie coloniale. Là c'est le dur apprentissage du métier, c'est surtout, au contact de son chef, la lente et sûre initiation à ces vertus de discipline, d'abnégation, d'honneur, qui sont moins un idéal qu'une profonde et substantielle réalité.

Nangès en effet est le type du soldat éternel. Homme du passé, perdu dans le monde moderne, l'armée est le milieu où il a pu organiser son existence autour de quelques réalités simples. Cette armée coloniale, surtout, cette armée de métier, pour qui la bataille est plus encore que la patrie, voilà pour lui l'école unique. L'armée ne transige pas : elle comporte en elle-même sa morale, sa loi, sa mystique. Et ce n'est ni la morale, ni la mystique de la nation. Elle n'est pas au-dessus de la nation, sans doute ; mais dans la nation, par son jeu propre, elle apporte à la nation un principe utile à sa vie. De même que le savant, de même que le prêtre, l'officier, outre les obligations professionnelles tout court, a des obligations morales particulières, et c'est avant tout l'obligation de mettre son idéal dans le fait de se battre, et d'avoir le goût non de la victoire, mais de la lutte, comme le chasseur a le goût de la chasse, non du gibier. « Notre rôle est de maintenir un idéal militaire, non pas seulement nationalement militaire, mais, si je puis dire, militairement militaire. »

Un soldat militaire, nous ne connaissons plus cela.

Nos radicaux nous ont fabriqué un idéal d'officier instituteur, hygiéniste, moraliste, mutualiste, devant lequel le guerrier n'est plus qu'une brute galonnée.

Et pendant qu'ils peinturlurent cette contre-façon grotesque, toute une école — on se doute bien que c'est encore et toujours la célèbre école Sorbonnique — s'efforce d'avilir les vertus qui sont le principe même de l'institution militaire. L'Armée!... Serait-il possible qu'il y eût là quelque chose de noble et d'élevé? Quelque chose de réfractaire à la commune vénalité, ce moteur unique et universel?

C'est pourquoi, dans l'augmentation des effec-tifs, M. Séailles, qui n'a pas de talent, ne veut voir qu' « une multiplication de pieds au profit d'une usine de godillots en simili », et M. Delaisi, qui a du talent, hélas! une source de commandes nouvelles pour la métallurgie. Notre amour du pays, notre volonté de rester Français, et pour cela de maintenir la France, ces sentiments qui sourcent du plus profond de nous, ne sont plus que sottise ou mensonge : il n'y a en fait qu'un patriotisme, *le patriotisme des plaques blindées.*

Il importe ici de dénoncer ce sophisme du patriotisme qui est au principe de toute l'action antimilitaire présente.

Je lisais dans le dernier fascicule des *Cahiers du cercle Proudhon : »* Croyez bien que ceux qui parlent au nom du syndicalisme attaquent actuel-lement beaucoup plus le patriotisme vrai que le patriotisme d'affaires; celui-ci est le prétexte pour attaquer la Patrie. »

C'est l'évidence même. Ce sophisme du patriotisme est exactement superposable au sophisme du syndicalisme. Sous prétexte que la classe bourgeoise exerce un larcin économique perpétuel, ils veulent dresser la classe ouvrière à devenir bourgeoise, c'est-à-dire à exercer des larcins antithétiques, exactement équivalents. Le Jaurésisme, on le sait, et Péguy nous l'a assez répété, le Jaurésisme est une excitation des instincts bourgeois dans le monde ouvrier, un entraînement des ouvriers à devenir à leur tour de « sales bourgeois ».

De même dans cette affaire du patriotisme des plaques blindées, sous prétexte que les moyens bourgeois sont patriotes et qu'en effet de très gros capitalistes ne le sont pas, ils ne veulent plus que les ouvriers le soient.

Cela consiste à destituer le peuple de ses vertus les plus profondément populaires, sous prétexte que les gros capitalistes vantent ces vertus et ne les ont pas.

Ils opèrent une destitution constante du peuple. Ils destituent le peuple de ses grandeurs propres, sous prétexte que les gros capitalistes feignent d'avoir les mêmes grandeurs et ne les ont pas.

Avoir une patrie est une grandeur et une des premières, mais ils ne veulent d'aucune grandeur, surtout chez le peuple, source et racine de toute grandeur. Et c'est pourquoi c'est sur le peuple que s'exerce particulièrement leur système général de déperdition de valeurs.

On fait grand état que les agrégés d'histoire, et d'autres qui ne le sont pas, expliquent toujours qu'on fait la guerre pour des chemins de fer (ou comme les Serbes pour des cochons et des prunes!). Si l'on veut dire par là littéralement qu'on ne se bat que pour des lignes de chemins de fer, les faits apportent tous les jours des démentis et on l'a assez vu pendant la guerre des Balkans, où les questions de race, de religion, de liberté, de vengeance, d'injure, d'outrage, de recouvrance, de langue, de mœurs, ont certainement dominé.

Si au contraire on entend l'hypothèse au sens large, cela revient à dire que les peuples se battent pour le temporel, s'arrachent des morceaux de la terre; et cela, nous n'avions besoin de personne pour nous le rappeler.

Quant à la liaison du temporel au spirituel, quant à la nécessité où est une race spirituelle d'occuper un certain temporel pour se produire, ces problèmes ont été résolus une fois pour toutes par notre maître Charles Péguy dans un certain nombre de *cahiers*, notamment dans *l'Argent suite* où la question a été réglée pour éternellement.

RENÉ SALOMÉ

Les chants de l'âme réveillée.

Depuis quinze ans les minces volumes de
M. René Salomé se sont succédé à de longs
intervalles, attestant l'artiste patient, le fin ouvrier de lettres, uniquement soucieux de perfection, et qui ne se décide à quitter un ouvrage
qu'après avoir épuisé sur lui toutes les ressources d'un métier scrupuleux.

En ces temps de réclame grossière et de production forcenée, c'est un mérite rare qu'une
telle réserve et qui retient d'autant plus l'estime
que le talent est plus réel. Il y a ainsi de nobles
artistes qui, loin du bruit des foules, créent dans
le silence une œuvre délicate et pure. Quand on
les découvre, c'est une joie et un réconfort et l'on
n'a plus qu'un désir, faire partager aux autres le
bienfait de cette découverte.

Cette impression, nous l'avons ressentie très
forte en ouvrant *Les chants de l'âme réveillée.*
Rien dans les recueils précédents ne pouvait nous

faire prévoir l'heureuse surprise qui nous attendait. Ce poète délicat, cet alexandrin subtil, curieux de rythmes rares et d'images neuves, dont toute l'ambition semblait satisfaite quand il avait fixé quelque aspect fugitif des choses, voilà que la grâce l'a touché, et que de ses rayons elle a transfiguré le monde étroit où il se confinait. Ce sont toujours les mêmes horizons bornés : un intérieur, un enclos, un jardin, un village ; c'est toujours le rythme des tâches bien réglées, des « longs jours cadencés » ; mais il y a ici une âme, une âme qui ne s'était pas révélée encore. *Subsilire in coelum ex angulo licet, exsurge modo.* De son enclos le poète voyait le ciel : un beau jour, il a pris son essor.

Si abondant qu'il soit en turpitudes, notre temps a néanmoins sa beauté, beauté singulière, beauté propre, et qui éclate précisément dans ce réveil des âmes que chante notre poète. Innombrables, chaque jour, des âmes se réveillent au choc des événements. Plus de mol oreiller, plus de lâches somnolences, plus de paresseuses abstentions. A toute conscience un choix s'impose qu'il est impossible de différer : nous sommes placés à la croisée de deux routes — et il n'y en a pas une troisième — et poussés par l'événement il faut prendre l'une ou l'autre, soit celle des faciles abdications où s'empressent sous des oripeaux humanitaires les malheureux

— catholiques, hélas, aussi bien qu'incroyants — qu'a pervertis le mensonge moderne, soit celle où se rangent les Français de bonne race prêts à tout pour sauver le pays. Or cette voie française va dans le même sens que la vieille voie catholique; dès qu'on s'y engage, on voit se dresser la Croix, et si, à la vue de la Croix tout à coup apparue, un dernier sursaut nous arrête, il est trop tard, impossible de reculer, car deux sentiments nous entraînent alors plus forts que les suggestions de l'impiété, plus forts que les résistances de l'orgueil : l'horreur des maux présents, l'appel de la race.

Cette horreur du présent, « du siècle barbare qui menace nos cœurs, nos esprits, nos terroirs ». plus que tout autre René Salomé l'éprouve, car plus que tout autre une nature comme la sienne souffre des laideurs qui s'étalent. Elles sont comme une injure personnelle à tout ce qu'il sent en lui de culture humaine, de dignité traditionnelle, de probité et de propreté françaises. Avec quelle vigueur il dénonce, ce qu'il nomme si bien le hideux travail de l'ennemi : la cité déchue, la famille ruinée, le sacré aboli.

Pressés par tant de maux, on cherche éperdument du secours, on ne veut pas croupir plus longtemps dans cette vase; mais comment s'élancer? où le point d'appui? où le roc? où sinon en Dieu? Dieu nous apparaît comme le dernier recours : hors lui, plus rien que les abîmes du désespoir et de la honte. Mais il est si loin, si haut, nos forces ne vont-elles pas nous trahir? Non! une fois l'élan donné l'essor ne retombe pas, car il est soutenu — aide inattendue — par tout ce que la race a accumulé en nous de vaillance, de fermeté et de foi, de foi pour ainsi dire habituelle et inconsciente. Une race comme la nôtre est dure à tuer. C'est merveille de voir comme elle se ressaisit au cœur de ses enfants. Rien n'est émouvant comme ce réveil des énergies ancestrales. Arrière-neveu de soldats et de paysans, René Salomé, des profondeurs de son être, a entendu monter l'appel de la race. Oh! la rude voix de ceux dont nous sommes issus, ces appels graves et ces mots brefs de chefs de guerre! Le présent dans sa lâcheté sale veut engluer nos efforts, mais les ancêtres veillent et parmi tant d'âmes de jadis qui vivent en nous, les âmes de soldats les premières ont fait sonner leurs cuivres.

> Et les chants résolus qu'elles nous ont chantés
> Cadencent depuis lors nos bonnes volontés !

Les âmes sont venues des lointaines années : soldats obscurs des armées de la République et de l'Empire, soldats des siècles plus anciens aux uniformes rouge et bleu de roi, ils sont rentrés un soir au logis de leurs fils, colères et grondeurs, car ils méprisent « nos faibles cœurs apitoyés et nos bavardages d'idéologues ». Ce que leur épée et leur vaillance ont fait, nos rêvasseries d'humanitaires vont-elles le défaire?

> C'est par eux qu'à la clarté fine de nos cieux
> Nous nous sentons si bien là où nous sommes nés...
> C'est par eux que paisiblement nos bourgs s'étalent
> Dans les nobles vallées ou sur les douces pentes.

Il est temps d'éveiller les vertus endormies et de sauver leur œuvre menacée. Dans une confrontation soudaine de sa mollesse avec leur force le poète aperçoit tout ce que le siècle malade a corrompu en lui. Qu'elle est touchante cette prière aux aïeux, et dans sa volonté de ne pas déchoir de quel cœur le fils se tourne vers eux :

> Je prie tous nos aïeux qui furent à la guerre
> Et moururent au loin sans gloire et sans éclat
> De nous prêter un peu leur âme de soldats.
> Je prie tous nos aïeux qui furent artisans
> De nous prêter leur patience à toute épreuve
> Pour rebâtir avec la pierre dure et fine
> Notre conscience qui s'étale en ruines.
> Je prie tous les aïeux et toutes les aïeules
> Qui suivirent les voies d'allégresse et de deuil
> En priant Dieu, Notre-Seigneur et Notre-Dame,
> Je les prie de sortir un peu de leur grand calme
> Et de s'approcher de leurs arrière-neveux.
> Et comme au soir, effleurant des doigts les cheveux
> De son enfant qui va s'endormir, une mère
> Lui fait balbutier doucement sa prière :
> De même ces revenants tendres et austères
> Nous feront dire pieusement le *Pater*
> Et l'*Ave Maria* qui détruisent les doutes.

Cet appel aux ancêtres, qui de nous depuis dix ans ne l'a lancé et combien de fois? Nos aînés nous ont trahis. La génération qui nous précède s'est appliquée et s'applique encore à détruire tout le passé, ou plutôt ce qui fait le tout de notre passé : l'amour de la France et l'amour de Dieu. Le mérite éminent de notre génération — et, dans notre génération, d'hommes comme René Salomé — c'est de renouer patiemment les fils brisés de la tradition catholique et française. Nous sommes tous comme le jeune Maurice Vincent de *l'Appel des armes* qui avait pris « le parti de ses pères contre son père ». Des aïeux aux descendants, par-dessus les présents démolisseurs, nous assurons la continuité et quand nos fils passeront sur la route, ils ne sauront jamais quel abîme nous avons comblé.

Le poète a retrouvé la foi. Mais la foi n'est pas un trésor que l'on garde; dès qu'on la possède, on veut la partager. Voyez, jamais son cœur ne fut plus brûlant, ni plus tendre. Dans le silence épais de la crypte où il va prier le matin, il entend au dehors les pas de ceux qui « vont sans joie gagner leur pain ». Devant la Vierge qui sourit, dans la clarté tremblante des veilleuses, il est seul. Rapides ou traînants les pas se perdent au fond des rues brumeuses.

> Madame, pourquoi mes frères s'éloignent-ils?
> Pourquoi n'en vois-je pas un seul en cet asile

> De calme et de bonté où vous êtes présente ?
> Il n'est point de journée maussade et rebutante
> Quand dès l'aurore on vous la donne avec amour...

Nouveau converti ivre de convertir, il veut ramener ceux qui ne prient plus. Car il faut ramener « les chers égarés ». Il n'a foi ni dans les parlottes vaines, ni dans les froides raisons, ni dans les éruditions lourdes ; il compte sur la prière, « La prière est semence et la grâce est moisson ». C'est elle, si on la fait assez fervente et assez impérieuse, qui décidera Dieu à venir, lui-même, parler au cœur des endurcis. Et quel cœur ne se fondrait pas à la voix de Dieu ?

> Chers incroyants, dit-il, chers infidèles.
> Je prie pour vous afin que Dieu vienne lui-même
> Vous dire : Heureux celui qui me connaît et m'aime.
>
> Je le prie de songer ainsi qu'un tendre père
> A ses enfants aveuglés qui se désespèrent
> Dans les ténèbres, loin des lampes tutélaires,
>
> Et de faire briller une étoile des cieux
> Pour les guider le long des sentiers tortueux
> Vers le repas du soir qui fume au coin du feu.

Ainsi prie notre poète. Pas de gestes, pas de grands mots, une voix confiante, un regard ami et dans le cœur une immense charité. Il est de ceux pour qui

> Les simples paraboles,
> Les histoires de pain, de grain, de blé, d'oboles,
> De dettes qu'on remet, de beaux lys dans leur gloire,

ont un sens infiniment riche, une inépuisable fécondité. Jésus humble et sans gloire, les apôtres barbus, la Vierge souriante, voilà ceux vers qui vont ses regards et ses prières et son amour.

J'aime cette piété humble et simple, à la fois naïve et avertie. Elle a la candeur de l'innocence et en même temps toute la mélancolie de l'expérience. C'est la piété propre de notre âge, la piété de gens qui ont beaucoup vu. La foi qui dès l'enfance s'endormit en nous, s'est réveillée intacte dans des cœurs meurtris. Foi d'enfant, elle s'étonne de cette lassitude et de ce désespoir latent. O mon Dieu, c'est de ce désespoir que nous implorons la délivrance. Au dedans de nous tout est deuil, au dehors tout est ruine : quand verrons-nous luire l'aube de votre miséricorde ? Hélas, où sommes-nous emportés ? Que serons-nous demain ? Nous ne savons qu'une chose, c'est qu'il faut tenir bon au poste où vous nous avez mis, et nous tenons de notre mieux.

Mais votre Église est là pour nous apprendre la constance. Elle a connu des temps plus lourds encore, traversé des désolations plus épaisses, et pourtant elle est là, toujours, elle est là tout debout

et veille dans la nuit
Avec ses tours, avec ses nefs, avec son huis,
Où figurent l'origine et la fin des choses,
Avec sa crypte où des corps de martyrs reposent,
Avec le corps et le sang de Notre-Seigneur.

Quel exemple, quel réconfort, quelle certitude de triomphe !

GEORGES VALOIS

Le Père.

Voici un des livres les plus sains et les plus
réconfortants que j'aie jamais lus. Je le voudrais
dans les mains et de tous ceux qui ont fondé une
famille, pour qu'ils prennent conscience de leur
éminente dignité, et de tous ceux devant qui la
vie s'ouvre, pour qu'ils s'engagent hardiment
dans la seule voie qui mène au but.

Une des pires faillites de notre temps, c'est la
faillite de la paternité. Les grands désastres qu'a
subis la foi au XIXe siècle ont eu comme premier
effet d'altérer la qualité de père qui, de toutes les
valeurs civiques, sociales et religieuses, est évidemment la première. Le père qui n'a pas la
foi, qui ne prie pas Dieu au milieu de ses enfants,
se dépouille du même coup de cette majesté qui
dans le cœur des petits fait de lui comme le représentant de Dieu. L'enfant respecte son père
dans la mesure où celui-ci respecte Dieu, et si le
père est soumis à Dieu, le commandement du

père devient le commandement même de Dieu. L'enfant — qui est un être non déformé par la vie — a un sentiment étonnamment juste de ces réalités.

Le père a fait fi du respect; il n'a plus voulu que l'affection. De nos jours, la jouissance seule compte. Certains jouissent de leurs enfants comme d'autres de leurs maîtresses. Jouissances d'ordre différent, mais également égoïstes. Ils se font les amis de leurs fils, parfois les camarades, comme ils disent. Par la suite, ils s'ébahissent, dans l'individu qui s'affirme, de ne plus trouver qu'égoïsme et mépris.

Pendant que le père abdique ainsi, la loi civile de plus en plus soucieuse de libérer l'individu, restreint, rogne, supprime les anciens privilèges de l'autorité et de la dignité paternelles.

Et comme si ce n'était pas assez et de l'abdication du père et des atteintes de la loi, voilà que les conditions de la vie moderne rendent de plus en plus difficile l'établissement de la famille. Il y a la vie chère, il y a le travail de la femme. On se marie encore; mais on décide sagement auparavant qu'on n'aura pas d'enfants. Ce n'est pas qu'on n'aime pas les tout petits; jamais on n'a eu pour eux plus de tendresse; seulement « ça coûte trop cher ». Nous ne parlons pas de cette malpropre prudence bourgeoise qui depuis très longtemps — et sans autre raison que le plus plat égoïsme — restreint à un ou à deux le chiffre de la progéniture. Nous constatons ici que les enfants coûtent cher, et qu'une jeunesse de plus en plus avertie a de moins en moins le goût du risque.

Par bonheur, il y a encore des catholiques; et grâce à eux, loin que tout soit perdu, nous avons tout à espérer. Le catholique, en effet, est celui qui, recevant à la lettre les paroles de l'Évangile, sait que notre Père qui est aux cieux nous doit le pain quotidien. Pour avoir le pain quotidien il suffit de le demander. Jésus l'a dit : « Je vous dis, ne soyez pas inquiets pour votre vie de ce que vous mangerez, ni pour votre corps de quoi vous le vêtirez; la vie n'est-elle pas plus que la nourriture et le corps plus que le vêtement? Regardez les oiseaux du ciel qui ne sèment ni ne moissonnent, ni ne recueillent dans les greniers, et votre Père céleste les nourrit; ne valez-vous pas plus qu'eux?

« Qui de vous à force de calcul peut ajouter à sa taille une coudée?

« Et pour votre vêtement, pourquoi vous inquiétez-vous? Regardez les lis des champs comme ils croissent; ils ne travaillent ni ne filent, et je vous dis que Salomon lui-même, dans toute sa gloire, n'a pas été vêtu comme l'un d'eux. Mais si Dieu vêt ainsi l'herbe des champs qui est aujourd'hui et qui demain sera jetée au four,

à combien plus forte raison le fera-t-il pour **vous,**
gens de peu de foi!

« Ne vous inquiétez donc pas en disant : Que
mangerons-nous ou que boirons-nous? ou de
quoi nous vêtirons-nous? car toutes ces choses,
ce sont les Gentils qui les recherchent; mais pour
vous, votre Père céleste sait que vous avez besoin
de ces choses. Ne vous inquiétez donc pas du
lendemain, le jour de demain sera inquiet pour
lui-même; à chaque jour suffit sa peine ».

Confiant dans la parole de Jésus (car quelle
serait plus sûre?), le catholique est du coup dé-
chargé de toute inquiétude. L'avenir ne lui fait
plus peur, il va de l'avant sans souci du lendemain. Un de mes amis, père de douze enfants, me
disait un jour que je lui demandais comment il
s'en tirait : « Mon cher, le bon Dieu est d'une
bonté invraisemblable... et si délicate, si ingé-
nieuse; on ne peut s'en faire une idée. » — **Et**
voilà !

L'incroyant calcule, l'incroyant se méfie, l'incroyant est un malin qui fait sa vie! Le catholique
fait des enfants.

Mathématiquement par le seul jeu des naissances, dans cinquante ans, la France catholique
recommencera à déborder sur le monde!

M. Georges Valois est catholique, catholique
comme tous les braves gens le sont, ou le redeviennent chaque jour, d'un catholicisme profond

et plein, qui possède tout le cœur et tout l'esprit,
informe tous les sentiments et toutes les pensées;
d'un catholicisme averti, c'est-à-dire qui n'a pas
l'alacrité d'une âme innocente et naïve (et nous
savons bien que celui-là est le plus beau), mais
qui a cette fermeté grave, cette constance iné-
branlable propre à celui qui a traversé beaucoup
d'épreuves et d'erreurs.

Il ne s'agit pas pour lui sur un sujet aussi
ancien d'apporter des vues nouvelles. Il sait que
tout est dit. Mais dans le désordre propre à la
vie moderne, il sait aussi que tout est à redire.
Tout est à redire, parce que les mots s'usent à
la longue et qu'aux idées les plus fécondes l'usure
des mots donne parfois un air de décrépitude.
C'est pourquoi pour conserver la prise directe
sur les sentiments d'un peuple, les vérités éternelles réclament de loin en loin un langage
rajeuni.

Le ton surtout importe ici, le son de la voix,
le son de l'âme. Car c'est le ton qui crée la sympathie et par la sympathie établit cet état de sensibilité qui rend avide des vérités nourricières.
Or, le ton de cette œuvre est admirable. Simplicité, franchise, probité, force. Nous avons en
face de nous non un auteur, mais un homme, un
chrétien nourri de l'Évangile, et qui a pour le
bien et le vrai un attachement d'autant plus passionné qu'il distingue d'un œil plus perspicace

les innombrables avancées du mal universel.

Tout est dit. Croyons-en l'auteur. Plus d'une fois pourtant en étudiant ce livre nous avons ressenti le choc de la nouveauté, la joie de l'heureuse trouvaille.

Le moins qu'on puisse dire de notre temps — et ce sera l'ébahissement de nos neveux — c'est que tout y est sens dessus dessous. Voilà trente-cinq ans que la France est livrée aux démolisseurs; si les murs tiennent encore, c'est évidemment qu'ils étaient solides. Mais il y a une fin à tout : certaines lézardes, certains craquements font craindre par instant un écroulement soudain. Des ailes entières sont déjà ruinées, il est temps que les bons ouvriers se mettent à l'ouvrage.

M. Valois est de ceux-là, de ceux qui étayent, de ceux qui bâtissent. C'est plaisir de voir avec quelle force calme et sûre il soulève les lourds moellons, et les dispose. Un livre comme le sien, en un temps comme le nôtre, autorise l'espoir des prochaines restaurations.

Quand on envisage le monde, on est contraint de n'y voir que fatras, contradiction, confusion, si l'on ne se place pas en un certain point — le seul — d'où l'on puisse saisir l'ordre universel. Ce point central, ce point privilégié, c'est la paternité. C'est là que M. Valois s'est installé. De là, il n'a plus qu'à fixer son regard de philosophe et de poète sur les différents aspects de la vie pour voir tout s'ordonner selon la norme même du Créateur.

« L'homme n'existe pas. Rien n'est que le père et le fils, et l'esprit qui les unit. Hors de la famille, il n'y a pas d'humanité. Il n'y a que des individus errants, des bêtes errantes, bêtes de troupeau ou bêtes sauvages, loups les unes pour les autres, et soumises à toutes leurs passions, tuant leurs semblables, pourchassant les femelles, gaspillant les fruits de la terre, avides, paresseuses, inquiètes, féroces et lâches. »

Mais l'humanité est fondée, et avec elle la civilisation et les patries, quand l'homme est devenu le père. Par là, en effet, reproduisant le mouvement et l'ordre divins, il participe, selon le rythme originel, à la transmission de la vie ; par là, recevant de l'enfant une discipline et projeté par son amour dans l'action bienfaisante, il sort de sa paresse et de son égoïsme ; par là, enfin, il cesse d'appartenir à l'instant où le maintenaient ses passions, il n'est plus soumis à la fantaisie de l'heure qui passe, il appartient à la durée : il se rapproche de l'éternité.

Il est le véritable initiateur de la civilisation. Il a détourné vers le salut commun le cours des passions. Il a uni l'amour, la force et la raison pour fonder la famille. Il a établi la propriété qui fixe la famille au sol nourricier, la nation qui donne aux hommes une âme commune pour leurs fins terrestres, l'État qui interdit au fort de tirer l'épée pour dépouiller le faible. Ainsi, il assure la réalisation du plan divin qui ordonne aux individus de chercher leur salut éternel dans le travail et la paix.

Le salut éternel, voilà le seul bien qui donne du prix à la vie. Tout doit donc lui être subordonné ici-bas. Et en effet, c'est afin de faciliter, sinon d'assurer, le salut individuel qu'ont été instituées les sociétés, où la liberté de l'homme est limitée de toutes parts du côté des ténèbres et illimitée du côté de la lumière. Le nom du père y est répété de cent façons; la tâche du père y est figurée de cent manières, afin que l'homme entende de tous côtés son propre nom, et voie de toutes parts sa propre image reproduite, et sache ainsi qu'il n'a de prix dans les cieux que s'il demeure attaché sur la terre à toutes les fonctions de la paternité!

Il a été placé dans une société spirituelle où sont présentées en exemple les vertus de la Sainte Famille et où l'on prie au nom du Père, du Fils et du Saint-Esprit; dont le chef est le Saint-Père; dont la sagesse a été recueillie et transmise par les Pères apostoliques et par les Pères de l'Église; qui, lorsqu'elle prend des hommes pour son service exclusif, ne peut leur donner de plus beau nom que celui de Père, et dont tous les serviteurs sont pères, fils, frères et sœurs.

Il a été placé dans une société temporelle dont le nom a été forgé avec le sien propre et qui est ainsi nommée la Patrie, où il connaît la paix qu'ont assurée à ses efforts les princes qui l'ont fondée, et à qui le cœur de fils reconnaissants a donné le nom de Pères de la patrie.

Il a été placé dans une société laborieuse, qui fut rude jadis, mais à laquelle la loi de la paternité chrétienne a rendu son véritable sens, lorsqu'elle a désigné son chef du nom de patron, afin que celui-ci connût que sa tâche était de remplir une des fonctions du père. C'est dans la paix de ces sociétés que le père se maintient dans la voie de son salut, et que, acquérant un patrimoine, le conservant, l'augmentant, il rassemble pour ses fils la terre, il construit pour eux la maison où ils continueront la destinée de la personne humaine, qui est d'accomplir le dessein du Créateur que chacun nomme Notre Père.

Le point de départ et le point d'arrivée ainsi dégagés, M. Georges Valois peut sans broncher, sans hésiter, suivre une voie sûre dans la confusion des mille chemins où s'élancent trop souvent nos lamentables erreurs. Erreurs de l'amour, erreurs de l'avarice, erreur de la prodigalité, erreur de l'anarchie, erreur de l'orgueil, erreur du désespoir, il échappera vainqueur à toutes les embûches parce qu'il a les yeux fixés

sur la seule chose qui compte, le Salut, et qu'à
chaque carrefour où il risque de s'égarer, une
voix pure retentit, la voix de l'enfant qui lui dit
la bonne route.

La tentation est partout, l'erreur est partout.
Plus qu'à nulle autre époque, dans la ruine de la
foi et l'affaissement des caractères, dans le triomphe présent du mensonge, nous nous trouvons,
avec la meilleure volonté du monde, désorientés,
dépolarisés, perdus. Depuis bientôt deux siècles,
le Malin poursuit avec un succès stupéfiant l'œuvre
de détournement la plus étonnante qu'on ait
jamais vue. Songez à tout ce que leur liberté
a détourné de sacrifices vrais, de courage vrai;
à tout ce que leur humanité a détourné de
charité vraie; à tout ce que leur justice et leur
vérité ont détourné de foi vraie, de loyauté
vraie, d'équité vraie. Tous les plus beaux sentiments nourris au cœur de la plus belle des
races par dix-huit siècles de christianisme opi-
niâtrement détournés contre Dieu, contre l'É-
glise, contre la patrie. Comment voulez-vous,
après cela, que les braves gens s'y reconnaissent? On serait tenté de désespérer, si des livres
de probité et de robuste bon sens comme celui-ci n'apportaient justement l'antidote à tous
ces poisons.

Dans une suite de méditations progressivement
poussées, M. Valois démêle avec un rare bonheur

le vrai du faux, et, ce qui est mieux, le point
où le vrai devient le faux; le bien du mal, et, ce
qui est mieux, le point où le bien devient le
mal; le juste de l'injuste, et, ce qui est mieux,
le point où le juste devient l'injuste. Ce n'est pas
un enseignement dogmatique que nous recevons
du haut d'une chaire; nous sommes en plein dans
le flot de la vie, l'auteur y est avec nous; mais
pilote habile, c'est lui qui donne le coup de
barre, et qui, par l'exemple, nous apprend à le
donner.

Les divers aspects de la vie, vie morale, vie
sociale, vie civique, vie religieuse, analysés par
une intelligence merveilleusement perspicace et
déliée, font de ce livre une sorte de résumé de
l'expérience humaine.

La misère de l'amour et l'heureuse passion; le
vagabondage et la belle aventure; la patrie et
la civilisation; la paix des citoyens et l'inégalité
des conditions; la parité dans l'inégalité; le capital et l'industrie; le jaillissement des volontés
et la discipline de l'enthousiasme; l'anarchiste et
l'enfant; la planète atelier et la planète maison
de notre Père; — ces brèves indications permettent
de voir que rien n'est omis de ce qui intéresse,
ici-bas et dans ce temps présent, notre conduite.

M. Valois n'a rien de l'homme de cabinet, ni
du pédagogue. Aucune étroitesse, aucune subtilité,
aucun tic, aucun pédantisme. Sa forme toujours

14.

concrète a la saveur du langage **populaire, du**
temps où il y avait encore un peuple. Il parle **comme**
nous avons entendu dans notre enfance **parler**
les grands-pères charpentiers et les grands-oncles
laboureurs. Et par une rencontre singulière,
cet homme du peuple qui possède toute la vieille
sagesse du peuple possède en même temps une
culture philosophique qu'on sent des plus appro-
fondies. Si bien qu'il nous donne la joie de
nous faire pénétrer au cœur des plus hauts problèmes sans les avoir préalablement abaissés au
niveau du vulgaire. Il élève le lecteur.

SŒUR THÉRÈSE DE L'ENFANT JÉSUS

Sa vie écrite par elle-même.

> Après ma mort je ferai tomber une
> pluie de roses...

On demande des saints au bon Dieu comme si
la chrétienté pouvait jamais se lasser d'en produire.

Voici une fleur exquise, poussée en terre normande, au jardin de la grâce et de la miséricorde.
Le hasard d'une conversation, en voyage, me l'a
fait découvrir, je suis heureux à mon tour de la
tendre à nos amis.

Je veux parler de la petite sœur Thérèse de
l'Enfant Jésus, religieuse carmélite, morte en
odeur de sainteté au Carmel de Lisieux en 1897,
à l'âge de vingt-quatre ans. Il faut acheter le
petit livre, où vers la fin de sa courte vie elle s'appliqua, sur l'ordre de sa supérieure, à noter les
faits les plus saillants de sa vie spirituelle.

N'oublions point en la lisant que ce n'est pas de son mouvement propre qu'elle écrit. On lui ordonne de se raconter : obéissante, elle ouvre son cœur. Mais comme elle a l'âme très riche et le style très pauvre, elle se heurte sans cesse à une difficulté d'expression qui lui semble de l'impuissance.

De grand cœur elle rejetterait cette plume qui la trahit, si la vertu d'obéissance ne la contraignait à la garder après l'avoir contrainte à la prendre : « Il est des pensées qui ne peuvent se traduire dans le langage de la terre sans perdre aussitôt leur sens profond et céleste... Je me suis très mal expliquée, je ne sais quel intérêt vous pouvez trouver à lire toutes ces pensées confuses. Si je pouvais exprimer ce que je comprends, vous entendriez une mélodie du ciel, mais, hélas! je n'ai que des bégaiements enfantins. » Bégaiement est bientôt dit. Ce qu'il y a de sûr, c'est que malgré ce bégaiement ou plutôt par l'humble office de ce bégaiement, sœur Thérèse, qui a la vue claire, sait fort bien nous instruire des découvertes qu'elle fait en elle, et nous donne ainsi un enseignement des plus directs et des plus féconds.

Cet enseignement est justement celui dont nous avons le plus besoin. A chaque époque la bonté de Dieu dispense les saints qui conviennent; et c'est pourquoi à notre époque de résistance il a donné cette sainte (1) d'abandon, à notre époque de dureté cette sainte de tendresse, à notre époque d'orgueil cette sainte d'humilité.

Née la neuvième et dernière enfant d'un père et d'une mère dont le christianisme était la vie même, le premier nom qu'elle balbutia fut le nom de Jésus, le premier mot qu'elle sut lire celui de ciel, le premier sentiment qui l'émut le désir de la sainteté. Cette innocence première, cette fraîcheur dans la confiance et dans l'amour, par une grâce unique, elle les garda jusqu'à la mort. Carmélite à quinze ans, Dieu la prit en effet avant que son esprit ne fût corrompu par la malice du monde et que les apparences trompeuses n'eussent séduit son âme. Sa vie si simple, si unie nous apparaît comme une étonnante réussite de la grâce. Dieu avait besoin d'une petite sainte, et c'est merveille de voir avec quelle vigilante tendresse il sut protéger ses jeunes ans et guider ses premiers pas. Cette tendresse dont elle se sentait enveloppée pénétrait la petite Thérèse d'une reconnaissance étonnée et ravie.

Elle eut de très bonne heure, en effet, le sentiment d'une élection : elle se savait choisie pour une mission, et de toute son âme elle répondait

(1) Sur ce mot *Sainte*, Lotte faisait en note cette observation, qui est d'un théologien averti : Nous appliquons couramment le titre de sainte à sœur Thérèse. Le procès de béatification est encore en instance ; ce titre n'a donc qu'une valeur purement humaine et privée.

oui à l'avance, ignorante mais resolue. Elle avait
la certitude qu'elle deviendrait une grande sainte.
Cette assurance audacieuse ne l'abandonna jamais : elle lui dut, au cours de sa vie, la patience
qu'elle montra dans ses épreuves ; elle lui dut,
dès le principe, la nette intuition qu'il fallait abdiquer entre les mains de Dieu toute volonté, tout
amour-propre, toute complaisance égoïste, et rui-
ner patiemment en elle tout ce qui pouvait faire
obstacle à la libre avancée de la grâce.

Chère petite Sœur, puisque vous avez décidé
de passer votre ciel à faire du bien sur la terre, et
puisque vous n'avez rien fait que nous autres,
les petites âmes, ne puissions faire à notre tour,
découvrez-nous le secret de votre sainteté, conduisez-nous dans cette voie de l'enfance spirituelle
qui est votre voie propre, et, si déconcertante
qu'elle soit pour notre orgueil et notre inquiétude,
montrez qu'elle est vers Dieu la plus directe et
la plus sûre.

L'amour qu'a Dieu pour nos âmes est, dans son
ordre, de la même qualité que l'amour que nous
portons, nous autres qui sommes chair, aux fils
de notre chair. Quand un enfant souffre dans sa
chair, ce mal a dans la chair même du père un
retentissement dont l'expérience seule peut révéler la profondeur. Par la même mystérieuse liaison l'allégresse charnelle de l'enfant en pleine
santé verse, à de certains moments, dans la chair

même du père une ivresse qui est comme un soudain rajeunissement. Il n'en va pas autrement dans le domaine de l'âme. Plus intime infiniment qu'entre père et fils, une liaison unit notre esprit à l'Esprit. C'est ainsi que le péché, qui est la maladie de l'âme, a, dans le cœur de Dieu, un retentissement dont rien ne peut nous révéler la profondeur; et c'est encore ainsi que l'amour, qui est la santé de l'âme, éveille au cœur de Dieu une allégresse qui multiplie son infinie miséricorde.

Si telle est bien la nature de nos rapports avec Dieu, la seule attitude qui nous convienne par devers lui, est, transportée dans l'ordre spirituel, l'attitude du nourrisson par devers sa nourrice. Voyez en effet avec quelle confiance s'abandonne le nourrisson : il ne songe pas à faire le malin, il ne doute pas, il ne se méfie pas. Il ne sait que crier sa faim, saisir goulûment la mamelle offerte et la presser de ses petites mains. Le don de soi est entier comme la prise est entière. Ainsi devons-nous être avec Dieu.

L'abandon, le total abandon, faire en soi table rase, tout déblayer pour que le flot de la grâce s'étale en nappe fécondante. Quoi de plus simple? Quoi de plus aisé? en fait, hélas! quoi de plus rare? Nous sommes d'étranges machines : Dieu nous pousse du dedans, Dieu nous attire du dehors, et, au lieu de nous laisser emporter (ce

serait si facile, ou bien nous nous raidissons
dans une tension d'orgueil; ou bien nous restons
immobiles, la cheville retenue à l'entrave des
passions: ou bien une peur irraisonnée nous paralyse; les habitudes menacées s'insurgent. Ramassés sur nous-mêmes, nous nous contractons, nous
ne voulons pas de Dieu. Dieu est un gêneur. Et
quand le flot de grâce a passé, alors nous respirons, c'est comme un soulagement, une satisfaction honteuse, un sentiment bas de tranquillité
reconquise.

L'on comprend maintenant pourquoi il faut
s'abandonner; sans ce geste initial d'abdication,
de démission, d'acquiescement, de consentement,
la grâce ne peut pénétrer; Dieu qui est en nous
ne peut rejoindre Dieu qui est hors de nous, il y
a barrage, le courant est interrompu.

Notre petite sainte a très tôt percé ce secret de
notre nature : renverser le barrage fut toujours
son constant travail. Attentive aux sollicitations
de la grâce, elle la prévient, l'attire, la capte,
par une docilité toujours prête. Prétendre travailler pour Dieu, est déjà de l'orgueil; mais être
un instrument souple entre ses mains, le laisser
agir, et lui dire en toute simplicité : « Vois ma faiblesse et mon indignité, par moi-même je ne suis
rien. je ne peux rien, c'est pourquoi j'abdique. De
ce rien, fais ce que tu voudras : je n'ai plus qu'une
volonté, c'est que ta volonté soit la mienne »,

voilà l'attitude du vrai chrétien, et c'est cette attitude qu'elle sut garder jusqu'à la mort. « Depuis mon âge de trois ans, je ne me souviens pas d'avoir rien refusé à Dieu. »

Une fois qu'on s'est installé ainsi sans idée de reprise sur le plan du don et de l'abandon, toute la vie est transfigurée. Jésus que murait au fond de nous l'épaisse maçonnerie de notre paresse et de notre mauvais vouloir, Jésus est libéré : il n'est plus notre prisonnier, il devient notre hôte. Sa lumière dissipe les incertitudes, sa force triomphe des assauts, et nous ne sommes plus là que pour marquer ses triomphes et pour chanter sa gloire.

On se plaint de la vie : la vie est dure, la vie est laide, la vie est mesquine. Oh! que la vie est belle quand elle se développe comme un hymne de confiance et d'amour!

Il faut lire dans le récit de sœur Thérèse cet admirable chapitre ix, où au terme de sa voie de l'enfance spirituelle et pour prix de son total abandon, elle reçoit du Sauveur l'intelligence du *commandement nouveau*. Ce commandement nouveau qui recule à l'infini les limites de la charité, c'est celui que Jésus donna à ses disciples quand il leur dit à la Cène : Comme je vous ai aimés, aimez-vous les uns les autres. Ainsi, aimer le prochain comme soi-même ne suffit plus, c'est comme Jésus l'aime qu'il faut l'aimer. Ordre excessif, gageure intenable ! Comment nos faibles cœurs nourriraient-ils un tel amour ?

Écoutez sœur Thérèse : « O mon Jésus, vous ne commandez rien d'impossible, vous connaissez mieux que moi ma misère et mon imperfection. Vous savez bien que jamais je n'aimerai mes sœurs comme vous les aimez, si vous-même, ô mon divin Sauveur, ne les aimez en moi ».

Élargissement soudain : il suffit que nous ouvrions nos cœurs à Jésus, pour qu'il les dilate à la mesure de son immense amour. Ce n'est plus nous qui aimons, c'est lui qui aime en nous et, chaque cœur chrétien pouvant renouveler ce miracle, voilà, si nous le voulons, Jésus lui-même indéfiniment multiplié de par le monde.

On n'imagine pas la richesse de ce commandement nouveau. Examinez votre vie à sa lumière ; observez-vous dans vos rapports avec vos amis, vos collègues, vos élèves, vous serez aussitôt surpris de vos duretés, de vos injustices, de vos soupçons, de vos malveillances, de votre hâte à condamner, de votre hâte à vous justifier. Petites défaillances, dites-vous, petites faiblesses. Rien n'est petit dans l'ordre spirituel : nos actes les plus humbles sont souvent les plus grands, car la grandeur de l'acte ne se mesure pas à la masse qu'il déplace, mais à l'amour qu'il décèle. Et ce sont ces petites faiblesses dont l'accumulation barre le flux de la grâce, écrase nos élans et empêche notre union à Dieu.

L'amour, voilà donc le terme de la voie de l'enfance et de l'abandon. Dans ses rêves d'enfant, Thérèse a ambitionné toutes les saintetés, tous les martyres. Mais à quoi bon se disperser dans ces vaines aspirations? Si elle aime, elle réalisera toutes les saintetés, puisque toutes les saintetés sont fleurs du même amour. L'amour est tout, renferme tout, est prêt à tout. Avec lui, plus de conflit, plus de défaite. Une obéissance attentive, une acceptation joyeuse, et à quelque poste, éminent ou obscur, que Dieu nous place, le même cœur dans le consentement, le même élan dans le sacrifice. *Fiat voluntas tua.*

Nous avons parcouru la voie de l'enfance spirituelle : un chrétien du troupeau y trouvera la joie et la paix, notre petite sainte y a trouvé le plus dur des tourments. Entendons-nous bien : la joie chrétienne étant en son essence de la douleur acceptée et dominée, ce dur tourment qu'a subi Thérèse finit en somme par devenir pour elle l'aliment d'une joie plus parfaite. Il n'en fut pas moins la plus rude épreuve qu'elle eut à soutenir, la plus inattendue, la plus inconcevable, mais celle aussi qui consacra sa sainteté et lui imposa son caractère propre.

C'était à la fin de sa courte vie : elle avait déjà

reçu l'avertissement que ses mois, sinon ses jours, étaient comptés. Un soir de Jeudi Saint, elle venait d'éteindre sa lampe et allait reposer, lorsqu'un flot de sang bouillonna jusqu'à sa bouche : une immense joie remplit son cœur; n'était-ce pas le signe que Dieu ferait cesser bientôt son exil de la terre? Elle jouissait alors « d'une foi si vive et si claire », que la pensée du ciel faisait tout son bonheur et qu'elle n'imaginait pas qu'on pût être incroyant. Eh bien, subitement la nuit la plus épaisse enveloppe son âme. Le voile de la foi qui s'est si souvent déchiré et lui a si souvent découvert les régions de l'au-delà, ce voile devient soudain « un mur qui s'élève jusqu'aux cieux ». Elle ne voit plus, elle ne croit plus, elle ne peut plus prier. Et ce n'est pas l'épreuve d'un moment : les jours et les jours se suivent dans les mêmes ténèbres glacées. Parfois un bref rayon les traverse, l'épreuve cesse un instant, mais après l'éclair l'ombre se refait plus opaque. Sur la couche où cette angoisse l'étreint et où la phtisie la dévore, elle ne peut plus, les yeux fixés sur le crucifix, que murmurer Jésus.

D'abord, elle ne comprend pas. Elle sait que c'est une épreuve — la plus atroce — elle remercie Dieu de la lui envoyer, alors qu'elle a la force de la supporter, mais elle ne comprend pas; plus elle prie, plus elle se sent délaissée ; des ricanements, des voix maudites retentissent en elle, elle frémit de ce qu'elle entend, elle n'ose le redire de peur de blasphémer. Une nuit elle sent le démon autour d'elle, il la tient comme avec une main de fer, il veut qu'elle désespère. Elle comprend enfin.

Mais nous avions compris avant elle, car ce dur supplice nous l'avions connu, cette nuit nous l'avions sentie sur nos épaules, ce mur s'était dressé devant nos yeux, ces ricanements et ces blasphèmes nous les avions entendus, ce désespoir nous avait tentés. Mais tout cela nous l'avions mérité, nous : c'était la crise nécessaire de notre renaissance spirituelle. Notre âme reprise par Dieu était encore toute salie du péché, toute souillée. Satan en tenait les avenues, y entrait de plain-pied. Il y suscitait les illusions qu'il voulait : nous ne risquions pas une prière sans qu'un rire éclatât auprès de nous ; nous n'approchions pas de la Table Sainte sans le sentiment, tantôt que « décidément, nous étions totalement idiots », tantôt au contraire que notre présence, à elle toute seule, en un tel lieu, à un tel moment, était un horrible sacrilège. Et toujours ce ciel barré, ces prières retombantes, ce bloc de glace en place de cœur. Quand le flot de grâce qui l'a roulé au pied des autels s'est retiré, on n'imagine pas la solitude, le dénuement, l'inaccoutumance, la sécheresse, l'abattement du chrétien converti. Eh bien, sœur Thérèse traversa tous ces états et subit toutes ces crises. Par une grâce unique la plus innocente,

la plus candide des saintes finit par où commencent les vieux pécheurs qui reviennent. Et il fallait
qu'il en fût ainsi, et cette épreuve est la plus
grande marque de la faveur divine comme elle
est la consécration certaine de sa mission ultra-
terrestre.

Elle avait en effet résolu, dès ici-bas, de *passer
son ciel* à ramener les âmes à Dieu. Tous les mérites qu'elle avait par l'amour gagnés sur la terre,
son ambition, une fois là-haut, était de les faire
servir à cette conquête. Dieu exauça ce souhait.
Et, pour que son intercession fût plus instante,
ses prières plus sûrement victorieuses, il **lui fit**
connaître dès la terre, la dure condition de ceux
qui dans la nuit de l'incroyance et du péché,
poussés par une force qu'ils ignorent, avancent à
tâtons. sans savoir que tout proches s'étalent les
champs inondés de lumière. Docile, elle s'est
assise, comme elle dit, à la table remplie d'amertume, où les pécheurs prennent leur nourriture;
et pour que Dieu les renvoyât justifiés, elle a bien
voulu, à cette table souillée, manger seule le pain
des larmes.

O petite sainte, nous nous sommes demandé
souvent pourquoi Dieu de sa main miséricordieuse
nous avait retirés de dessous l'amoncellement de
nos fautes et de nos reniements. Maintenant que
nous vous connaissons. nous savons quelle force
impérieuse d'intercession épanche sur vos frères

le flot de sa miséricorde. Comment résisterait-il
à la prière de sa petite victime d'amour? Et ces
chants qui montent vers le ciel, ces chants qui de
toutes parts appellent l'aurore prochaine, ces
chants de l'âme réveillée, n'est-ce point vous, ô
sainte des convertis, qui du haut du ciel en pro
voquez l'essor et en rythmez les accents ?

Enrôlez-nous, petite sœur céleste. Enrôlez-nous
sous vos bannières. Nous avons battu bien des
pays, couru bien des aventures, dissipé bien des
dons : il nous reste la fidélité. Nous serons derrière vous les vieux routiers qui escortaient
Jeanne d'Arc. Conduisez-nous, soutenez-nous,
éclairez-nous. Notre France ne veut pas mourir,
il ne faut pas que la France meure.

Mais de ces maux qui la pressent — maux du
dehors, maux infiniment pires du dedans — qui
la sauvera, qui peut la sauver; sinon la foi qu'on
lui arrache et que notre office est de lui restituer?
Apprenez-nous à aimer. Il faut qu'un tel amour
monte de nous à Dieu, qu'il tourne à nouveau sa
face vers notre terre de France et, retrouvant son
peuple, décide de le sauver.

Mais ne l'a-t-il pas déjà décidé, puisqu'il vous
a envoyée ?

IV

CHARLES PÉGUY

IV

CHARLES PÉGUY

Les mystères.

On sait ce que furent les « mystères » dans la
très ancienne société française, de vastes compo-
sitions dramatiques représentant soit des scènes
de l'Ancien ou du Nouveau Testament, soit des
miracles accomplis par la Vierge ou les Saints.
On les jouait les jours de fête en face des cathédrales ; toute la cité, clercs et laïcs y collabo-
raient : c'était vraiment le Théâtre du Peuple.
C'est ce genre, depuis quatre cents ans aboli, que
ressuscite aujourd'hui Charles Péguy. Il a pris
pour sujet le plus grand miracle de notre histoire
nationale, la mission de Jeanne d'Arc, et devant ce
miracle, il s'est fait l'âme simple d'un ancien chroniqueur, l'âme d'un Joinville devant saint Louis.
Répudiant résolument tous les vieux procédés

littéraires, — indignes ici, — redevenu peuple
devant cette fille du peuple, chrétien devant cette
chrétienne, mystique devant cette mystique, il a
restitué avec une profondeur d'intuition incroyable
un des moments les plus tragiques et les plus
beaux de l'âme française.

L'imagerie laïque et religieuse — statuaire et
peinture — s'est depuis longtemps emparée de
Jeanne d'Arc et notre esprit n'a pas d'efforts à
faire, pour la voir tantôt à genoux écoutant les
voix, tantôt, sous la cuirasse de fer, prête au combat, tantôt enfin sur la place grouillante dressée
au bûcher ignominieux. Mais avant le bûcher,
avant les combats, avant les voix, qu'était-elle
donc ? Que se passait-il dans son cœur ? Quel
drame intime avait décidé de son sort ? Quelles
souffrances, quelles détresses, quelle grâce avaient
peu à peu modelé en elle cette forme surhumaine
de vie qu'est la sainteté ?

Voilà ce qu'aucun artiste ne nous avait encore
montré.

Représenter la sainteté toute faite, tâche aisée
sans doute et nombreux ceux qui l'ont tentée.
Mais représenter une sainteté qui se fait, une
sainteté qui éclôt, suivre le mouvement de cette
promotion divine, voilà qui exigeait plus que du
génie. Et c'est cela même que par une grâce spéciale de la Bienheureuse a réalisé Charles Péguy,
cet enfant d'Orléans.

Avec beaucoup d'autres choses le monde moderne semble avoir perdu le sentiment de la sainteté. Elle ne nous apparaît guère que comme un état d'élection où Dieu s'est plu à placer certaines de ses créatures, et ces élus eux-mêmes comme des intermédiaires commodes entre la terre et le ciel. Conception égoïste et bornée, favorable à notre paresse, indulgente à nos imperfections ! Sans doute les saints sont choisis par Dieu, mais croyez-vous qu'ils n'aient qu'à s'offrir à ce choix ?

Chaque cas de sainteté, au contraire, loin d'être passif, est l'effort héroïque d'une âme résolue à réaliser, pour sa part, dès la terre et sur la terre, le Royaume de Dieu. La hardiesse de l'entreprise nous est un garant de sa difficulté ; et c'est parce que la victoire est toujours incertaine, toujours menacée, jamais assise, que la sainteté comporte une invincible inquiétude. Ah ! les Bienheureux n'ont pas volé leur gloire céleste ! Toute leur vie, ils ont porté sur leurs épaules la croix du Christ, lourde de nos crimes, de nos misères, de leur propre et naturelle faiblesse. Et pour soutenir un tel fardeau, qui sait dans quels torrents de douleur leurs âmes se sont d'abord trempées. La dure condition, la dure loi. le dur apprentissage de la sainteté, c'est de consommer toute la tristesse d'une âme chrétienne. Et c'est une tristesse infinie.

Considérez la Jeanne de Charles Péguy : elle

n'est pas encore la sainte que nous connaissons, la sainte active qui sauvera le royaume de France. Elle n'a pas entendu les voix, elle ne sait quelle mission l'attend. Mais déjà elle s'est engagée dans la voie douloureuse, puisque dès le début du drame, nous la voyons en proie à ces angoisses surhumaines qui sont le signe de l'élection.

Angoisses des charités vaines : elle vient de donner son pain, tout son pain de la journée, à deux orphelins échappés au sac de leur village. Ils l'ont quittée joyeux. Hélas, ils auront faim, ce soir… qui les nourrira?

Angoisses des prières vaines : les mauvais succombent à la tentation de faire du mal et les bons à la tentation, infiniment pire, de se croire abandonnés de Dieu. Notre Père, notre Père, de combien il s'en faut que votre règne arrive!

Angoisse suprême de la perdition : chaque jour en ces temps de pillage et de sacrilège, la damnation, l'éternelle damnation, la croissante damnation va comme un flot montant où les âmes se noient.

La piété joyeuse de son amie Hauviette, cette piété alerte, courageuse, confiante, c'est la piété du bon paroissien, elle suffit aux tâches communes. Mais pour Jeanne, ni les tâches communes ne satisfont son activité, ni cette piété sa soif de sacrifice. Alors à quoi s'attacher? Le ciel est hostile, la terre ingrate. Que devenir?

Va-t-elle sombrer dans le désespoir? Ah! le désespoir... tournant critique, tournant sinistre, où le Malin attend les plus grands Saints. Quand il les voit abîmés de détresse et de désolation, débiles devant l'énormité de la tâche, débiles devant le mal tout-puissant, alors, il leur tend le désespoir comme un refuge, le seul où leur grande âme puisse après la défaite trouver l'ultime repos... Ils ont été insensibles aux autres tentations, ils ne le seront peut-être pas à l'orgueil. A voir la Charité impuissante, puisque la misère dure; la prière inefficace, puisque le mal triomphe; la Rédemption illusoire, puisque la Damnation demeure, quelle tentation de se dresser en juge de Dieu et de le condamner au nom des sentiments même qu'il a mis en nous pour l'adorer!

Voilà bien la tentation suprême, le suprême chef-d'œuvre, la suprême invention du Malin; tant qu'il travaille dans les sales sentiments qui sont de sa dépendance, on pourrait presque dire que c'est son droit. Seulement ici son royaume est limité, son misérable royaume. Alors, il a inventé un péché nouveau, singulier, par qui il doublait son empire, un péché qui fait jouer les vertus et les vices, et même plus les vertus que les vices. Il fait son jeu dans le jeu de Dieu, et toute la force que Dieu nous avait donnée, il la détourne contre Dieu.

C'est ce détournement incroyable, cette dérivation prodigieuse, qu'il essaye d'opérer dans le cœur de Jeanne. Vous reconnaissez maintenant l'intérêt tragique du drame que nous propose Charles Péguy.

Tout comme dans une tragédie classique nous sommes ici en pleine crise d'âme : c'est — sur un plan plus profond que l'habituel conflit du devoir et de la passion — le conflit de la Sainteté et du Désespoir. Désespoir ou Sainteté : Jeanne ne peut rester en suspens. Il faut qu'elle se décide. Sera-t-elle une désespérée impuissante? Sera-t-elle la sainte qui « réussisse »? Voilà la question qui se pose et dont l'angoisse nous étreint plus violemment que l'antique terreur de la tragédie grecque.

L'ART DANS LES MYSTÈRES

Un lecteur dira : « Péguy a peut-être beaucoup de génie, mais il semble dénué de talent. De grâce, priez-le donc d'écrire comme tout le monde et de rendre ainsi son œuvre accessible. Je serais pour ma part fort désireux d'y pénétrer. Encore faudrait-il qu'il en dégageât les avenues, au lieu de les barricader avec les ronces et les épines de son style hérissé. »

Ah! lecteur de peu de foi! Si vous ne doutez pas que ces Mystères ne contiennent de fort belles choses, comment les avez-vous si délibérément rejetés?

Que Péguy loue le ciel de n'avoir point de talent!

Le talent est vraiment haïssable : il n'invente pas, il ne crée pas. Il répète, il enjolive. Il est aimable. Il ne choque pas. Il est bien élevé, il connaît les règles de la bienséance. Il ne trouble pas la digestion; il sait l'art d'accommoder les restes, les restes du génie.

Le génie est un malappris. Il vient toujours sans être invité. Il bouscule les règles, fait craquer les cadres, rompt les habitudes, l'habitude qui est une seconde nature. Il éveille l'âme qui sommeillait. Ah! l'importun!

Péguy n'écrit pas comme tout le monde, sans doute parce qu'il ne pense pas comme tout le monde.

Tout est dit et l'on vient trop tard, affirme Labruyère. Mais non! Rien n'est dit et il est toujours temps! Si, comme nous l'enseignent nos humbles catéchismes, nous sommes faits à l'image de Dieu, si vraiment nous portons Dieu en nous, comment ne pas comprendre que cet infini de vie est à jamais inépuisable, et qu'aucun art, pas plus qu'aucune science, ne l'exprimera jamais tout entier. C'est précisément la fonction du génie de jeter la sonde à des profondeurs inexplorées et d'en ramener au soleil des trésors inconnus.

Vous vous plaignez du style de Péguy. Cette abondance de mots, ces redites, ces reprises vous étonnent et vous choquent. Il faudrait tout de même en finir avec cette vieille rhétorique du mot juste, du mot précis, du mot unique.

Qu'est-ce qu'un mot? un son, un simple son, un signe, une étiquette.

Si ce signe peut représenter un objet, un individu, comment par contre rendra-t-il jamais un sentiment? C'est pour les besoins de l'action, de la vie sociale, de l'éducation que nous avons appliqué aux modalités de l'âme des vocables tels que haine, amour, courage. C'est commode, ça permet de bavarder, de disserter, de commenter, ça donne l'illusion qu'on se comprend.

Mais d'abord ni mon courage n'est de même qualité que le vôtre, ni votre haine de même qualité que la mienne. Et pourtant si dissemblables qu'ils soient, nous les marquons des mêmes estampilles. Quelle valeur d'expression ont dès lors de telles estampilles?

Allons plus loin. De quel droit saisir une attitude fugitive de l'âme et la fixer à un signe matériel? Si le signe est fixe et l'attitude fugitive comment l'un aura-t-il chance de représenter l'autre?

Allons plus loin encore. Notre âme n'est pas un damier, elle n'offre pas une juxtaposition de sentiments définis et de sensations déterminées. C'est, nous le sentons tous, une sorte de flux vital, un courant continu, où tout s'entrepé-

nètre, limpide ici, trouble là, paisible en amont,
torrentueux en aval, tantôt resserré en rapides,
tantôt s'étalant en vastes nappes. — Mais qui ne
voit qu'un même mouvement emporte la masse
entière et lui imprime sa cohésion? Alors, que
deviennent nos mots, nos mots stables sur cette
mobilité? Nos mots solides sur cette fluidité?
Nos mots matériels sur cet élan spirituel? Nous
en avons tous fait l'expérience : il n'est pas un de
nous qui dans l'explosion d'un sentiment puissant se soit senti capable de le rendre en langage articulé. Les grandes passions sont muettes :
un regard, une étreinte, une larme, le silence
peuvent seuls les traduire.

Les mots sont-ils donc irrémédiablement voués
à l'impuissance?

Non certes! Et c'est là le miracle du style.

Le style rétablit dans la discontinuité des
termes la continuité de la vie. Ce qu'on nomme
inspiration n'est autre chose que le souffle spirituel qui circule à travers les mots, les unit, les
pénètre, les anime de sa flamme subtile. Et c'est
pourquoi chaque homme de génie crée son style.
Le style, c'est l'homme même. l'homme dans ce
qu'il a de plus personnel, de plus intime, je
veux dire son mode particulier de sentir et de
penser.

Charles Péguy possède la grâce bienheureuse
de se mouvoir dans le divin. Pas de vie intérieure

plus religieuse et partant plus riche que la
sienne. Comment nous communiquer cette vie?
faire couler ce torrent dans nos âmes? éveiller en
nous par correspondance, sympathie, résonance,
les mêmes émotions, les mêmes élans, les mêmes
intuitions? Il y faut tout simplement la forme
infiniment souple, infiniment copieuse, infiniment musicale de son style. Rejetons les vieilles
rhétoriques soucieuses de couler dans le bronze
ou de tailler dans le marbre des concepts immuables. Ce que nous voulons, nous, c'est exprimer
la vie dans son écoulement. Ce qui vous surprend
chez Péguy, ce qui vous déconcerte et vous irrite,
c'est cette fluidité même : impossible de s'arrêter, impossible d'extraire ou de citer, tout se
tient, tout se pénètre, tout avance. C'est une
éclosion incessante, un jaillissement intarissable.
Sympathisons avec cette force qui se développe;
par un effort de volonté, arrachons-nous à nous-
mêmes; plongeons-nous dans ce courant et lais-
sons-nous pénétrer et entraîner par lui. Alors,
nous ne faisons plus qu'un avec l'auteur. Son
âme emplit la nôtre, l'élargit, la dilate. Tout
le divin que notre automatisme paralyse s'anime
soudain, s'exalte; et c'est la communion, la pieuse
communion en Dieu.

Il nous est bien difficile, chargés de chair
comme nous le sommes, d'imaginer, dans l'autre
vie, l'intime fusion des âmes.

Et pourtant, les grandes émotions d'amour, les grandes émotions d'art, les grandes émotions religieuses nous la laissent parfois pressentir. Devant la Mort, devant l'Amour, devant la Beauté, devant la Foi, tout être a senti, ne fût-ce qu'une seconde, l'infini de vie qui coule en lui et le rattache à Dieu.

Si de telles émotions sont si rares, quelle reconnaissance, encore une fois, ne devons-nous point aux génies qui, comme Charles Péguy, les ressuscitent en nous! Ils sont élus, ils sont vraiment élus ceux qui nous apportent ainsi la manne des célestes patries.

Ne nous méprenons pas d'ailleurs : s'il n'y a dans les *Mystères* nulle littérature, je veux dire, nulle bibeloterie moyenâgeuse, il y a néanmoins une forme d'art admirable faite de puissance et de simplicité. Ce livre est tout entier écrit sur le rythme d'une conversation populaire. Ces longues phrases, ces répétitions, ces sentences, ces saccades, ces reprises qui surprennent au premier abord, tout cela s'organise à la lecture à haute voix selon une secrète loi d'harmonie. Parfois aux moments d'émotion plus intense, la cadence se précise et l'alexandrin apparaît, une strophe ou deux d'un beau moule classique, fixant une vérité, un sentiment, une attitude. Parfois aussi la cadence plus subtile du vers libre relevée de vagues assonances, donne au

récit l'allure de quelque lente et douloureuse
mélopée. Mais toujours un rythme continu anime
et coordonne le défilé rapide ou lent des pé-
riodes. C'est pourquoi, quand on ouvre ces
livres, nous ne saurions trop recommander d'appeler la voix à l'aide des yeux. Comme les autres
formes du drame, le *Mystère* est fait pour être
dit plutôt que lu. C'est l'œuvre toute désignée
pour charmer nos soirées d'hiver. Faites-en l'expérience, lecteurs. Que votre voix répète un soir
à la famille assemblée les propos de Jeanne et
d'Hauviette, de Jeanne et de madame Gervaise,
et vous verrez quelle pure émotion dilatera les
cœurs et mouillera les paupières.

LE MYSTÈRE DE LA CHARITÉ DE JEANNE D'ARC

C'est le matin, sur un coteau de la Meuse, en
plein été. Jeanne file en gardant les moutons de
son père. Elle sent un amer découragement
l'envahir: elle est tout près du désespoir. Quatorze siècles de chrétienté, quatorze siècles de
prières, et malgré tant de saints et de martyrs,
le royaume de la terre n'est rien encore que le
royaume de la perdition. Le mal règne et les bons
eux-mêmes commencent à se croire abandonnés
de Dieu. Il faut du temps pour pousser une
moisson, il suffit d'un briquet pour la consumer;

il faut du temps pour construire une maison,
il suffit d'une heure pour la démolir; il faut
du temps pour mettre un homme sur pied,
il suffit d'un coup de sabre pour l'abattre. Et
Dieu sait depuis cinquante ans que les An-
glais battent le pays, combien de maisons démolies, combien de moissons consumées, combien d'hommes abattus! Ah! s'il suffisait de
prier, de jeûner, de se sacrifier. Mais les prières
semblent vaines et vains aussi jeûnes et sacrifices! Le peuple chrétien manque de tout, du
pain charnel et du pain spirituel. Sera-t-il dit
que Dieu ne multipliera plus pour lui les pois-
sons, les pains?

Intarissablement, Jeanne pleure sa plainte.
Près d'elle est venue s'asseoir sa petite amie
Hauviette. Le doute ne l'a pas frôlée, elle, pas
plus que le désespoir; elle joue, elle rit, elle
mange, comme elle travaille et comme elle prie,
du même cœur et du même appétit; pour le reste,
c'est affaire au bon Dieu. « Quand j'ai bien fait
ma tâche et bien fait ma prière, il m'exauce à sa
volonté; ce n'est pas à nous, ce n'est à personne
à lui demander raison. » Si la guerre étend ses
ravages, aux braves gens de garder sauf ce qui
n'est pas encore gâté. Les terres ravagées, on les
ensemence; les maisons démolies, on les rebâtit;
les églises même, les églises abattues, on les
relève. Le travail, le saint travail, le travail du

laboureur, le travail de l'ouvrier, **la prière**, voilà ce qui garde tout !

Hauviette s'en est allée ; mais elle **n'a pas com**muniqué à son amie la sérénité de son âme courageuse. Un désespoir creuse Jeanne : plus que de la souffrance des vivants, elle frémit **de la** damnation des morts. Elle sait que quelque **part** dans l'infini, des âmes subissent la **torture de** l'absence éternelle, et que chaque jour vers l'éternelle absence, la mort emporte une ample moisson d'infortunés ! Alors, pourquoi la Rédemption ? pourquoi le sacrifice de Jésus ? pourquoi la Croix, si la damnation demeure ?

Peut-être madame Gervaise, la pieuse servante de saint François, qu'elle attend sur ce coteau et qu'elle voit approcher, peut-être madame Gervaise **va-t-elle** dissiper ce mystère ? Mais **on** ne dissipe pas un mystère, et madame Gervaise **qui** s'assoit près d'elle compatissante à **sa douleur,** ne le tentera pas. Loin de chercher à l'expliquer, elle renforce le mystère, elle l'épaissit, elle le dresse sous les yeux de Jeanne dans toute **son** horreur tragique : c'est le Christ lui-même, le Juste en croix, le Sauveur consommant la Rédemption, qui pleure tout à coup sur le premier damné ! Nous sommes au point culminant du drame. Je ne crois pas qu'on ait jamais évoqué spectacle plus émouvant que celui où nous introduit la vision de madame Gervaise : elle voit

Jésus gravissant le mont des Oliviers, la foule
hurlante et injurieuse, la Mère, pauvre femme
épuisée de douleur, pleurant l'enfant de sa chair,
puis c'est la croix qui se dresse, le Juste cloué,
le flanc percé. Ici, une trêve à ces horreurs, une
halte délicieuse, prélude du triomphe final : qu'il
doit être heureux le Fils ! il a fini sa journée, sa
journée de bon ouvrier ! il a sauvé le monde, il
va rentrer chez son Père, emportant dans ses
bras éternels les âmes des justes qu'il a parfu-
mées de ses vertus, une pleine gerbe, une brassée
d'âmes ! Son Père l'attend pour l'embrasser enfin,
un éternel baiser lavera son front pur, un éternel baiser lavera ses plaies vives ; les anges aussi
l'attendent au sortir de nos mains pour acclamer
son nom et lui chanter sa gloire ! Qu'il doit être
heureux, Jésus ! Mais non ! Entendez-vous soudain
l'horrible clameur qu'il pousse ? Oh ! ce cri du
Sauveur mourant, ce cri qui retentira éternellement, ce cri de désespoir, comme si Dieu même
eût péché comme nous ! Pourquoi ce cri ?

C'est que le Fils de Dieu savait que la souffrance
Du Fils de l'homme est vaine à sauver les damnés ;
Et s'affolant plus qu'eux de la désespérance,
Jésus mourant pleura sur les abandonnés !

Comme il sentait monter à lui sa mort humaine,
Sans voir sa mère en pleur et douloureuse en bas
Droite au pied de la Croix, ni Jean, ni Madeleine,
Jésus mourant pleura sur la mort de Judas !

> Lui, le premier des Saints, sur le premier damné.
> Lui l'auteur, l'inventeur de la Rédemption,
> Sur le premier objet de la Damnation.

Madame Gervaise n'a fait que rendre plus angoissant ce mystère ; mais par un de ces retours imprévisibles de notre cœur, c'est au moment même où il nous apparaît le plus terrible, le plus en contradiction avec nos manières humaines de sentir et de penser, que nous devenons soudain le mieux disposés à l'accepter.

Ces larmes de Jésus, ces dernières larmes qu'il verse sur Judas, comment n'éteindraient-elles pas en nous toute flamme de révolte, puisque son humanité comme la nôtre a frémi, tremblé, pleuré sur ce mystère de la Justice éternelle. Un tel témoignage exerce sur nos cœurs un empire qu'aucun raisonnement n'exercera jamais. O larmes de Jésus, larmes de fraternelle compassion, larmes humaines d'un amour divin, pénétrez nos âmes, détendez nos résistances, et que le mystère de votre miséricorde impose à notre orgueil le mystère de la souveraine justice.

LE PORCHE DU MYSTÈRE DE LA DEUXIÈME VERTU

Mais voici que s'ouvre *le Porche de la deuxième vertu*. Assez longtemps la damnation a retenu les regards de Jeanne, elle doit maintenant les tourner vers la divine Espérance.

D'un trait, sans une pause au long de ces deux cents pages, madame Gervaise déroule le mystère de cette fille chérie du Père. Jaillie du cœur de Dieu, jaillie de l'éternel, c'est la vertu par excellence du monde temporel. Elle court à travers toute la création, remonte la pente que la matière descend, l'entraîne, l'organise et l'anime; enfle les bourgeons, gonfle les cœurs, tend les volontés; et rapporte à son Père tout ce qu'elle a pu sauver de cette terre de perdition.

Mais il faut suivre dans ses approfondissements successifs la vision mystique de madame Gervaise :

Sur le chemin charnel, sur le chemin raboteux du salut, sur la route interminable s'avancent les trois Théologales : la Foi, épouse fidèle, la Charité, mère pleine de cœur, entre elles et leur donnant la main l'Espérance, « petite fille de rien du tout, qui est venue au monde le jour de Noël de l'année dernière ».

Et le peuple chrétien n'a d'attention que pour les deux grandes sœurs, la première et la dernière qui vont au plus pressé, au temps présent, à l'instant momentané qui passe. Il ne voit quasiment pas celle qui est au milieu et qui marche « perdue dans les jupes de ses sœurs ». Il croit volontiers que ce sont les deux grandes qui traînent la petite par la main pour lui faire faire ce chemin raboteux du salut. Les aveugles, qui

n'aperçoivent pas au contraire que c'est elle au
milieu qui fait marcher les deux autres et qui les
traîne, comme elle fait marcher le monde et
qu'elle le traîne ! *Car on ne travaille jamais que
pour les enfants.* Ce n'est point l'enfant qui va
aux champs, qui laboure et qui sème, et qui
moissonne et qui vendange et qui taille la vigne
et qui abat les arbres et qui scie le bois pour
l'hiver. Mais, est-ce que le père aurait du cœur
à travailler si ce n'était pas pour ses petits? De
même que le bourgeon tire à lui toute la vie de
l'arbre, de même l'enfant tire à lui toute la vie
paternelle. Ainsi, non autrement, tout le monde
travaille pour la petite Espérance. Et ses deux
grandes sœurs savent bien que, sans elle, elles
ne seraient que des servantes d'un jour, des
femmes sans enfants, une race qui s'éteint. Mais
par elle, au contraire, elles savent bien qu'elles
sont des femmes généreuses, deux femmes d'a-
venir, qui ont quelque chose à faire dans l'exis·
tence et que par cette petite, qu'elles élèvent,
elles tiennent le Temps et l'Éternité dans le creux
de leurs mains.

Le temps et l'éternité, la chair et l'esprit, le
mortel et l'immortel, le secret divin de notre vie
est justement dans la liaison mystérieuse qui les
unit en nous. Car Dieu n'a pas seulement créé
l'âme et le corps; d'une tierce création il a encore
créé cet attachement, ce lien, cette liaison d'un

esprit et d'une matière. Oui, l'âme est liée à la boue et à la cendre et, liée ainsi, il faut qu'elle fasse son salut. Comme un bon cheval de labour, de sa vigueur et de sa force il ne faut pas seulement qu'elle se meuve elle-même, il faut aussi qu'elle traîne l'inerte charrue. Inerte sans elle, mais laborieuse avec elle, agissante par elle. Bête de labour et d'un labour terrestre, il faut qu'elle tire ce corps enfoncé dans la terre, mais qui animé par elle réussit derrière elle à labourer la lourde glèbe qui poisse au corps et au cœur de l'homme. Il ne faut pas seulement qu'elle fasse son salut elle pour elle, elle pour soi, il faut aussi qu'elle fasse son salut pour lui, *qui ressuscitera,* leur double, leur commun salut, afin qu'après le Jugement dernier ensemble ils participent à la commune félicité éternelle. Comme les deux mains sont jointes dans la prière — et l'une n'est pas plus injuste que l'autre — ainsi le corps et l'âme entreront ensemble dans la vie éternelle. Et ils seront deux mains jointes, ensemble, pour ce qui est infiniment plus que la prière et infiniment plus que le sacrement; ou tous les deux ensemble ils retomberont comme deux poignets liés pour l'éternelle captivité.

Elle est là l'éminente dignité de notre nature, il est là le prix infini de notre vie terrestre, là, dans cette liaison de l'âme et du corps, que seuls des êtres créés nous réalisons ici-bas. Par une grâce unique, nous autres hommes, **nous nous** trouvons au point où l'esprit recoupe la **matière,** au point d'intersection de l'immortel et du mortel. C'est donc par nous, par notre office propre, que le mortel ressuscitera, que la chair **renaîtra** glorieuse, et que le suprême dessein de Dieu s'accomplira au jour du jugement.

Comprenons bien, en effet, la destination de notre vie charnelle; et, circulant en elle comme la sève dans l'arbre, la vertu de la divine Espérance. Jésus n'est point venu pour nous conter des fariboles; le peu de temps qu'il avait, il ne l'a pas perdu à nous donner des charades à deviner, des charades très ingénieuses avec des mots à double entente. Il est venu nous dire ce qu'il avait à nous dire, simplement, honnêtement, directement, comme un honnête homme parle à un honnête homme. Nous n'avons pas à interpréter, nous n'avons qu'à recevoir. Il ne nous a pas donné des paroles mortes à conserver dans l'huile et dans le cèdre; *il nous a donné des paroles vivantes à nourrir.* Et, comme il a été forcé de prendre corps, de revêtir la chair pour prononcer ces paroles charnelles, ainsi nous, à *l'imitation de Jésus,* nous qui sommes chair, nous devons en profiter pour les nourrir en nous vivantes et charnelles.

Miracle des miracles parce que Jésus est devenu notre frère charnel, parce qu'il a prononcé temporellement et charnellement les paroles éternelles, c'est de nous, infirmes, qu'il dépend et de nourrir et de garder vivantes dans le temps ces paroles prononcées vivantes dans le temps. Mystère des mystères, ce privilège incroyable nous a été accordé de nourrir de notre sang, de notre chair, de notre cœur, des paroles qui sans nous retomberaient décharnées.

Pour assurer cette perpétuité charnelle, pour que la parole ne retombe pas inerte comme un oiseau mort, il faut que Dieu, l'une après l'autre, crée ces créatures périssables, ces hommes et ces femmes qui deviendront des pécheurs et des saints ; il faut que Dieu en crée, il faut qu'il en naisse. Ça, c'est son office ; et l'on est sûr que c'est bien fait. Il y pourvoit, il y pourvoira éternellement. Mais ce qui est notre office à nous, créatures périssables, c'est, une fois créées, une fois nées, une fois baptisées, de nourrir un temps la parole éternelle, après tant d'autres, avant tant d'autres, depuis qu'elle fut dite, jusqu'au seuil du jugement. Comme au seuil de l'église, le dimanche, quand on va à la messe, on se passe l'eau bénite de la main à la main, de sorte que le même signe de croix est comme porté de proche en proche par le ministère de la même eau, ainsi de mains en mains les générations éternelles, qui éternellement vont à la messe, se relayant jusqu'à l'enterrement du monde, se passent la parole de

Dieu par le ministère de la même espérance ; car elle est celle qui garantit, qui promet à l'éternité un temps, à l'esprit une chair, à Jésus une église, à Dieu même sa création.

Si telle est la destination de notre vie charnelle, qui ne tremblera tour à tour de joie et de terreur devant ce choix unique comme devant cette effrayante responsabilité. Mystère de l'Espérance divine, mystère de la liberté humaine, singulier retournement de la création : les sentiments que nous devons avoir pour Dieu, c'est Dieu qui a commencé de les avoir pour nous. Il nous a tout remis, tout permis, tout confié, et c'est lui à présent qui a besoin de nous, c'est lui qui dépend de nous : nous sommes maîtres de traverser ou de seconder ses desseins. Il ne peut rien faire sans nous : il faut qu'il attende le bon plaisir du pécheur, il faut qu'il espère que nous nous sauvions, il faut qu'il espère que monsieur le pécheur veuille bien un peu penser à son salut. Voilà la situation qu'il s'est faite. Celui qui aime tombe dans la servitude de celui qu'il aime, Dieu n'a pas voulu échapper à cette commune loi et par son amour il est tombé dans la servitude du pécheur. Contemplez le miracle de l'Espérance divine : le créateur à présent dépend de sa créature ; celui qui est tout dépend de ce qui n'est rien ; celui qui peut tout dépend, attend, espère de ce qui ne peut rien (et qui peut tout, hélas, puisqu'on lui a tout confié). Effrayant privilège, effrayante responsabilité. Comme Jésus dans les siècles des siècles a remis son corps dans les pauvres églises à la discrétion du dernier des soldats, ainsi Dieu dans les siècles des siècles a remis son espérance à la discrétion du dernier des pécheurs ; et comme le dernier des misérables a pu souffleter Jésus — et il fallait qu'il en fût ainsi — ainsi le dernier des pécheurs peut faire avorter, peut faire aboutir une espérance de Dieu. Quelle imprudence, quelle confiance! Les calculs de Dieu par nous peuvent ne pas tomber juste, et c'est de nous qu'il attend le couronnement ou le découronnement d'une espérance de lui (1)!

Nous découvrons maintenant et le prix de la pénitence, et l'étrange arithmétique des paraboles de l'Espérance. Puisque Jésus n'est point venu ici-bas pour nous conter des fariboles ; puisqu'il faut prendre ses paroles au pied de la lettre, qu'est-ce que cette drachme qui en vaut dix et cette brebis qui en vaut cent, et ce fils prodigue plus chéri que le fils fidèle? Quelle est la vertu secrète de la pénitence pour que ce seul pécheur repentant réjouisse autant dans le ciel que quatre-vingt-dix-neuf justes qui sont restés constants?

(1) Il est à peine besoin d'avertir que l'auteur qui a écrit ces lignes n'avait pas la prétention d'épiloguer sur la doctrine théologique de la prédestination. (P. P.)

Singulière invention, vraiment! Nous savons ce que c'est que la pénitence, ce n'est pas déjà si reluisant : le pénitent est un monsieur qui n'est pas très fier de soi, ni de ce qu'il a fait, parce que ce qu'il a fait, c'est le péché... Or non seulement ce pénitent... vaut un juste, ce qui déjà serait un peu raide ; mais il en vaut quatre-vingt-dix-neuf, il en vaut cent, il vaut tout le troupeau. C'est que cette brebis était perdue et qu'elle a été retrouvée ; c'est que cette âme était morte et qu'elle a ressuscité... Et l'incroyable grandeur qu'il y a dans la pénitence... c'est qu'une pénitence de l'homme est le couronnement d'une espérance de Dieu. Et comme nous sonnons nos Pâques à toute volée pour célébrer la résurrection de Jésus, ainsi Dieu pour chaque âme qui se sauve sonne dans le ciel des Pâques éternelles...

Depuis que, de par le monde, circulent les paraboles de l'Espérance, dans les ténèbres du péché, une lampe luit qui ne sera jamais éteinte, flamme vacillante, tremblante, anxieuse, mais capable de traverser l'épaisseur des nuits.

Un homme avait deux fils. De toutes les paroles de Dieu, c'est celle qui a éveillé l'écho le plus profond, car c'est elle qui enseigne que tout n'est pas perdu. Quand le pécheur s'éloigne de Dieu, à mesure qu'il s'enfonce dans les pays d'erreur, il jette au bord du chemin, dans la ronce et dans les pierres, comme inutiles et embarrassants, les biens les plus précieux, les plus purs trésors. Mais il y a une parole qu'il ne rejettera point, car c'est une parole qui suit, une parole qui accompagne; elle est le chien fidèle, que l'on bat mais qui reste.

Un homme avait deux fils. Toutes les **autres paroles** de Dieu sont pudiques : elles n'osent point accompagner l'homme dans les hontes du péché... Mais celle-ci... est une petite sœur des pauvres qui n'a pas peur de manier un malade. Elle a porté un défi au pécheur, elle lui a dit : « Partout où tu iras, j'irai; avec moi, tu n'auras pas la paix. » Et c'est vrai, et lui le sait bien et il aime mieux qu'il en soit ainsi. Car tout à fait au fond, au fond de sa honte et de son péché, ce point douloureux qu'il sent au cœur, ce point de cicatrice, ce point d'inquiétude secrète, il sait bien que c'est un bourgeon d'espérance. Et cela le rassure un peu...

L'Espérance. Ça c'est vraiment la plus grande merveille de la grâce de Dieu. Comme une pluie grise, comme une infatigable pluie d'automne, les jours mauvais pleuvent; ils pleuvent sans se presser, sans se lasser, l'heure après l'heure, les jours après les jours. Et de toute cette eau qui glisse inlassable du ciel, d'autres feraient des marais pleins de fièvre et tout peuplés de sales bêtes, mais nos chrétiens, mais nos Français,

— bonne terre d'âme labourée par Jésus depuis

des siècles et des siècles, — voyez, ils en font des
sources pures ; et c'est la même eau, assainie, qui
monte aux tiges pour le Pain, la même eau, assainie, qui monte aux sarments pour le Vin, qui
monte en l'un et l'autre bourgeon, en l'une et
l'autre Loi.

On se demande : Mais comment se fait-il que
cette fontaine Espérance éternellement coule, et
qu'elle coule éternellement jeune, éternellement
pure, éternellement fraîche? Où cette enfant
prend-elle tant d'eau vive? Est-ce qu'elle la crée
à mesure? Non, dit Dieu, il n'y a que moi qui crée.
Alors comment se fait-il que cette fontaine éternellement jaillisse? « Bonnes gens, dit Dieu, son
secret n'est pas difficile. Si c'était avec de l'eau
saine qu'elle voulût faire des sources saines, jamais elle n'en trouverait assez dans toute ma
création. Car il n'y en a pas beaucoup. Mais c'est
justement avec les eaux mauvaises qu'elle fait ses
sources d'eau pure, et c'est pour cela qu'elle n'en
manquera jamais. »

Miracle de l'Espérance : c'est avec de vieilles
âmes qu'elle fait des âmes fraîches, avec des âmes
troubles qu'elle fait des âmes claires, avec des âmes
usées qu'elle fait des âmes enfants, et des âmes
neuves avec des âmes qui ont déjà servi, et des
âmes levantes avec des âmes couchées. Et c'est
le plus beau secret qu'il y ait dans le jardin du
monde : et c'est le secret même de la Grâce de Dieu.

Sursum corda ! Suivons la petite fille Espérance. Voyez comme elle marche; elle sauterait à la corde dans une procession, tellement elle est heureuse et tellement elle est sûre de ne jamais se fatiguer. Elle ne se ménage pas, elle ne nous ménage pas. Qu'importe où elle nous mène ! Vingt fois, elle nous fait aller au même endroit de déception terrestre. Qu'importe ! La sagesse humaine n'est point son affaire, car elle a toute la Vie devant elle, la seule qui compte, toute la Vie éternelle. Et nous aussi, nous avons toute la Vie devant nous, la seule qui compte, toute la Vie éternelle. Ce qui importe, ce n'est pas d'arriver ici ou là, d'aboutir quelque part, puisque c'est généralement un point de déception, un point de vanité terrestre; mais c'est d'aller, d'aller toujours, d'aller petitement dans la petite procession des jours ordinaires, grande pour le salut. Vingt fois la petite Espérance nous a menés — péniblement, laborieusement, difficilement — au même point de déception terrestre. Mais si ces vingt fois sont vingt fois d'épreuves, et si c'est un chemin de sainteté, sur le même chemin la deuxième fois fait le double de la première, et la troisième en fait le triple, et la vingtième en fait le vingtuple. Car c'est le chemin qui importe, et quel chemin on fait, et comment on le fait. C'est comme ça que Dieu voit, c'est comme ça que Dieu compte. Au regard de l'homme tout se recommence; au re-

gard de Dieu tout s'additionne : les jours s'ajoutent au trésor éternel des jours ; la souffrance de
chaque jour au trésor éternel des souffrances ; la
prière de chaque jour au trésor éternel des prières ;
le mérite de chaque jour au trésor éternel des
mérites ; la grâce de chaque jour au trésor éternel
des grâces. Et c'est pour cela que la jeune Espérance, seule, ne ménage rien.

LE MYSTÈRE DES SAINTS INNOCENTS

Ce troisième mystère est de la même coulée que
le Porche. C'est le même jaillissement, le même
rythme. Les vibrations ont la même longueur
d'onde et éveillent en nous des résonances aussi
profondes. C'est toujours ce langage d'âme, cette
voix unie de l'ami, qu'on écoute, dans l'intimité
d'un tête-à-tête, ce style dépouillé, où luit comme
sur le front d'un saint un rayon de spiritualité.

Ici, comme là, Dieu parle. Évidemment, il faut
une singulière audace pour faire parler Dieu.
Mais ce sont de ces coups d'audace qui semblent
très naturels, quand le succès les justifie ; applau-
dissons-y, puisque par elle nous avons, en ce
Mystère, avec une force incroyable le sentiment
de la présence divine, et que de cette présence
nous tirons un inestimable bienfait.

Avez-vous remarqué combien nous sommes
tristes, tous tant que nous sommes ? Il ne faut pas

gratter bien fort la peau d'un homme de notre
génération, pour découvrir, sous une couche légère de blague ou d'indifférence, d'effrayantes
épaisseurs de tristesse. Nous avons des parties
de désespérés. Et la tentation la plus terrible
parce qu'elle est le plus dans le sens de notre in-
clination, est justement la tentation du désespoir.
Je ne sais si cet état tient à beaucoup de causes:
mais la principale est assurément que Dieu n'est
guère dans l'air de notre temps, que nous avons
trop longtemps vécu sans lui, et que perdu trop tôt
nous l'avons retrouvé trop tard. Plus de fraîcheur,
plus d'innocence, plus de naïveté : nous avons
bien retrouvé la notion du péché, nous n'en avons
plus le sentiment. Nous sommes vidés, desséchés,
racornis; et quand la pensée nous vient qu'il
faudra, un jour, nous présenter en cet état devant
le juge, on est pris soudain d'effroi tant le salut
semble impossible : « Heureusement, me disait
un ami, qu'il y a le Purgatoire. »

Eh bien, il n'est pas d'état qui doive plus que
celui-là déplaire à Dieu, pas d'état qui soit plus au
rebours de sa grâce, parce qu'il n'y en a pas qui
insulte davantage à sa bonté. Dieu est bon. Nous
l'avions oublié. Il n'est pas seulement tout-puissant
— nous le savons de reste — il est surtout toute
bonté. Comme Péguy a raison de nous le rappeler ! Nous voulions bien craindre Dieu, nous
n'osions plus l'aimer, et voilà que dans cette bonté,

que le poète nous découvre intarissable, nos cœurs
retrempés se gonflent de confiance ; et sous la
rude et dure écorce voilà que pointe un fin bourgeon d'espérance, promesse des éternelles béatitudes.

Avant d'être juge, Dieu est père. Qu'attend-il
de l'homme ? C'est moins encore peut-être les
sacrifices et les pénitences (sacrifices trop souvent
orgueilleux, pénitences trop souvent aigres) qu'un
peu de confiance, qu'un peu de détente, qu'un
peu d'abandon. A quoi bon brûler, sur son lit,
d'inquiétude et de fièvre ? tous ces péchés qui nous
font tant de peine, eh bien, il ne fallait pas les
commettre ; à présent, il est trop tard pour y revenir ; la journée d'hier est faite, pensons à celle de
demain ; demain est à faire et notre salut qui est
au bout de la journée de demain. Quand le pèlerin a longtemps traîné dans la boue des chemins,
avant de passer le seuil de l'église, il s'essuie
soigneusement les pieds ; mais une fois qu'il est
entré, il ne pense plus à ses pieds, voyons ; il n'a
plus de cœur, il n'a plus de regard, il n'a plus de
voix que pour cet autel où le corps de Jésus brille
éternellement ; et nous de même, au seuil de la nuit
qui est comme le temps de Dieu, essuyons-nous
les pieds, faisons notre examen de conscience et
qu'on n'en parle plus ; et n'allons pas traîner sur
les dalles de la nuit les marques de boue de nos
sales chemins de la journée. Il n'est alors qu'une

attitude, l'abandon aux bras de notre Père; mieux que nous, il sait nos fautes et notre indignité, mieux que nous il sait le prix de notre confiance et de notre amour.

Pourquoi trembler toujours à la pensée de Dieu? Croit-on qu'il passe sa vie à nous tendre des pièges et à prendre plaisir à nous y voir tomber? Mais il est l'honneur et la droiture même. Toute la feinte qu'il a, c'est la feinte et la ruse de sa grâce qui si souvent joue avec le pécheur pour l'empêcher de pécher.

Pourquoi trembler à la pensée de Dieu ? Ne sommes-nous pas ses enfants ? et doublement ses enfants depuis que son Fils est devenu notre frère?

Pourquoi trembler à la pensée de Dieu ? Il connaît l'homme : c'est Lui qui l'a fait. Il connaît la perfection : Lui seul est parfait. Quand on aime un être on l'aime comme il est. Alors croyez-nous en, il ne pousse pas des cris contre nous comme un pharisien. Il ne nous demande qu'un peu de libre amour, qu'un peu de libre obéissance. Oh ! l'amour d'un saint Louis, cet amour de baron français si gratuit, si franc, si plein! Sans doute tous les hommes ne peuvent aimer mieux la lèpre que le péché mortel, mais il suffit qu'il y ait un saint Louis pour que Dieu se contemple avec admiration dans sa créature et que sa miséricorde, encore accrue, s'épande infinie sur tous les pécheurs. Car les pécheurs sont de la chrétienté et

Joinville aussi est l'ami de Dieu. C'était un pécheur, c'était un bon chrétien tout de même. Il ne faut pas oublier Joinville ; si l'on oubliait les pécheurs, il ne resterait plus beaucoup de chrétiens...

Abandon, confiance, amour ! Soyons dans la main de Dieu comme le bâton dans la main du voyageur ; soyons dans le flot de son amour comme une barque qui s'abandonne au fil de l'eau, soyons dans l'angle de son bras comme un enfant laiteux au bras de sa nourrice.

C'est ainsi que Péguy nous convie à aimer Dieu.

CLIMAT SPIRITUEL DES MYSTÈRES

Nous voici arrivés au terme de ces livres et je m'aperçois que pour avoir voulu fidèlement suivre le mouvement de l'œuvre, j'ai laissé tomber trop de précieuses richesses. Livres d'élévation, livres de méditation, livres tout gonflés de notre sève chrétienne, ils regorgent d'une abondance qui fait craquer l'analyse. Tâchons de sauver quelques-uns de ces biens : nous y trouverons un aliment dont nos cœurs ont besoin.

Jeanne, nous l'avons vu, est découragée : ce découragement ne serait-il pas le nôtre ? Un flot d'impiété menaçait de submerger la chrétienté : cette menace n'est-elle pas toujours présente ? Le

peuple manquait du pain charnel et du pain spirituel : a-t-il l'un et l'autre aujourd'hui ? Les soldats
s'enivraient dans les saints ciboires et leurs che-
vaux mangeaient l'avoine sur les autels vénéra-
bles : n'assistons-nous pas encore à de semblables
spectacles ? Jeanne, épouvantée du présent, se
détourne éperdument vers le passé : et nous,
comme elle, n'avons-nous pas un regard d'envie
désespérée pour le pays béni où naquit le Sauveur,
pour les campagnes élues qu'il foulait de ses pieds,
pour les modestes demeures où il s'abritait le
soir, las de marcher et d'enseigner, et où quelque
humble femme devinant soudain qu'il était le Fils
de Dieu, lui dénouait ses sandales en pleurant de
béatitude ? Oui, ce miracle a existé ; il a été possible de Le voir, de L'entendre, de Le toucher, de
Lui donner une étreinte d'homme, de Lui serrer la
main comme à un ami. Il était un homme. Il était
un ami.

Mais à quoi bon jeter ainsi les yeux en arrière,
si ce n'est pas pour puiser une force nouvelle
dans le spectacle des dons répandus ? Si Jésus a
tant donné, ne donne-t-il pas encore ? Et autant ?
Écoutez madame Gervaise :

« Il est là ! Il est là, comme au premier jour.
Il est là parmi nous, dans tous les jours de son
éternité.

« Son corps, son même corps pend sur la même
croix. Ses yeux, ses mêmes yeux tremblent des

mêmes larmes. Son sang, son même sang saigne des mêmes plaies. Son cœur, son même cœur saigne du même amour.

« Chrétiens, vous ne connaissez pas votre bonheur, votre bonheur présent, votre bonheur éternel. Chrétiens, vous ne connaissez pas votre grandeur, votre grandeur présente, votre grandeur éternelle.

« Ils démolissent des églises. Nous en rebâtirons toujours, des églises de pierre. Mais il y a une église, il y a dans le ciel une Église de Dieu, une Église Éternelle, qu'ils n'atteindront jamais ».

Qu'importent donc les assauts répétés du Malin et ses triomphes illusoires ! Qu'importent des années ou des siècles de persécution ! N'avons-nous pas, pour mener la lutte et remporter la victoire, l'éternité du temps et la présence de Dieu ?

Jeanne, au début de ces *Mystères*, est comme le soldat d'une armée en déroute : elle murmure contre les chefs ! A contempler le bonheur de ces premiers chrétiens, la fortune unique de ces compagnons du Christ qui ont vécu sa vie humaine, elle éprouve contre eux une rancune tenace en songeant qu'un jour ils l'ont abandonné. Le reniement de Pierre surtout, de Simon-Pierre, l'élu d'entre les élus, ce reniement l'indigne. « Non, jamais des chevaliers français, des paysans français, des gens de chez nous ne l'auraient abandonné ! »

Oh! la belle défense que fait madame Gervaise de ces premiers saints, de ces initiateurs, de ces fondateurs de toute chrétienté. Ils furent les balayeurs du monde, ils ont eu à débarbouiller la terre, la face de la terre. Nous autres, nous avons pris la suite; et ce n'est pas la même chose. Où il n'y avait rien, ils firent tout. Et où il y a tout, c'est à peine si nous faisons quelque chose. Ah! le reniement de Pierre! Nous n'avons que cela à la bouche! on allègue ça; on dit ça pour masquer, pour cacher, pour excuser nos propres reniements. Pierre l'a renié trois fois. Et puis après? Nous, nous l'avons renié des centaines et des milliers de fois pour le péché, pour les égarements du péché, dans les reniements du péché.

Admirable leçon de modestie et de reconnaissance! Il est facile aujourd'hui d'être chrétien! C'était moins facile quand ils ont commencé. En venant au monde, nous avons trouvé la maison faite et la table mise, la Table sainte. Mais eux! Que la face de la terre était sale alors, toute sale, toute souillée de Paganisme. S'ils ont renié, un jour, c'est qu'ils n'étaient pas entraînés. Ils n'étaient pas habitués à une si grande histoire. Ils n'étaient pas faits à leur propre grandeur. Jésus était passé et les avait emportés! Et un jour dans la stupeur de cette histoire foudroyante, dans le tremblement de cette révélation extraordinaire, un jour, eh bien oui, les pauvres gens ont manqué leur affaire. Ils n'avaient pas comme nous des siècles de Chrétienté derrière eux; ni des milliers de martyrs, ni des milliers d'avertissements.

On parle toujours du coq de Pierre. Il y a eu pourtant d'autres coqs depuis. Il y en a dans nos pays. Ils ne sont pas inoccupés : dressés sur leurs ergots, ce qu'ils proclament c'est nos reniements sans nombre. Un coq a chanté pour Pierre. Combien de coqs chantent pour nous! Seulement, nous ne les entendons pas, nous ne voulons pas les entendre.

Je ne sais pas si l'on doit plus admirer ici la puissance de la dialectique ou l'intensité de la vision. Le singulier mérite de Charles Péguy est moins encore, ce me semble, dans la rigueur de ses démonstrations que dans la couleur de ses tableaux. Grâce à lui nous avons la vue, le contact pour ainsi dire immédiat de ces grands initiateurs du Christianisme. Il leur restitue leur humanité. Nous respirons leur atmosphère, nous nous mouvons dans leur ambiance. Et au milieu des tristesses présentes, l'on comprend quel réconfort nous confère une pareille intimité.

C'est dans cet esprit d'humble simplicité et de fraternelle sympathie, qu'il nous trace la vie et la passion de Jésus. Jésus, nous le voyons d'ordinaire dans la lumière surnaturelle des rosaces de nos cathédrales, dans l'or des tabernacles, dans la splendeur des voûtes élancées, dans la fumée ascendante des parfums, dans la symphonie des orgues et des voix. Nous le voyons aussi aux cieux, à la droite du Père. Et, de le voir ainsi, dans la gloire de son triomphe, nous oublions qu'il fut un homme.

C'est l'homme que voit Charles Péguy, le charpentier, car il avait travaillé dans la charpente: c'était un compagnon charpentier. Comme il aimait ce métier-là! la bonne odeur du bois frais, fraîchement coupé, fraîchement pelé! Sûrement il était fait pour ce métier-là, le métier des berceaux et des cercueils, qui se ressemblent tant! Et sa mère Marie était une simple femme qui ravaudait son linge et faisait la lessive. Et Joseph était un petit patron qui faisait du travail à domicile.

Salutaire vision de Jésus artisan! Combien misérables devant elle nos appétits de luxe et de jouissance, nos orgueils de bourgeois et d'aristocrates! Ne sentons-nous pas que ces humbles travaux, ces travaux de ménage et de métier, ces travaux jusqu'à Lui serviles, sont à jamais sanctifiés, embellis, divinisés pour avoir été ceux que choisit le Sauveur du Monde? Adorons Jésus dans les cieux! Mais ne le méconnaissons pas sur la terre! Et retrouvons-le, Lui, le charpentier, dans tous ceux qui peinent et qui souffrent!

C'est ce caractère d'humanité coutumière, d'humanité usuelle, un peu vulgaire, franchement

populaire, qui, chez Péguy, donne au récit de la
Passion une valeur d'émotion vraiment insoup-
çonnée.

La foule hurle derrière le Porteur de Croix ;
nous sommes dans la cohue ; nous montons avec
elle ; près de nous une femme pleure. Des voix
disent : « C'est la Mère du Condamné. » On la
respecte. On respecte toujours les parents des
condamnés. Mais on tape sur le fils. Les gens
sont comme ça, on ne peut pas les refaire. Elle,
elle pleure dans un grand voile de lin, « un grand
voile bleu, un peu passé »... Elle pleure, elle
pleure, voilà trois jours qu'elle pleure, les yeux
lui cuisent, les yeux lui brûlent, jamais on n'a
tant pleuré.

Mais à quoi bon citer? Et comment citer? Il
faut lire cet étonnant récit et se laisser emporter
par lui, meurtrir par lui, exalter par lui. Jamais
poète lyrique, si riche, si splendide qu'il fût, n'eût
pu réaliser un tel miracle de pittoresque et d'é-
motion. Une fois, le prestigieux génie de Hugo
a pu, dans *Ruth et Booz*, frôler un instant le divin.
Notez pourtant qu'il n'a jamais osé aborder la
Passion. C'est qu'ici il fallait autre chose, pour
celui qui fut par essence l'Homme du peuple, il
fallait la manière fruste d'un homme du peuple.
Quelle reconnaissance ne devons-nous pas à Péguy
d'avoir ainsi dépouillé le lettré qu'il est et s'étant
fait le plus ému des spectateurs du drame, d'en

être devenu le plus simple des mémorialistes!

Sur tous ces points, la vision de Péguy est si pénétrante qu'elle nous semble plonger au cœur même des réalités spirituelles. Aussi on aura beau extraire et éparpiller tout le contenu d'une telle œuvre, on n'aura rien fait. Le mouvement intérieur échappera toujours à notre prise ; et c'est ce mouvement qui est tout, puisqu'il traduit le courant spirituel, qui unit le poète à Dieu. Voilà pourquoi il faut lire ces livres et les méditer. Ils ont place sur notre bureau parmi nos mystiques préférés. On les ouvre n'importe où ; on en lit vingt pages ; c'est un bain de spiritualité. C'est littéralement un climat. Dans l'aridité de notre civilisation, ils sont une source fraîche, jaillissant des couches les plus profondes et les plus chrétiennes de notre race paysanne et française.

L'ÈVE DE PÉGUY [1]

Polyeucte excepté, que Péguy nous a enseigné à mettre au-dessus de tout, tout permet de penser que cette *Ève* est l'œuvre la plus considérable qui ait été produite en catholicité depuis le quatorzième siècle.

Qu'on se représente une matière aussi ample que celle des trois premiers *Mystères de Jeanne d'Arc* réunis, et cette immense matière non plus même coupée par ces légères coupures et par ces deux arêtes verticales que font encore dans un triptyque les charnières des volets, mais déve-

[1] Cette étude sur *Ève* représente un type particulier de collaboration entre Lotte et Péguy.

C'est d'abord un *Entretien* avant la lettre. Dans une longue conversation avec Lotte, à Bourg-la-Reine, le 4 janvier 1914, Péguy explique le plan du poème, exactement il découvre sous le tissu de quatrains la trame de cette immense tapisserie; il fait, sans trop de sévérité, son examen de conscience littéraire. Lotte rédige ensuite son article d'après ses souvenirs et les notes prises sous la dictée de Péguy. Le Maître revoit le texte, le corrige, l'enrichit, et pour achever d'imprimer sa marque, glisse dans les épreuves du *Bulletin* quelques singularités typographiques (P. P.).

loppée, réduite, épuisée pour ainsi dire et comme
absorbée par une opération d'un seul tenant; les
prières, les vœux, les méditations; les contempla-
tions; les adjurations et les chutes; les grandeurs
et les misères; la rédemption et les bassesses; les
élévations et les effondrements; les voix et les
cris; les tumultes et les silences; les hommes et
les peuples; les déserts et les solitudes; les mystères de la foi et les histoires saintes directement
articulées de l'une sur l'autre suivant le jeu de
leur articulation réelle sans plus de ciment que
dans l'architecture antique, et sans même ces
légères agrafes que sont par exemple dans Virgile
les *Talia per Latium... Dixerat hæc... Pauca
refert... At vero ingentem... Sic fatus... Talibus
orabat dictis...*; l'affabulation réduite à zéro; l'épisode et l'anecdote anéantis; pas ombre de machi-
nerie sous aucune forme; ni sous les formes
apparentes, qui sont encore honnêtes; ni sous les
formes déguisées, qui ne le sont même plus; le
joint parfait des pierres obtenu par la seule taille;
nul interstice; une exactitude de juxtaposition
qui revient à être la composition même; le même
jaillissement intérieur que dans *le Porche* notamment et dans les *Innocents* et ce *resurgement* (1)

(1) Nous désignons par ce néologisme le jaillissement de
création propre à Péguy. C'est ce que les critiques appellent, on
ne peut plus improprement, répétition. En fait — et pour qui
sait lire — il n'y a pas une seule *répétition* dans toute l'œuvre
de ce Maître. (Note de Lotte.)

perpétuel retombant en nappes de vers d'une *astreinte* si rigoureuse qu'elle n'avait jamais été obtenue à ce point.

Toute la fécondité, en un mot, et toute la discipline. Tout le jaillissement et tout l'ordre. Tout le jaillissement dans la race et tout l'ordre dans le fruit. Tout le jaillissement dans la glèbe et tout l'ordre dans le grenier. Tout le jaillissement dans la pousse et tout l'ordre dans la gerbe. Tout le jaillissement dans le germe et tout l'ordre dans l'épi. Tout le jaillissement dans la plaine et tout l'ordre dans la grange. Une œuvre également opposée, également contraire aux fécondités de désordre et aux stérilités d'ordre. N'est-ce point là le catholicisme même et la catholicité? N'est-ce point la situation même, le point de situation propre, le point de recoupement, l'exactitude de la catholicité dans la chrétienté générale? Toutes les forces de la création, toutes les ressources de la nature et de la grâce rapportées en récolte aux pieds de Dieu.

ÈVE. — *Jésus parle.* — *O mère ensevelie hors du premier jardin...* En revêtant cette forme d'une longue invocation de Jésus à Ève, Péguy se plaçait d'emblée et pour ainsi dire géométriquement à la croisée, au point de croisement et de recoupement des plus grands mystères de la foi. A son départ même il se plaçait en ce point uni-

que et non interchangeable et non réversible par
où tout passe, où tout se croise, d'où le regard
épuise les deux grandes avenues. Il se plaçait
résolument en ce point central, doublement axial,
par où tout passe. Il se plaçait instantanément
dans l'axe du spirituel et dans l'axe du charnel,
dans l'axe du temporel et dans l'axe de l'éternel.
Il se donnait ensemble le maximum d'homme et
pour ainsi dire le maximum de Dieu *Et Verbum
caro factum est* : c'est dire qu'il se plaçait au
cœur même de l'Incarnation.

A cette sûreté, à cette délibération, à cette décision de la démarche initiale qui installe instantanément l'auteur au cœur même de son sujet (et
ici au cœur même du sujet chrétien), nous reconnaissons le grand procédé (nous prenons ce mot
dans son sens étymologique), la grande *démarche*
classique. Ou si l'on veut encore cette grande
démarche classique *initiale* (dont les modèles les
plus parfaits sont peut-être dans Molière, et parmi
Molière dans le *Tartufe*), n'est qu'un cas particulier, éminent, maximum de cette grande démarche
classique *générale* qui tend sous toutes ses formes
à l'anéantissement de l'affabulation, à la totale
annulation de l'*accident*. L'épisode ici n'est point
seulement pourchassé, il n'est point seulement
proscrit, il n'est point seulement réduit à zéro
dans la production, dans l'exécution de l'œuvre,
il est réduit à zéro dans la conception même et

dans la pensée première, dans la *jetée* **première**
dans le germe. C'est le fameux départ *ex abrupto,*
en falaise, qui donne comme la frappe d'entrée
des grandes œuvres classiques. Péguy se retrouve
ici intégralement et tout d'un coup ce qu'il est :
un classique.

Et non point un classique de la deuxième génération, de la génération de Racine (d'Euripide).
Mais un classique de la première génération, de
la génération de Malherbe et de Corneille, de
Molière, de Pascal, de Bossuet (d'Eschyle, de
Sophocle). Cette absence de cimentation, de cé-
mentation artificielle, de liaison rapportée qui a
peut-être été portée à son maximum par Eschyle
et à sa limite et à son point de perfection dans les
Sept contre Thèbes et qui se retrouve exactement
la même dans *Monsieur de Pourceaugnac* **et**
dans la *Comtesse d'Escarbagnas,* **reparaît** ici intacte et naturelle après deux siècles de romantisme, et il faudrait peut-être dire après deux siècles
et demi, s'il est vrai qu'il faille faire commencer
le romantisme *aussitôt après* la dernière comédie
de Marivaux mais *sensiblement avant* la dernière
tragédie de Corneille, et qu'il y en ait, et peut-
être beaucoup, comme l'enseignait le grand et
fanatique et injuste et faux et honnête Brune-
tière, dans *Phèdre,* dans *Esther,* dans *Athalie.*

En un temps où tant de politiciens de la littérature et tant de politiciens de la politique croient

qu'être classique c'est transférer en romantique.
c'est dénaturer, c'est traiter *romantiquement* les
matières traditionnelles classiques, saluons un
classique qui est classique sans le faire exprès,
par l'articulation naturelle de son esprit, sans s'en
être fait ni un programme ni un exercice, par sa
nature enfin, par son être même, organiquement.

Cette exactitude classique, cette sorte de ponc-
tualité géométrique, cette probité, cette honnêteté (par suite cette totale liberté), cette dureté.
cette pureté du classique. pour tout dire cette
nudité et pour dire encore plus cette pauvreté (1)
dans l'ordre de l'intention première, dans l'initial.
dans la première poussée place instantanément
l'auteur au cœur de son sujet. Dans le mode elle
obtient constamment et du premier coup cette
exactitude d'assemblage, cette absence de transi-
tion, cette absence de jointure qui fait consister
la composition précisément en cette juxtaposition
qu'il fallait. Mais elle ne donne pas seulement le
germe et le lancement de l'œuvre et elle n'en
donne pas seulement le mode. Elle en donne, elle
en règle l'être même. car elle en donne ce qui
exprime, ce qui manifeste l'être même, ce qui le
traduit, ce qui le représente. ce qui est peut-être

(1) Dans cette pauvreté profonde, au sens où nous l'entendons.
réside une des plus profondes liaisons qu'il y ait entre le classique et le chrétien. En ce sens (et en tant d'autres), rien n'est
aussi profondément classique que Chartres, Notre-Dame de Pauvreté. (Note de Lotte.)

l'essentiel, elle donne le ton. Le ton étant le règlement de l'être même de l'œuvre. Rien n'est aussi
important que le ton d'une œuvre, cette sorte
d'unité qui court partout, partout présente et constante partout, tellement sûre d'elle-même et tellement partout maîtresse que l'idée ne lui vient
même pas de gêner aucune liberté. Or nulle matière peut-être n'a été autant la proie du romantisme, des détournements romantiques et du *ton*
romantique que le paradis terrestre et la chute.
Mais nul poète aussi ne les a aussi violemment que
Péguy et, on peut le dire, aussi victorieusement
ravis aux ravisseurs et ramenés dans l'obédience.
Le frivole, c'est-à-dire le romantique, l'homme qui
a à s'exciter, qui ouvrira ce livre, sur le vu du titre,
n'y trouvera que vide et que désillusion. Car la
chute et la deuxième destination et la destitution de
l'homme ici ce n'est point de commettre ces grands
crimes qui font bien dans les littératures, c'est
infiniment plus profond et plus grand, parce que
c'est le tissu même de la vie, le commun, le tissu
commun, le quotidien, la toile grise, c'est nous,
c'est vous. Et pour Ève c'est d'être une vieille
femme. Et d'avoir enterré beaucoup d'enfants. Et
d'être forcée d'allumer du feu quand il fait froid.
Et qu'il n'y a pas moyen de faire autrement. Et
d'être forcée d'allumer la lampe pour voir clair.
Et qu'il n'y a pas moyen de faire autrement. Et
elle et nous tous en elle et après elle et avec elle

d'être forcés de faire perpétuellement notre ménage. Et le ménage même de l'âme. Voilà notre
condition désormais. Ce n'est point d'être des
criminels de marque, des criminels pour poètes
romantiques. C'est d'être des pécheurs. Et même
des petits pécheurs.

Et par là vous savez combien l'homme exagère
Quand il dit qu'il déteste et quand il dit qu'il aime.
Et qu'il n'est point de lieu sur la terre étrangère
Ni pour un grand amour ni pour un grand blasphème.

Et par là vous savez combien l'homme exagère
Quand il dit qu'il conteste et quand il dit qu'il ment.
Et qu'il n'est point de seuil sous sa porte étrangère
Ni pour un grand bonheur ni pour un grand tourment.

Seule vous le savez, nos désolations,
Assises parmi nous, ne sont pas même grandes.
Nous n'apportons jamais sur la table d'offrandes
Que des cœurs pleins de boue et de corruptions.

C'est le pécheur, c'est vous, c'est nous. C'est
l'homme. Et essentiellement c'est le poète. Et
nous arrivons ici à une caractéristique essentielle
de cette œuvre.

Tout y est à la première personne du pluriel.
Voici ce que je veux dire. Jamais, dans ce long
et dans ce grand pèlerinage, l'auteur ne se présente
comme un historien, comme un géographe de la
terre et du ciel, comme un visiteur, comme un
inspecteur et pour dire le mot comme un touriste.
Comme un grand touriste, mais enfin comme un
touriste. A aucun moment le poète n'est ici un

homme qui fait une excursion. Une grande excursion, mais enfin une excursion. C'est nous, c'est l'un de nous, à son rang parmi nous, petit comme nous, commun comme nous, exposé comme nous et en jeu comme nous à son rang de pécheur, pauvre comme nous et infirme et Français et petit seigneur. A aucun moment il ne se met sur le côté pour regarder ce qui se passe. Car ce qui se passe c'est lui. Et c'est d'être perdu ou sauvé. A aucun moment il ne se met sur le bord de la route pour regarder passer les soldats. Car les soldats c'est lui. A aucun moment il ne se met sur le bord de la route pour regarder passer les pécheurs. Car les pécheurs c'est lui. Cette immense troupe, il en est. Rien de latéral. Toute l'œuvre se présente pour ainsi dire dans l'alignement de l'homme et face au jugement dernier.

Dans un article publié peu après l'apparition du *Mystère de la Charité de Jeanne d'Arc*, notre maître M. Georges Sorel avait vu très profondément que la liturgie est de la théologie détendue. Il faut comprendre par là que le fidèle qui chante le *Dies iræ* dans l'office des Morts affirme par là même et en dedans les propositions théologiques qui gouvernent le Jugement et les fins dernières de l'homme et qu'il en fait une affirmation pour ainsi dire psychologiquement antérieure, desserrée et peut-être encore plus profonde. On peut dire de nouveau en ce sens que dans cette *Ève* comme dans ses *Mystères* Péguy a réussi à descendre jusqu'à cet être profond de spiritualité d'où tout remonte ensuite et, selon les modes, se manifeste pour ainsi dire à volonté en liturgie, en théologie, en histoire.

Dans l'ordre littéraire, — et il n'est point négligeable, car il n'y a pas de raison pour que les poèmes sacrés soient inférieurs aux poèmes profanes, c'est-à-dire en définitive pour que Dieu soit moins bien servi que les autres, — il ne fait aucun doute non plus que cette œuvre sera mise parmi les plus grandes. De même qu'en matière de foi Péguy était descendu à ces profondeurs où la liturgie et la théologie, c'est-à-dire la vie spirituelle et la proposition spirituelle ne sont pas encore distinguées, de même et comme écrivain il est redescendu ici à ces profondeurs où l'image et l'idée sont jointes encore d'une liaison elle-même charnelle et non encore résolue. Nulle trace de placage, nulle impression que l'image vienne jamais au secours de l'idée, ni non plus l'idée au secours de l'image : l'image et l'idée ensemble jaillissent de la même fécondité. Il était particulièrement nécessaire que dans une œuvre dont la matière est précisément la liaison mystérieuse du charnel et du spirituel, le charnel et le spirituel de la pensée ne fussent pas plus déliés que le charnel et le spirituel de la foi.

L'un des résultats obtenus immédiatement est

que toute séparation arbitraire entre l'abstrait et
le concret tombe. L'abstrait est incessamment
nourri du concret, le concret est incessamment
éclairé de l'abstrait. Cette œuvre renvoie dos à
dos et nos intellectualistes et nos intuitionistes,
puisque les uns et les autres sont plus occupés
actuellement et ont peut-être toujours été plus
occupés de nier que de produire.

On trouvera peut-être qu'il y a dans cette œuvre
des graduations. Si l'on veut dire par là que *les
accès* sont obtenus par des élévations successives,
on se trompera. Ce qui est vrai c'est que l'auteur
a procédé en effet par des graduations incessantes,
mais que la graduation ne commence que lorsqu'on
est au cœur de la place. Ce qu'obtient Péguy,
c'est de créer instantanément le *climat* qu'il s'agit
de créer. Ce n'est ni par des graduations ni par
des transitions que l'on obtient le climat du jugement, ou le climat de la chute, ou le climat du paradis terrestre, ou le climat de la crèche, ou le
climat du calvaire. Chacun de ces climats est créé
instantanément par le premier vers de chacun de
ces morceaux et ce n'est qu'après et quand on y
est que commencent ces graduations, ces échelonnements qui ne servent plus qu'à mesurer des
distances intérieures. Ce n'est point par des hési-
tations, par des chancellements que l'on est trans-
porté dans chacune de ces résidences. Le premier
vers de chaque est toujours un vers qui ouvre la

porte et si l'on trouve ensuite d'innombrables perspectives ce ne sont point des perspectives d'antichambres, ce sont les répartitions du palais lui-même.

Le climat du paradis terrestre par exemple au seuil même du livre :

> O mère ensevelie hors du premier jardin,
> Vous n'avez plus connu ce climat de la grâce,
> Et la vasque et la source et la haute terrasse,
> Et le premier soleil sur le premier matin...

Climat du regret des fils morts :

> Et moi je vous salue, ô première mortelle.
> Vous avez tant baisé les fronts silencieux,
> Et la lèvre et la barbe et les dents et les yeux
> De vos fils descendus dans cette citadelle.
>
> Vous en avez tant mis dans le chêne et l'érable,
> Et la pierre et la terre et les marbres plus beaux.
> Vous en avez tant mis sur le seuil des tombeaux.
> Vous voici la dernière et la plus misérable...

Climat de la crèche :

> Et Jésus est le fruit d'un ventre maternel,
> *Fructus ventris tui,* le jeune nourrisson
> S'endormit dans la paille et la balle et le son,
> Ses deux genoux pliés sous son ventre charnel...

Climat de la légation du monde romain :

> Les pas des légions avaient marché pour lui.
> Les voiles des bateaux pour lui s'étaient gonflées.
> Pour lui les grands soleils d'automnes avaient lui.
> Les voiles des bateaux pour lui s'étaient pliées.

> C'était lui qui marchait derrière le Romain,
> Derrière le préfet, derrière la cohorte.
> C'était lui qui passait par cette haute porte.
> Il était le seigneur d'hier et de demain...

On trouvera dans ce poème ce ton d'un respect infini auquel Péguy nous avait habitués. Ce respect ne s'étend pas seulement au monde chrétien, il s'étend au monde antique et au monde moderne même. Il s'étend à vrai dire à l'univers tout entier. On oublie trop que l'univers, c'est la création, et le respect, non moins que la charité, doit s'étendre à toute créature. Il était naturel que dans un poème intitulé *Ève*, et dont la matière est la double création spirituelle et charnelle, les points de vue de la première loi ne fussent en aucun cas sacrifiés. Jésus est venu nous apporter une deuxième loi. Il est venu superposer à l'ordre de la nature l'ordre de la grâce, mais non point par l'avilissement de l'ordre de la nature.

Ce serait mal l'entendre et mal le servir que de vouloir fonder son règne sur la destruction du premier soubassement. Tout homme premièrement a été créé, deuxièmement peut être sauvé. La création avait préparé le salut. La chute a exigé la rédemption. Loin de s'annuler, loin même de se diminuer d'importance, ces deux grands mystères, le mystère du premier et le mystère du deuxième testament, le mystère de Dieu le père et le mystère de Dieu le fils jouent l'un sur l'autre et directement comme les deux pièces essentielles de notre mécanisme spirituel central. Si Jésus a fait lui-même comme une deuxième création, c'est apparemment parce qu'il y avait eu la première : il n'est point un fils de roi venu pour détrôner son père, mais pour lui ramener au contraire des sujets rebelles. Tout le geste et le mouvement de Jésus-Christ a été de reprendre l'homme et le péché de l'homme pour les jeter au pied du trône de son Père. C'est vers son Père qu'il s'est retourné dans sa prière humaine et dans sa prière sacerdotale. Toute disposition d'esprit qui tendrait à perdre de vue ou la nature ou la grâce, ou le premier ou le deuxième testament, ou la première ou la deuxième loi, ou Dieu le Père ou Dieu' le Fils, serait la marque d'un déséquilibre profond, d'un profond désordre intérieur, d'une méconnaissance profonde de ce qui est la double articulation même de la vie chrétienne. On chercherait en vain dans les Évangiles trace d'un mépris quelconque : tout y est charité, c'est-à-dire tout ce qu'il y a de plus opposé au mépris; et l'effrayante colère qui court en dessous dans les Évangiles n'est point une colère contre la nature ni contre l'homme avant la grâce, c'est uniquement une colère contre *l'argent*, et il faut vraiment qu'on n'ait pas voulu le voir pour que cette réprobation n'ait pas éclaté à tous les yeux. Mais l'argent, qui est l'axe et le centre du monde mo-

derne, n'est pas moins opposé à la nature qu'à
la grâce et nous retrouvons ici cette proposition
fondamentale de Péguy : que le monde moderne
ne s'oppose pas seulement au monde chrétien.
qu'il s'oppose également à tous les mondes spirituels, au monde hébreu, au monde grec, au
monde latin. au monde français non moins qu'au
monde proprement chrétien. Ce qui revient à
dire une fois de plus et sous une autre forme qu'il
ne faut aimer Dieu *contre* personne et que dans
l'histoire il ne faut pas aimer les dons de la grâce
contre les peuples qui sont venus au monde avant
Jésus-Christ.

Il y a plus, et il est bien difficile de ne pas
considérer le monde antique, la *cité* antique, la
Grèce et Rome, comme ayant reçu une sorte de
vocation et de destination temporelles, comme
ayant été chargées de préparer pour Jésus nais-
sant cet immense appareil qu'était l'orbe du
monde sous le gouvernement de Rome. C'est la
thèse même de Bossuet dans le *Discours sur
l'histoire universelle,* et une fois de plus nous
sommes derrière ce grand évêque. Israël nous a
donné le Dieu même. Rome nous a donné la seule
répartition du monde où ce Dieu pouvait mouler
son nouvel empire. Plusieurs fois et notamment
dans *l'Argent suite* Péguy avait entrepris de nous
représenter ce qu'il nomme la légation du monde
temporel à Jésus. Nulle part autant que dans *Ève*

on ne sentira cette immense préparation poétique, philosophique, militaire et gouvernementale
qui se disposait dans le même temps qu'Israël
poursuivait la longue préparation de race et de
peuple. *Genuit autem...*

> Il allait hériter des cavaliers numides
> Et d'Assourbanipal et de Masinissa.
> Il allait hériter du rude Micipsa.
> Il allait hériter des hautes Pyramides.
>
> Et les pas d'Hérodote avaient marché pour lui.
> Il était le seigneur de l'un et l'autre sort.
> Il était le seigneur de l'une et l'autre mort.
> Il était le seigneur d'hier et d'aujourd'hui...

C'est le propre d'un poème comme cette *Ève*
qu'il est absolument impossible d'y desceller les
plus grandes considérations historiques ou philosophiques de la construction générale. La pensée
est si serrée qu'elle se refuse aux fragmentations
de l'analyse. Et ce n'est qu'en s'imposant de considérer ce poème comme un immense traité qu'on
pourrait essayer d'en établir le sommaire :

Le paradis terrestre et ce qui était l'essence même du
bonheur de l'homme ; la chute et ce qui fut l'essence
même du bannissement ; le regret du paradis terrestre ; la
détresse de l'homme et tout particulièrement la détresse
et la sollicitude de la femme ; la femme ménagère ; la
femme économe et comptable ; qu'ainsi elle connaît son
impuissance à ranger ce qu'il fallait ranger ; qu'ainsi elle
connaît et recense les manquements de l'homme ; qu'elle
assiste impuissante à l'envahissement du monde moderne ;
la résurrection des corps ; que Dieu seul se donne ; qu'il

n'y a qu'à Dieu qu'on prête à 100 pour 1 ; de la **différence** essentielle qu'il y a entre les facilités d'avant la chute et nos plus grandes vertus ; Ève mère et aïeule ; tous ses fils perdus dans les compétitions temporelles ; la guerre et la paix ; adjuration que Dieu ne juge point l'homme **comme un esprit mais comme un être matériel** : Jésus même a été charnel ; Jésus a été un martyr et un saint, non un ange ; Jésus dans sa crèche ; l'âne et le bœuf ; notre **abandonnement** : Jésus nouveau Moïse ; de la légation du **monde antique à Jésus** par les soins de Rome ; de la légation de nos propres biens ; invective contre le monde moderne ; que ce n'est pas aux ressources du monde moderne que nous aurons recours le jour du jugement ; résurrection de nos corps ; que nous ne suivrons pas les faux pasteurs, les savants ; que nous suivrons deux autres bergères ; morts parallèles de sainte Geneviève et de Jeanne d'Arc.

Ce n'est pas ici le lieu de revenir sur cette question de l'antiquité païenne. Elle est importante. Il est certain que pendant qu'Israël poursuivait sa destination prophétique, la Grèce et Rome poursuivaient une destination non indifférente et qu'il y a dans Homère et dans Eschyle et dans Sophocle et dans Virgile on ne sait quelle mystérieuse anticipation de la beauté chrétienne. Il semble que Jésus ait eu à la fois une race officielle et une race officieuse. Il ne fait aucun doute que c'est le peuple d'Israël qui est le peuple de Dieu, mais il paraît bien aussi qu'il y a dans le saint chrétien, outre cette consécration unique et totale qu'a donnée la venue de Jésus, on ne sait quels éléments mystérieux venus de loin et non pas seulement les éléments officiels em-

pruntés aux prophètes, mais comme les éléments
d'une autre grâce empruntés aux héros et aux
sages. Ce n'est point diminuer la part de Jésus
que de se demander si la *cité* antique n'a point été
une autre préfiguration de la *cité* chrétienne et si
le *citoyen* n'a pas été une sorte de préfiguration
du *fidèle* : c'est simplement se demander si Dieu
le Père n'avait point préparé pour son fils, outre
les références officielles, les références officieuses
et si ce grand roi (c'est le fils que nous voulons
dire) n'a point été en réalité précédé de deux
cortèges. Il semble bien d'ailleurs par saint Augustin et généralement par les Pères de l'Église
et notamment par les Pères de l'Église latine que
la liaison profonde du *civique* au *fidèle* n'ait pas
été plus méconnue que la liaison officiellement
enseignée du prophète au saint. — Ce sont ces
graves problèmes que Péguy abordera sans doute
dans ces dialogues auxquels il travaille depuis
cinq ans et notamment dans sa *Clio, dialogue
de l'histoire et de l'âme païenne.* — Il est certain
qu'il y a là une très profonde liaison et préparation. Il semble que chaque race temporelle ait
rapporté au Créateur un fruit propre et non interchangeable et nous rentrons ici dans ce que nous
disions tout à l'heure de la première création.
Jésus charnel est sorti de la lignée de David.
Jésus spirituel est sorti de la lignée de David et
de la lignée des prophètes. Mais le saint chrétien

a des parties de héros (surtout nos saints français)
et de sage. Ce qui revient à dire que Jésus est un
roi qui a reçu des tributs — et considérables —
de peuples qui n'avaient pas cru les lui envoyer.
Le titre même d'un livre comme *la Cité de Dieu*
en dit long sur cette sorte de préfiguration gouvernementale.

Il est certain que le monde chrétien n'a pas
pris la forme de Sion, mais la forme de Rome, et
aussitôt après Sion a été dispersée. Enfin — et
ceci est évident — le *docteur* chrétien ne serait
certainement pas ce qu'il est sans Platon, *Aristote*
et Plotin. Sans être aussi élaborée peut-être et
analysée que dans un dialogue, cette immense
question de la vocation temporelle et spirituelle
de la Grèce et de Rome est présentée avec tous
les caractères d'une extrême gravité et sous une
forme particulièrement saisissante dans une des
parties capitales de cette *Ève* :

> Il allait hériter de l'école stoïque.
> Il allait hériter de l'héritier romain.
> Il allait hériter du laurier héroïque.
> Il allait hériter de tout l'effort humain...

C'est ce que Péguy dans *l'Argent suite* avait
déjà nommé le *berceau* temporel. Il est certain
que cette sorte d'insertion du temporel dans l'éternel et réciproquement, du charnel dans le spirituel et réciproquement, de la nature dans la grâce

et réciproquement est l'articulation centrale du
mystère de la destination de l'homme.

> Car le surnaturel est lui-même charnel
> Et l'arbre de la grâce est raciné profond
> Et plonge dans le sol et cherche jusqu'au fond
> Et l'arbre de la race est lui-même éternel.

Comment ne pas indiquer encore ici que ce
respect total, que cette sorte de profonde et sé-
rieuse tendresse universelle est ici non seulement
représentée éminemment, mais ramassée éminemment dans ce respect, dans cette grande tendresse de Jésus pour son aïeule, pour sa première,
pour sa grande aïeule charnelle. Et en ceci encore
l'œuvre est profondément catholique, s'il est vrai
que la tendresse est la moelle du catholique au
sens où l'amour est la moelle propre du chrétien.

Cette *Ève* se présente donc comme une immense
tapisserie et elle offre constamment au point de
vue littéraire et généralement au point de vue de
l'art cette qualité essentielle de la tapisserie et de
la fresque, et tout y est sacrifié à cette qualité
essentielle de la tapisserie et de la fresque, que
les plans y restent à leur place, qu'ils demeurent
parallèles, qu'ils ne débordent jamais de l'un
sur l'autre et notamment que les fonds ne débordent, n'avancent jamais sur les premiers plans
et en retour que les personnages ne crèvent
jamais le fond. Nul disparate, rien de criard, les
tons les plus éloignés restent parents. Comme

dans une tapisserie, les fils passent, disparaissent, reparaissent et les fils ici ce ne sont pas seulement les rimes, au sens que l'on a toujours donné à ce mot dans la technique du vers, mais ce sont l'innombrables rimes intérieures, assonances, rythmes et articulations de consonnes, tout un immense appareil aussi parfaitement docile que l'appareil du tisserand. Le métier ne déborde jamais, mais il est toujours là. pas plus qu'au Moyen Age l'artiste ou l'artisan ne se distingue de l'ouvrier.

Telle étant la tapisserie, que dire du *tissu ?* Vingt ans de prose avaient enseigné à Péguy cette sorte de probité dure que l'on ne peut apprendre en effet que dans les œuvres de la prose. Il a été assez heureux pour transporter dans ses vers cette intègre probité qui paraissait ne pas pouvoir quitter la prose. Il en résulte que le mot est constamment juste, d'une justesse technique, non point que l'auteur ait fait des vers de prosateur, mais il a fait des vers de poète avec une sorte de marbre de prose. Aussi avons-nous dans ce poème jusqu'à des propositions de philosophie et de théologie réduites en des vers d'une telle justesse technique qu'il faudrait peut-être remonter jusqu'au *De natura rerum* pour en trouver d'une égale sévérité (1). Cette gravité, cette sévérité

(1) Il ne faudrait pas, si l'on veut être juste, oublier les très beaux vers philosophiques de Sully Prudhomme, notamment dans

atteignent à un tel point que la plupart de ces quadrains en arrivent à se présenter comme des inscriptions et très souvent comme des inscriptions lapidaires et même funéraires.

Pour en venir à la donnée élémentaire, le *point* de cette immense tapisserie est le quadrain d'alexandrin, rimes en principe embrassées, souvent toutefois entrecroisées, c'est-à-dire qu'en réalité ces développements immenses procèdent des quadrains de sonnets et, dans la généalogie des œuvres de Péguy — et historiquement, — que cette immense tapisserie vient des sonnets du *Correspondant* et des sonnets de sainte Geneviève, de Jeanne d'Arc et de Notre-Dame que nous avons publiés dans le Bulletin.

Étoile de la mer, voici la lourde nef...

Dans ces quelques observations apportées sur le poème, nous n'avons pas prétendu épuiser nous-mêmes une matière aussi riche et pour tout dire aussi incalculable. Il est probable, quelle

la *Justice*, qui sont eux aussi des vers de propositions. On sait que Sully Prudhomme avait commencé par traduire en vers le 1er livre de Lucrèce. Il ne faudrait pas non plus oublier les admirables vers philosophiques de Virgile (livre VI, Descente aux Enfers). Il y aurait de certains vers peut-être de Théodore-Agrippa d'Aubigné. Et enfin il reste entendu que le modèle de ces sortes de vers sera toujours les vers proprement théologiques de *Polyeucte* et qu'il y aurait lieu d'étudier profondément cette tragédie unique, sous l'aspect, — *sub specie*, — d'une constante *proposition* du christianisme. *Polyeucte* est parfait de toutes parts, en poétique, en tragique, en théatre (ou si l'on veut en scénique), en théologie, en lyrique et liturgie (les stances). (Cette note est de Lotte.)

que soit la fortune actuelle de ce livre, qu'il ne développera toutes ses puissances qu'après de longues incubations. Il est fort possible qu'il dépasse notre temps; c'est un livre tout plein du sacré, c'est-à-dire de ce dont nous manquons le plus, de ce dont nous avons même perdu le sens. Péguy a dit autrefois qu'en ce monde moderne tout le monde était moderne et même ceux qui combattent le moderne et encore plus ceux qui sont investis pour le combattre et qui ne le combattent pas. Cette affreuse indigence, cette affreuse pénurie du sacré est sans aucun doute la marque profonde du monde moderne. Nous sommes donc ici en présence d'un livre qui porte au delà et peut-être en dehors de sa génération, s'il demeure dans la race, d'un livre qui porte au delà de son temps et sans doute au delà de son auteur même. Les échelonnements contenus dans ce poème ne se développeront que peu à peu. Dans certains morceaux apparaît notamment un sens du comique en vers et une certaine sorte de bonheur par le comique, une certaine tendresse mouillée, une certaine rudesse tendre, qui paraissait perdue elle aussi depuis Corneille et *le Menteur*. Un certain comique qui est peut-être la plus profonde marque d'une certaine pureté du cœur, d'une innocence. Un comique grave est d'autant plus profond qu'il prend appui sur le fond d'une invincible mélancolie.

ENTRETIENS

Le manuscrit où Lotte a noté les entretiens qu'il eut avec Péguy, à Paris, à chacun de ses voyages depuis 1910, fut remis par lui à l'un de ses camarades d'enfance, devenu son ami le plus cher.

Cet ami était un abonné de la première heure aux *Cahiers de la Quinzaine*. Péguy le connaissait, il n'ignorait pas que Lotte lui confiait tous ses papiers, et lui-même de temps à autre, envoyait à Lotte des documents à destination de son archiviste.

C'est de concert avec cet archiviste que nous avons décidé et préparé la publication des *Entretiens*. En publiant des pages qui prouvent, à notre sens, la sincérité de la foi de Péguy, nous avons cru demeurer fidèles à la pensée, à l'un des plus chers désirs de Joseph Lotte. Ne nous avait-il pas demandé, pour le dernier numéro du *Bulletin*, une note sur l'orthodoxie catholique du poème d'*Ève*.

Mais la loyauté nous faisait un devoir de publier fidèlement les textes. Or, les *Entretiens* en plus d'un passage, montrent que s'il fut un croyant sincère, Péguy demeura, tout au moins en pratique, un catholique trop incomplet. C'est la vérité, il la faut reconnaître.

Nous avons ainsi donné tout l'essentiel des *Entretiens*. Nous avons cru seulement devoir supprimer des confidences qui ne devaient pas être livrées au public, et certains passages d'un langage un peu trop libre, et aussi quelques saillies de mauvaise humeur échappées à Péguy. Ces suppressions sont représentées par des points..... de suspension.

Enfin, nous avons remplacé par un X. un Y ou un Z, certains noms propres qu'auraient trahis leurs initiales.

Les quelques annotations qui accompagnent le texte sont de nous (P. P.).

JOSEPH LOTTE.

19

Paris, mercredi 30 mars 1910.

. . . .

Je lui parle de sa *Jeanne d'Arc* (1).

. . . .

Je lui demande quand il compte donner la suite.

« Je suis très embarrassé. J'ai écrit la première *Jeanne d'Arc* innocemment. Maintenant, avec tous les articles parus, je ne me sens plus libre. Toutes les critiques m'entravent. — Je ne peux plus faire comme avant. On verra. »

*
* *

Paris, vendredi 1ᵉʳ avril 1910.

. . . .

« Mon vieux, désormais, toute ma production se réalisera dans le cadre de ma *Jeanne d'Arc*. Je vois une douzaine de volumes. Je peux tout mettre là dedans. Songe donc, la guerre, le roi, la politique, la Sorbonne. — Ah! les docteurs! — C'était comme de nos jours. — Les bougres n'ont pas changé. Jeanne d'Arc apportait une forme de sainteté qui n'était pas étiquetée, cataloguée; pas une fiche qui corresponde à son cas;

(1) *Le Mystère de la charité de Jeanne d'Arc* avait paru dans le *Cahier* du 16 janvier 1910.

alors, c'était bien simple, c'était une démoniaque.
Ah! les crétins! Tous les mêmes, ces intellectuels!

« Hein? Mon récit de la passion (1)! Mon vieux,
je n'y pensais pas. Ça m'est venu lorsque je cor-
rigeais mes épreuves. Ça m'a tenu huit jours.

. . . .

« Des choses comme ça, c'est dicté :
« *Il lui avait mis dans la main*
« *D'être la reine,*
« *D'être la Mère.*
« *Il lui avait apporté*
« *D'être*
« *Notre Dame des Sept Douleurs.* »

« — Si je crois à la vie, personnelle, post-
mortelle? Mais, mon vieux, j'y crois plus qu'à ma
vie actuelle. — Ah! mon vieux, retrouver les
vieux saints fondateurs, causer avec saint Pierre,
avec saint Paul! Mais je sens qu'ils vivent plus
que ces gens qui passent! Et l'Eucharistie! La
chair, l'âme, tout est dedans.

« Ce qu'il y a d'embêtant, c'est qu'il faut se
méfier des curés. ..... Comme ils ont l'administration des sacrements, ils laissent croire qu'il
n'y a que les sacrements. Ils oublient de dire qu'il
y a la prière et que la prière est au moins de
moitié! Les sacrements, la prière, ça fait deux.
Ils tiennent les uns, mais nous disposons toujours

(1) Dans *le Mystère de la charité de Jeanne d'Arc*.

de l'autre (1). Songe donc à ce que c'est qu'un signe de croix! Se couvrir d'un signe de croix! Quelle communion avec Jésus!

« Tharaud n'a pas compris ma *Jeanne d'Arc*. — Il ne se rend pas compte que tous les essais de vers libres qu'on tente depuis vingt ans m'ont précisément mis en mains un instrument épatant. Il me dit que sa mère qui est une simple n'a pas pu lire jusqu'au bout. Qu'est-ce que ça prouve? Sa mère est une bourgeoise. Ma mère, à moi, qui ne sait pas lire comprendrait bien mieux, parce qu'elle est du peuple.

« Et quel art! Il y a là dedans des résonances! des harmonies! On n'a rien fait de semblable comme prose musicale. »

*
* *

Paris, samedi 17 septembre 1910.

. . . .

« J'ai fait cette année un effort formidable : douze cents pages. J'ai pour la rentrée un *Cahier* énorme, écrit au courant de la plume, comme

---

(1) Deux ans plus tard, Péguy n'aurait sans doute plus parlé de la sorte. En même temps que diminuaient ses préventions contre les *curés*, il comprenait mieux le prix de ces sacrements auxquels il ne pouvait prendre part. Sur le progrès de sa pensée à ce sujet, on trouverait des indications dans ses derniers Cahiers. On en peut voir un témoignage dans l'*Entretien* du 28 septembre 1912, quand il dit : « Je vis sans sacrements. C'est une gageure. »

Notre jeunesse, mais encore plus fort (1). —

« Non, ce n'est pas une *Jeanne d'Arc;* ma seconde *Jeanne d'Arc* paraîtra pour les Rois (2). Tiens, voilà le titre. Ne regarde pas ce que j'écris, il faut voir d'un seul coup d'œil. Voilà :

Victor-Marie, comte Hugo
A moi, Comte, deux mots.

« Hein? C'est tapé! — Et tout le reste est à l'avenant. Je parle de toi. Je ne te nomme pas, c'est trop intime. Mais je cite le *Journal de Coutances.* — C'est Halévy qui m'a fait écrire ça. Il était furieux de *Notre jeunesse,* furieux. — C'a été très dur. Il voulait faire un *Cahier.* Mais il écrit trop lentement. Alors je lui ai dit : Je m'en charge. Ça vaut mieux, tu penses.

« Il faut qu'un grand écrivain donne l'impression qu'il peut écrire ce qu'il veut, quand il veut. — Mais ce sont des efforts qui épuisent. J'ai mal aux reins. Il me faudrait deux mois de repos. Mais si je les prenais, je perdrais mon entraînement.

« *Notre jeunesse* a fait un effet prodigieux. Tharaud l'a reçu à huit heures du matin. Il l'a lu d'un trait jusqu'à midi. Puis il m'a cherché partout. Il

---

(1) *Notre jeunesse* est dans le *Cahier* du 17 juillet 1910. Le *Cahier* annoncé, *Victor-Marie comte Hugo,* est du 23 octobre 1910.
(2) *Le Porche du mystère de la deuxième vertu* ne parut que le 22 octobre 1911.

ne me trouvait pas. Chez Plon, Bourget lui dit :
« Que cherchez-vous, Monsieur Tharaud? Vous
« avez l'air bien pressé. — Je cherche Péguy
« pour l'embrasser. Quand il fait quelque chose
« de bien, il faut que je l'embrasse! »

« On voulait de moi pour l'Académie des Goncourt. Mais Barrès m'a dit : « — Ça masque l'Aca-
« démie (Française). » — Je réponds : « C'est très
« joli, l'Académie française, mais je ne l'aurais pas
« avant dix ou quinze ans, et d'ici là il faut que
« j'élève mes enfants. L'Académie des Goncourt
« me vaudrait une rente. — Ne parlez pas de
« quinze ans, ça peut être beaucoup plus rapide :
« d'ici trois ou quatre ans! Nous ne savons plus
« qui choisir. ... »

« Voilà, mon vieux, j'aurai la gloire avant l'argent. J'ai eu plus de cinquante articles depuis
huit mois. Ça ne m'a pas donné un abonné. Plon
n'a pas vendu mille *Jeanne d'Arc*. J'ai autant de
peine à vivre qu'il y a dix ans. — N'importe, ça va.
Ça démarrera tout d'un coup : l'Académie et la
grande vente...

« Très bonne, l'idée de Riby (1) de traduire saint
François, mais il faudrait un *Cahier* préparatoire
à cette traduction. Vous avez dû passer une bonne
quinzaine ensemble! — Il y a de la place chez lui?
Ah! sacristi, deux mois de repos! »

(1) Riby, camarade de Péguy et de Lotte à Sainte-Barbe, un des
plus dévoués collaborateurs de Lotte au *Bulletin*.

*
* *

Mardi, 20 septembre 1910.

Vu Péguy, aux *Cahiers*.

. . . .

« Pécuniairement, la situation est toujours très
tendue. Il ne faut pas lâcher, et pousser le plus
possible à l'abonnement.

. . . .

« J'ai rencontré Batiffol. Nous sommes très
bien, il m'a parlé de toi ; va le voir.

« Tu verras dans mon *Dialogue de l'Histoire et
de l'âme charnelle*, il y a une Passion...

« Mon prochain *Cahier* va faire un effet (1)! —
Il y a des phrases étonnantes. Tiens, écoute-moi
ça : « Le Kantisme a les mains pures. Par malheur, il n'a pas de mains ; mais, nous, nos mains
noueuses, nos mains calleuses — quelquefois —
sont — pleines ». Hein, si ça tombe ? Ah ! mon
vieux, les mots ! les mots ! il n'y a rien de comparable, ni la musique, ni la peinture, ne valent les
mots. Avec les mots il n'est pas un sentiment que
l'on n'exprime.

« L'*Epitome* de Simarre est merveilleux. Il y a
une phrase sur le départ d'Alcibiade en Sicile

---

(1) Ce *Cahier* était *Victor-Marie comte Hugo*, 23 octobre 1910
Le *Dialogue de l'Histoire et de l'âme charnelle* n'a jamais paru.

qui est admirable. J'en parlerai. Je lui ferai de la réclame. C'est mon vieux professeur. Les exercices de Crouzet sont très bons. J'en parlerai aussi un de ces jours.

« Dis bien à Riby que je compte sur son Saint François. Il faut qu'il sorte ce qu'il a. Mais il me faut un *Cahier* d'introduction. Écoute le beau titre : *Cahier d'introduction aux Fioretti de saint François d'Assise.* »

*
* *

20 septembre 1911.

Vu Péguy à Lozère. Pâle, mains maigres, soucieux.

« Ça va très mal. Ma situation n'a jamais été plus menacée. Je ne croyais pas ce Laudet si puissant (1). Je vis au milieu de trahisons...

« Je ne sais quel effet va produire mon prochain *Cahier*. Il va paraître samedi. J'y suis féroce. Désormais, je ne ménage plus rien...

« Il n'y a rien à faire. J'ai tout le monde contre moi...

« En tous cas, je suis connu. C'est une force. J'ai aussi des amitiés. Des jeunes. Les jeunes viennent à moi. Je ne vais plus rien ménager, ni personne.

____

(1) M. Fernand Laudet, directeur de la *Revue hebdomadaire*.

« Il faudrait que je fasse quelque chose sur le miracle et le mystère. On confond toujours cela. Seulement, il faut que ce soit mûri. Ils en sont toujours au point de vue de Renan. Renan est stupide sur le miracle.

« Comment va-t-on accueillir ma prochaine *Jeanne d'Arc? le Porche! l'Espérance!* Il y a là dedans une joie, une allégresse !

« Je vais beaucoup donner cette année : deux *Jeanne d'Arc*, mon *Dialogue de l'Histoire et de l'âme charnelle*. — Ce sera une série très lourde.

« Et les désabonnements viennent. Ah! ce n'est pas facile. Je vais faire aussi une lettre au père Laurens (1). Ah! si j'avais le temps. Jamais je ne me suis senti la tête si pleine. J'ai douze volumes tout prêts.

« Tu travailles très bien. Continue comme cela. Tu peux tout dire, toi ; moi, je me sens lié par un tas de choses et de gens. Ne parle pas de moi dans le *Bulletin* d'ici un mois ou deux. »

*
* *

Paris, le 3 avril 1912.

« Je ne pense plus à rien maintenant qu'à ma production. Je produis. Je subordonne tout à cela.

—————

(1) Le peintre Jean-Paul Laurens, membre de l'Institut, qui avait pour Péguy beaucoup d'amitié.

Ça me fatigue énormément, mais, à mon âge, on ne remet pas. Je sens, d'ailleurs, que je pourrais aller, ainsi fatigué, jusqu'à 70 ans. — Il n'y a que Balzac qui ait été capable d'effort de production comme celui que je poursuis depuis trois ans. — Et il écrivait moins. — Voilà, je vais arroser des publics différents. Mon *Premier livre des Ballades* est fini. Tu vois le titre. C'est comme Ronsard, le *Premier livre des Odes*, et c'est bien plus simple. L'unité, la cellule, c'est le quatrain. Je mets les quatrains sur fiches, ensuite je les classerai, les organiserai (1). J'en ferai passer à la *Grande Revue*, à la *Revue Française*. Il y en aura à la *Revue des Deux-Mondes*. Charmes est tout à fait charmant pour moi...

« Mes *Innocents* sont à l'impression. *Le Propre* passera après (2). C'est la même coulée que *le Porche*. — Des vibrations d'une longueur d'onde! —

« Le succès du *Porche* est vraiment curieux. Ça se vend peu à peu. Ça fera comme pour Barrès : il ne gagne de l'argent que depuis huit ans. »

Complément de l'entretien du 3 avril 1912.

« Comme *le Porche*, le *Mystère des Innocents* est à base de liturgie. Tu comprends, je suis de ces catholiques qui donneraient tout saint Tho-

---

(1) Ce recueil de quatrains de Péguy n'a jamais été « organisé » par lui, et il n'en existe que des fiches.

(2) Péguy n'a rien écrit de ce *Propre* projeté.

mas pour le *Stabat*, le *Magnificat*, l'*Ave Maria*
et le *Salve Regina* !

« Je suis pauvre, pauvre. Il me faut l'Académie.
Ça viendra dans trois ou quatre ans, peut-être
plus tôt... Je n'ai pas de répit, il ne faut pas que
j'aie de répit, alors je produis tout le temps, dans le
train, en tramway. — Ma *Ballade* est énorme, et
d'une sévérité! Il y a là une discipline, une maîtrise. Je ne me suis permis aucune licence; le
flot est endigué. »

*
* *

Paris, 28 septembre 1912.

Conversation à Lozère, 27 septembre 1912.

« Tu as bien fait de venir un vendredi. A Paris, je ne veux et ne peux voir personne — à
part quelques Juifs qui font leurs prières. Je
reçois de 5 à 7 le jeudi. Il y a dix personnes;
quelques minutes à chacune; les raseurs n'ont
pas prise. Je ne réponds jamais aux lettres. Bourgeois (1) remercie les expéditeurs de leur « esti-
mée », et annonce que M. Péguy reçoit de 5 à 7.
Comme cela je suis libre...

. . . .

« Non, il n'y aura pas de *Jeanne d'Arc* cette
année. Le *Mystère de Notre Dame* (2) couronnera

(1) L'administrateur des *Cahiers*.
(2) Le *Mystère de Notre Dame* n'a pas été écrit.

sans doute une deuxième trilogie. Il ne faut rien
se proposer, il ne faut pas suivre de plans, il faut
suivre les indications. Je fais des sonnets, et des
sonnets sur deux rimes. On veut m'enfermer
dans le vers libre, maintenant. Je vais leur sortir
mes sonnets. Je les ferai tirer à quelques centaines d'exemplaires sur beau papier : le corps
7 des *Cahiers* est trop petit, il faut de grands
caractères. C'est d'une facture extrêmement serrée,
pas de trous, tout est plein. mes vingt ans de
prose me servent. Oh ! la probité de la prose !

« Je donnerai dans les *Cahiers* mes *Dialogues
de l'Histoire*. J'en fais un être vivant, Clio, fille de
Mémoire. Pauvre Clio, elle passe son temps à chercher des empreintes, et ses empreintes ne repro-
duisent jamais rien. — Le premier volume s'appellera *Clio* (1). Le second s'appellera *Véronique*.
C'est admirable, mon vieux, Clio passe son temps
à chercher des empreintes, de vaines empreintes,
et une juive de rien du tout, une gosse, la petite
Véronique, tire son mouchoir, et sur la face de
Jésus prend une empreinte éternelle. Voilà qui
enfonce tout. Elle s'est trouvée au bon moment.
Clio est toujours en retard.

« Mon vieux, j'ai beaucoup changé depuis deux
ans. Je suis un homme nouveau. J'ai tant souffert
et tant prié. Tu ne peux pas savoir. Si tu vivais

____

(1) *Clio*, qui est demeurée inédite, sera publiée dans les *Œuvres
complètes* de Péguy. *Véronique* n'a jamais été écrite.

près de moi, tu saurais tout. Mais quand on se voit deux fois par an ! Je ne peux pas t'expliquer. Je vis sans sacrements. C'est une gageure. Mais j'ai des trésors de grâce, une surabondance de grâce inconcevable. J'obéis aux indications. Il ne faut jamais résister. Mon petit Pierre a été malade, une diphtérie en août, en arrivant à la mer. Alors, mon vieux, j'ai senti que c'était grave. Il a fallu que je fasse un vœu (ne mets pas ça dans ton canard surtout), j'ai fait un pèlerinage à Chartres. Je suis Beauceron. Chartres est ma cathédrale. Je n'avais aucun entraînement. J'ai fait 144 kilomètres à pied en trois jours. Ah ! mon vieux, les Croisades, c'était facile ! Il est évident que, nous autres, nous aurions été des premiers à partir pour Jérusalem et que nous serions morts sur la route. Mourir dans un fossé, ce n'est rien ; vraiment, j'ai senti que ça n'était rien. Nous faisons quelque chose de plus difficile. On voit le clocher de Chartres à 17 kilomètres sur la plaine. De temps en temps, il disparaît derrière une ondulation, une ligne de bois. Dès que je l'ai vu ç'a été une extase. Je ne sentais plus rien, ni la fatigue, ni mes pieds. Toutes mes impuretés sont tombées d'un coup. J'étais un autre homme. J'ai prié une heure dans la cathédrale, le samedi soir. J'ai prié une heure le dimanche matin, avant la grand'messe. Je n'ai pas assisté à la grand'messe. J'avais peur de la foule. J'ai prié, mon vieux, comme jamais je n'ai prié. J'ai pu prier pour mes ennemis ; ça ne m'était jamais arrivé. Quand je dis ennemi, tu comprends bien que je ne parle pas des X. ; ceux-là, je suis capable de prier pour eux tous les jours. Mais il y a certains ennemis, certaines qualités d'ennemis, s'il fallait prier pour eux en temps normal, immanquablement j'aurais une crise de foie ; non, mon foie ne me permettrait pas. — Mon gosse est sauvé, je les ai donnés tous trois à Notre-Dame. Moi, je ne peux pas m'occuper de tout. Je n'ai pas une vie ordinaire. Ma vie est une gageure. Nul n'est prophète en son pays. Mes petits ne sont pas baptisés. A la sainte Vierge de s'en occuper. J'ai un office, j'ai des responsabilités énormes. Au fond, c'est une renaissance catholique qui se fait par moi. Il faut voir ce qui est, et tenir bon.

« — Je suis un pécheur, je ne suis pas un saint. La sainteté, ça se reconnaît tout de suite. Moi, je ne suis pas un saint. Je suis un pécheur, un bon pécheur. La plus belle prière à Notre Dame a été faite par Villon. Je suis un chroniqueur, un témoin, un chrétien dans la paroisse, un pécheur, mais un pécheur qui a des trésors de grâce et un ange gardien étonnant. Mon vieux, à plusieurs reprises, j'ai pris des décisions. Ça ne pouvait plus durer. J'étais résolu à toutes les abdications. Eh bien, le mal que j'acceptais, au-devant duquel j'allais, mon ange gardien l'écartait, tout simplement. J'étais refait. Ah! les moralistes, les protestants, les jansénistes — ils n'y comprennent rien. Il n'y a rien de moins chrétien que le moralisme.

« — Voilà, je m'abandonne. Je ne tiens plus à rien. La gloire qui m'intéressait, il y a deux ans, je m'en f... Je m'abandonne. Je suis les conseils que Dieu donne dans mes *Innocents*. Les *Innocents*, c'est une anticipation. Ce que j'y exprimais, je ne l'avais jamais pratiqué. Maintenant, je m'abandonne.

« — Au fond, il y a deux sortes de péchés, il y a deux sortes de créatures. Il y a des créatures graciées. La grâce leur vient, c'est un étonnant mystère. Il y a des créatures non graciées. Pourquoi? On n'en sait rien. Ça ne regarde pas le salut. Le salut, c'est une autre affaire. Les Saints tirent au ciel tout ce qu'ils peuvent, graciés, disgraciés. Mais, ce qu'il faut savoir c'est que la géographie, la carte du catholicisme, de l'Église, ne recouvre pas la carte des créatures graciées. Je connais des Juifs qui ont des grâces étonnantes. Ainsi Y. n'est pas gracié. Mais je ne veux pas parler de lui. J'ai peur d'être injuste.

« Il y a deux sortes de péchés, deux ordres de péchés totalement différents, différents d'une façon spécifique. Il y a les péchés de tendresse et les péchés de sécheresse. Les péchés de tendresse,

ça fait de bons pécheurs. La grâce coule sur eux.
Mais les péchés de sécheresse : l'orgueil, l'avarice,
la cruauté, fermer la porte, Dieu ne peut pas supporter cela... L'horreur de Jésus pour les riches est
effrayante. Il n'aime que la pauvreté et les pauvres.

« Il ne faut pas voir les choses en noir. Notre
race a des ressources inépuisables. La génération qui vient est admirable. Quand on entend
des idiots comme le vieux X. nous annoncer
que Paris doit s'écrouler sous une pluie de feu
par punition de ses crimes, c'est à hausser
les épaules. Comme si sainte Geneviève, saint
Louis, Jeanne d'Arc devaient abandonner leur
ville ! — Il ne comprend rien au patronage, le
pauvre homme. Littéralement, les Saints com-
mandent la volonté de Dieu et la dirigent. —

« Il y a trois éléments dans notre Chrétienté :
les Grecs ont fourni la cité, les Juifs la race, les
Romains l'empire, la voûte.

« Les Saints français sont les plus grands :
une parole de Jeanne met tout saint Augustin
par terre. Saint Jean Chrysostome est un bavard ;
il fait du développement comme Cicéron : c'est
un reste de la sophistique grecque. »

28 septembre 1912.

« Les gens d'Action Française ont très mal
aiguillé. Ils n'avaient pas besoin de faire un quotidien. Avec leur simple revue ils exerçaient une

influence spirituelle beaucoup plus forte. Avec
leur canard, il leur faut faire du désordre, ne serait-
ce que pour l'alimenter. Or, le désordre, c'est le
contraire même de leur principe. Au lieu de faire
du désordre, ils devraient, ils auraient dû soutenir,
fortifier tout ce qui, dans la République, est per-
manent et, par là, continue l'Ancien Régime, à savoir les ministères de défense (la guerre, la marine,
les affaires étrangères), la présidence de la République qui est une sorte de royauté. Mais non, ils font
du désordre. Ce qu'il y a de très curieux, c'est que
les types qu'ils attaquent et salissent le plus, ce
sont justement des types d'Ancien Régime. Voilà
Briand, c'est tout à fait le grand courtisan ; et Mil-
lerand c'est le grand commis : c'est bien cela :
Briand-Mazarin, Millerand-Colbert (1).

« — Moi, je ne vois pas les choses en noir. Ce
qu'il y a de mauvais, c'est le parlementarisme ;
mais le parlementarisme ne gâte pas tout. On a
rudement travaillé depuis cinq ans. Nous avons
en ce moment un ministère tout à fait remarquable.
Dans aucun pays d'Europe on ne trouverait au-

(1) Lotte rapporte ces paroles sans y mêler d'impression personnelle. Nous devons à la vérité de dire — sans prendre parti —
que sur ce sujet il ne pensait pas comme son ami. Par la cohé-
rence de l'idée, un patriotisme sans compromission, toute l'é-
nergie tendue au but, les hommes et les doctrines d'Action Française, s'ils n'avaient pas encore fixé son esprit, l'attiraient. Nous
avons retrouvé dans ses papiers une longue lettre destinée à
Péguy où il prenait nettement leur défense. Par un scrupule
touchant de son affection, il ne l'avait pas envoyée, pour ne
point contrister Péguy.

tant d'hommes de première valeur que chez nous.
Ces pauvres Allemands, ils ont perdu Biberstein ;
ils ne savent plus où donner de la tête.

« Ce qu'il y a de remarquable chez Briand, c'est
qu'il ne travaille pas ; il ne prépare pas. Il arrive
à la Chambre, il prend l'air, il hume, et instantanément, il sait ce qu'il faut dire et comment il
faut le dire. Il a un charme étonnant. Moi je l'ai
vu dans les congrès il y a dix ans. Je l'ai dit alors :
Briand sera ministre. Tout le monde se payait de
ma tête. Il a une voix extraordinaire, ça vous
prend, c'est un charme... C'est vraiment un ora-
teur. Jaurès a de l'éclat, de l'apparat, du lyrisme.
Briand, c'est de la vraie éloquence. L'éloquence,
ça consiste à faire faire aux gens ce qu'ils ne
voulaient pas faire. Ça n'est peut-être pas très
élevé. mais c'est ainsi. Eh bien, Briand explique-
rait dans un meeting que pour rendre Jaurès
plus éloquent il faut couper le cou à Jaurès,
tout le monde serait convaincu qu'il faut couper
le cou à Jaurès.

« — La République, en somme, ne fait pas si
mal. Vois le domaine colonial, les lois de protection ouvrière. Évidemment, les expulsions de
congrégations, liquidations, confiscations. — Mais
ça n'a pas une très grande importance... Il y a
des réactions. Ce qu'il faut refaire, avant tout,
ce qui est capital, c'est la paroisse...

« Les Saints français sont les plus grands. Ba-

tiffol m'avait dit de lire saint Augustin. Au fond,
'cest un disciple de Cicéron. Une parole de Jeanne
ou de saint Louis met tout saint Augustin par
terre. C'est comme saint Jean Chrysostome, j'en
ai traduit avec Marcel : c'est ridicule : il développe
comme Ovide ou comme un sophiste. Non, ça n'a
rien à voir avec nos Saints.

« Tharaud (1)? Le jeune est en Galicie. Il ob-
serve les Juifs. Il veut refaire *Bar-Cochebas!* Ils
passent leur temps à refaire. C'est une méthode. Ce
n'est pas la mienne. Ernest quel ami ! Nous nous
aimons en dehors de toute littérature, de toute
philosophie, nous nous aimons comme si on ne
savait ni lire ni écrire. D'ailleurs, il ne peut rien
lire, mais il a un flair merveilleux. Il ouvre un
bouquin, il lit un petit bout de phrase par ci par
là, il crie : C'est admirable, ferme le bouquin, son
opinion est faite, et le plus curieux c'est qu'il ne
se trompe jamais. Il sent ce qu'il y a dans un
livre, littéralement, rien qu'à le regarder. »

---

(1) Péguy veut parler de son camarade barbiste Jérôme (Ernest)
Tharaud. Le « jeune » est le frère de Jérôme, Jean. *Bar-Cochebas*
était une nouvelle publiée par les frères Tharaud.

Entretien du samedi 27 septembre 1913 de 5 à 7 heures du soir (1).

« Je n'ai pas reçu ta lettre : j'arrive de Trie-le-Château de chez Claude (2). J'y ai passé trois jours. Je dîne ce soir avec Benda. Il faut retarder ton départ et venir déjeuner à Bourg-la-Reine demain midi.

« Ma situation est énorme, exactement comme une misère. C'est réglé, j'en ai pour la vie. Quand Q. (3) sera millionnaire, on aura peut-être un peu de bon temps. En attendant, ça va très bien comme cela; des épreuves inconcevables dans l'ordre privé, des grâces immenses pour ma production. Il n'y a que moi qui puisse dire certaines choses, alors je les dis. Tu ne peux imaginer l'abondance des grâces. Je vois les choses toutes simples. Ça épate les curés : la liturgie en est pleine, ils ne les ont jamais vues (4). Alors, ils se méfient; quand je serai mort ils commenceront à avoir confiance.

« Tu travailles très bien. Ce que tu fais est bon. Et puis, tu sais écrire. Je ne blague pas. Tu écris bien. Tu as des paquets de 7, 8 lignes excellentes.

(1) Cet entretien fut tenu aux *Cahiers de la Quinzaine*. On verra Péguy interrompre sa conversation avec Lotte pour interpeller Bourgeois, l'administrateur.

(2) Claude Casimir-Perier.

(3) L'ami de Lotte dont il est parlé dans la note en tête des *Entretiens*. Comme nous l'avons dit, il était bien connu aussi de Péguy. Il avait assisté à l'entretien du 28 septembre 1912.

(4) Péguy n'avait jamais lu l'*Année liturgique* de Dom Guéranger.

Seulement fais-toi respecter. Il faut se faire respecter. Tu ne vois plus Z. Comment **as-tu** pu le voir si longtemps ? C'était manquer de dignité. Je ne lui enverrai plus les *Cahiers*. Bourgeois ! Raye le nom de Z, et porte l'abonnement de Lotte à quarante francs. — Je garde ton argent mais je ne veux pas lui donner mon papier. Ça me fait toujours dix francs de bénéfice.

« Alors, tu as vu Baillet ? Il mourra à la fin de l'hiver ? Quelle perte je vais faire. Baillet est un saint, je l'ai toujours su. J'ai pour lui une tendresse que je n'ai eue pour personne. Lui aussi m'aime. Mais il se méfie de moi. Il a peur que je fasse un hérétique. C'est fou. Les moines ne comprennent pas ce que c'est que la vie. Ils ne la connaissent pas. Ils sont comme les jeunes Saint-Cyriens qui n'ont pas fait la guerre et qui veulent en remontrer à un vieux grognard. Moi, je suis un vieux grognard. Voilà vingt ans que je suis en campagne. Je suis couvert de boue, mais je me bats bien. Ils ne peuvent pas comprendre ma vie, toi non plus, tu es trop innocent. Je suis un pécheur. Mais je prie tant, et j'ai tant de grâces ! Le patronage s'exerce sur moi à plein : on ne s'imagine pas ce que sainte Geneviève, saint Aignan, saint Louis, Jeanne d'Arc, font pour moi et ce qu'ils obtiennent ! Et puis, j'ai un ange gardien incroyable. Il est encore plus malin que moi, mon vieux. Je suis gardé. Je ne peux échapper à sa garde. Trois fois je l'ai senti m'empoigner, m'arracher à des volontés, à des actes médités, préparés, voulus. Il a des trucs incroyables. Maintenant je me laisse faire, je ne m'occupe plus qu'à produire. Il faut que je produise jusqu'à ce que je meure. Je n'ai pas le droit de m'arrêter.

« Je fais mon *Ève* (1). Ça aura quinze mille vers. J'écris cinquante vers tous les matins, parfois cent. Ève ! quel titre ! Ce sera une Iliade. Jésus parle. Ève est son aïeule, il parle à sa grand'mère. Il a une tendresse, un respect ! Je vais te dire ça, à toi : ce sera plus fort que le *Paradis* de Dante. Riby m'a dit de me méfier. Évidemment, je ne connais pas l'italien, mais j'ai bien lu tout de même son *Paradis*. Ça n'est pas ça. Il invente, moi je découvre. Il est bien plus fort dans son *Enfer*. Mais ils sont tous comme cela. Il leur faut le mal et le péché pour faire des choses intéressantes. Moi, je ne travaille pas dans le péché. Je suis un pécheur, mais il n'y a pas un péché dans mon œuvre. Ma polémique qu'on dit féroce n'est pas cruelle, elle est généreuse. Il n'y a que Corneille qui ait travaillé comme ça. Corneille est plus fort que moi. Jamais je n'atteindrai *Polyeucte*.

« Il faut produire. Il ne faut pas démontrer ni expliquer. Pascal raisonne trop, alors les incroyants lui poussent des colles et se f... de lui.

(1) *Ève*, cahier paru le 28 décembre 1913.

— Moi je crée. Il faut créer. Tiens, je couvrirai dans le chrétien la même surface que Goethe dans le païen.

« Tu ne t'imagines pas tout ce que j'ai à écrire encore. Il ne faut pas que je meure. J'ai manqué de mourir il y a un mois. J'ai fait mon pèlerinage à Chartres. Tous les ans désormais, c'est décidé. Il faisait une chaleur. J'avais abattu quarante kilomètres. Ce serait beau de mourir sur une route et d'aller au ciel, tout d'un coup. Ça va très bien : Notre-Dame m'a sauvé du désespoir. C'était le plus grand danger. Des gens comme nous ont toujours autant de foi et autant de charité qu'il faut. Mais c'est l'espoir qui peut manquer. J'en suis sorti en écrivant mon *Porche*. Figure-toi que, pendant dix-huit mois, je n'ai pu dire mon Notre Père. « Que votre volonté soit faite », je ne pouvais pas dire ça. Je ne pouvais pas. Comprends-tu cela ? je ne pouvais pas prier Dieu, parce que je ne pouvais pas accepter sa volonté. C'est effrayant. Il ne s'agit pas de dire des prières à la mie de pain, il s'agit de dire vraiment ce que l'on dit. Je ne pouvais dire vraiment : « Que votre volonté soit faite. » Alors, je priais Marie. Les prières à Marie sont des prières de réserve. C'est ça, des prières de réserve. Il n'y en a pas une, dans toute la liturgie, pas une, tu entends, pas une, que le plus lamentable pécheur ne puisse dire vraiment Dans le mécanisme du salut, l'*Ave Maria*

est le dernier secours. Avec lui, on **ne peut être**
perdu. »

[Note de J. Lotte] : « Je suis très **fatigué**.
Voilà trois nuits que je ne dors pas (chemin de
fer, garde-malade). Je laisse tomber de cet entretien, le plus beau que j'aie eu, des choses admirables. Nous parlions dans l'arrière-boutique. La
nuit était tombée. Nous n'avions pas allumé. Il
n'y avait plus de clarté que sur le front de Péguy
et sur sa main. »

TABLE DES MATIÈRES

JOSEPH LOTTE   20

LES TÉMOINS DU RENOUVEAU CATHOLIQUE.

CHARLES PÉGUY